我国文化出口企业
高管胜任力研究

Research on the Competence of Executives of
Chinese Cultural Export Enterprises

—————— 孙德华◎著 ——————

经济管理出版社
ECONOMY & MANAGEMENT PUBLISHING HOUSE

图书在版编目（CIP）数据

我国文化出口企业高管胜任力研究/孙德华著 . —北京：经济管理出版社，2020. 12
ISBN 978 - 7 - 5096 - 7068 - 2

I. ①我… II. ①孙… III. ①文化产业—企业管理—人力资源开发—研究—中国 IV. ①G124

中国版本图书馆 CIP 数据核字（2020）第 048210 号

组稿编辑：梁植睿
责任编辑：梁植睿
责任印制：黄章平
责任校对：董杉珊

出版发行：经济管理出版社
　　　　　（北京市海淀区北蜂窝 8 号中雅大厦 A 座 11 层　100038）
网　　　址：www. E - mp. com. cn
电　　　话：(010) 51915602
印　　　刷：北京玺诚印务有限公司
经　　　销：新华书店
开　　　本：720mm × 1000mm/16
印　　　张：15
字　　　数：261 千字
版　　　次：2020 年 12 月第 1 版　　2020 年 12 月第 1 次印刷
书　　　号：ISBN 978 - 7 - 5096 - 7068 - 2
定　　　价：68. 00 元

· 版权所有　翻印必究 ·
凡购本社图书，如有印装错误，由本社读者服务部负责调换。
联系地址：北京阜外月坛北小街 2 号
电话：(010) 68022974　邮编：100836

序

　　文化产业是绿色产业，也是最有发展潜力的朝阳产业，而决定和影响文化产业发展的是文化产业人才。我们不仅要大力发展文化产业，而且要通过文化产业这一特殊载体，讲好中国故事，让我国的优秀文化更好地走向世界，提升中国文化的国际传播力和国际影响力。因此，我国急需一大批高素质的文化出口企业和文化出口企业的高级管理人才。高管人才作为文化出口企业高层次人力资本，在创意的孵化、文化产品的制作、商品化、流通、消费等产业链的各个环节都起着监督、引导、管理的作用，文化出口企业高管胜任力提升可为我国文化贸易的发展提供强劲动力，从而提升我国文化产业的国际竞争力。德华博士这本著作对我国文化出口企业高管的胜任力进行了比较全面系统的深入研究，填补了该研究领域的空白，体现了学术的创新价值。

一、开拓了新的研究领域

　　在我国文化产业研究领域，学者们大多比较关注对文化产业具体的生产领域进行研究，或者对文化产业特定领域的人才进行研究，很少有专门针对文化出口企业高管胜任力的研究。在这方面，德华博士选择了学界相对比较"冷门"的研究领域耕耘求索，体现了一种甘于寂寞和积极开拓的精神。实际上，研究文化出口企业高级管理人才，看似比较"冷门"，但换一个角度来看，这个领域其实是一个容易被研究者忽略的新热点，因为近些年我国非常注重中国文化走向世界，讲好中国故事，传播优秀的中国文化，而这恰恰非常需要一大批文化出口企业，尤其需要文化出口企业高管具有优良的综合素质，需要具有跨文化沟通能力和文化传播能力。本书试图探索我国文化出口企业高管胜任力模型，有利于填补我国文化出口行业高层次经营管理人才研究的空白，为今后学术界继续研究这一课题提供参考。

二、运用扎根理论等多种研究方法

文化产业人才需要复合型的知识结构和能力结构，因此，要想研究文化出口企业的高管，就需要作者运用多种研究方法，才能更好地从多维度、多侧面研究文化出口企业高管胜任力的特征。

基于以上考虑，在研究方法方面，德华博士主要运用了扎根理论和层次分析法等多种研究方法。其中，在运用扎根理论研究问题时，作者利用扎根理论的三重编码技术，在对访谈资料进行归纳的基础上，提取了三重编码：第一重编码将访谈记录归纳、精简，由感性的原始访谈资料上升为理性的概念范畴；第二重编码通过假设、识别、验证，建立范畴间的关系，形成初步的胜任力特征；第三重编码开发诸多胜任力特征背后的故事线和逻辑，提炼核心范畴，最终提炼出了高管胜任力指标。

在运用层次分析法时，作者借助 1~9 比率标度方法引入构造判断矩阵，用求解判断矩阵最大特征根及其特征向量的方法，得到一级胜任力指标、二级胜任力指标的相对权重。通过这样的研究，能够在较大程度上避免专家小组的主观臆断、保证胜任力指标权重实证中的科学性。

整个研究设计做到了定性研究与定量研究的有机结合，保证了研究的信度、效度，突破了以往文化产业人力资源研究在研究方法的局限。

三、尝试设计我国文化出口企业高管的胜任力模型

作者在调研我国文化出口企业现状的基础上，有针对性地调研和分析了我国文化出口企业的高管现状，以此为基础，对我国文化出口企业高管的胜任力模型进行了"拓荒式"的探索。

作者借助经典胜任力理论，从我国文化出口行业实践出发，第一次设计了我国文化出口企业高管的胜任力模型，探索了我国文化出口企业高管胜任力模型具象化、布局化和精确化的特点。在胜任力模型构成方面，作者提出了文化出口企业高管的七项独特胜任力指标——艺术素质、政治素质、文化使命、文化自信、文化包容、创意生产把控力、跨文化创意团队管理力；在胜任力指标的权重方面，作者认为文化出口企业高管最为重要的胜任力是具有符合企业需求的价值观，而素质、技能、意识、个性、知识的重要性则依次下降，体现了我国文化出口企业高管胜任力的特殊性；在胜任力指标的行为等级划分方面，作者对各级胜

任力指标进行了行为等级划分，这对于我国文化出口企业高管胜任力的评价具有积极的参考价值。

作者把胜任力理论引入文化出口企业高管研究，这是对文化产业人才资源研究的有益探索，在总结一般企业高管胜任力的基础上，又对文化出口企业高管独特的胜任力进行了新探索，把握了企业高管与文化出口企业高管一般与特殊的辩证关系，填补了我国文化贸易行业高层次经营管理人力资源研究的空白，深化和拓展了文化出口企业高管胜任力的研究成果。

四、探索了企业高管胜任力的开发路径和具体措施

作者在分析比较我国文化出口企业高管胜任力与普通企业高管胜任力异同的基础上，还进一步揭示了我国文化出口企业高管胜任力的独特之处，并且基于此，探索了企业高管胜任力的开发路径和具体措施。

作者借鉴了人才开发学和整体性人才资源开发的相关理论，认为我国文化出口企业高管胜任力需要个体、企业、高校、国家合力开发。其中，个体自主性开发是内因，起决定性作用，而企业创新型的人力资源管理、高校创新的培养机制改革、国家政策措施的出台与落实是外因，对高管胜任力开发起着加速或延缓的作用。四种开发路径作用不同、侧重不同，互相促进，共同驱动高管胜任力的开发。

实际上，从人才开发的实践来看，人才开发涉及主客观相互作用的诸多因素，而绝不仅是某个单向度的因素所能决定的，因此，研究人才开发，客观上要求研究者从多角度、多侧面和全方位的视角出发，对影响人才开发的主客观因素进行系统研究。基于此，作者提出文化出口企业高管胜任力开发是高管个体生命拓展的内在需求，是实现个人的理想抱负和人生价值的途径，文化出口企业高管应该努力优化个性，树立适合企业需求的价值观，培养适合企业需求的思维方式，全方位提升五种素质和六种工作技能，打造复合型的知识结构和能力结构。重视我国文化出口企业高管胜任力的自主性开发是本书的一个创新型特色。

从影响文化出口企业高管的外部因素来看，作者比较详尽地研究了企业、高校和国家对人才开发的思路和方法，认为企业要优化高管招聘与甄选制度，优化高管在职培训制度，优化高管绩效管理制度，优化高管激励机制；高校的人才培养要突出国际化特色的文化产业管理专业建设，加强国际文化贸易的专业建设，增加与文化出口企业的产学研互动，完善师资配备，提升师资素质等；国家层面

则应该制定文化贸易高级经营管理人才的优惠政策，编制与实施文化贸易经营管理人才培养计划，组织文化贸易经营管理人才参加对外交流活动。作者这种研究思路有利于克服形而上学的思维方法，对于提升文化出口企业高管的素质和能力，具有积极的探索价值。

根据党和政府对产业的发展规划，2020 年文化产业会成为我国国民经济支柱性产业。目前对外文化贸易已经成为我国对外贸易的重要组成部分，成为我国新的国民经济增长点和贸易增长点。加强我国文化出口企业的人才资源开发，尤其是建设一支高素质的文化出口企业高级管理人才队伍，已经成为影响我国对外文化贸易和促进中国优秀文化走向世界的关键因素。目前我国学术界存在浮躁之风，希望德华博士在未来的学术研究中，继续潜心治学，深化文化出口行业高层次人才的研究，拓展文化产业人才研究的视野与领域，为我国文化产业人才研究作出新的贡献。

谨为序。

薛永武

2020 年 6 月 28 日于观日轩

前　言

全球已经进入创意经济时代，文化产业已成为发达国家国民经济重要支柱产业，国际文化贸易已成为国际经济新的增长点。在世界经济发展大转型的历史背景下，我国文化出口企业发展迅速，积极参与国际文化市场竞争。文化出口企业高管处于企业价值创造的核心地位，是企业的核心人才，但目前我国文化出口企业高管胜任力与岗位理想需求有一定差距。我国文化出口企业高管胜任力的高低直接影响我国文化出口企业的兴衰成败，因此，其胜任力模型研究、胜任力开发研究必须引起学界的高度重视。

本书认为文化出口企业高管是一类独具特色的高级经营管理人才。从工作岗位来看，他们是企业的高层经营管理者；从工作角色来看，他们是企业战略的决策者、人力资源的管理者、文化创意的把关人、企业道德的代表者、市场竞争的应变人和企业对外联系的"外交官"；从工作职责来看，他们负责文化出口企业发展的整体方向，控制了企业价值链创造的全部过程；从工作动机来看，他们具有"文化导向"和"经济导向"。

本书利用关键行为事件访谈法和访谈资料收集法获得了12位我国文化出口企业高管的面对面访谈资料，然后利用扎根理论的多案例研究法，对共计17.1万字的访谈资料进行三重编码分析，得到我国文化出口企业高管胜任力的6项一级指标及所辖的32项二级指标，揭示了我国文化出口企业高管胜任力的总体特征：在价值观方面呈现出文化使命、文化包容、文化自信、以人为本、追求卓越的特征；在素质方面具备文化素质、艺术素质、政治素质、学习素质和创新素质；在技能方面具备全球战略决策力、跨文化创意团队管理力、创意生产把控力、跨文化营销力、全球资源整合力和跨文化交际公关力；在意识方面具备全球化意识、本土化意识、竞争意识、合作意识和未来意识；在个性方面具备好奇、冒险、敏感、灵活、坚韧的特征；在知识方面具备经营知识、管理知识、文化产业知识、跨文化知识、国际商务知识以及法律知识。

为了更好地服务于我国文化出口企业高管人力资源管理的实践，本书将我国文化出口企业高管的胜任力指标进行含义解释、要点归纳、行为等级划分、指标权重和结构布局安排，最终形成具象化、标准化、结构化的文化出口企业高管胜任力模型。在模型的具象化方面，本书以扎根分析中归纳出的副范畴、主范畴为基础，结合国际咨询管理公司合益集团的胜任力素质词典等研究成果，对我国文化出口企业高管胜任力一级指标、二级指标做出内涵释义、要点归纳和指标的行为等级划分。在模型的标准化方面，本书借助群体决策的专家小组法，对一级、二级胜任力指标进行权重赋值，结果显示一级指标的重要性从高到低排列依次为：价值观、素质、技能、意识、个性、知识。一级指标所辖各级二级指标的重要性也各不相同。在模型的结构化方面，本书将我国文化出口企业高管胜任力分为核心胜任力、通用胜任力和专业胜任力三个模块。其中，核心胜任力是指文化出口企业高管应该具备的价值观，体现了文化出口企业的愿景、价值观、社会责任；通用胜任力是指文化出口企业高管作为管理者，应该具备的基础素质、思维方式和个性特质；专业胜任力是指文化出口企业高管应该具备的岗位知识与技能。

本书基于人才学相关原理提出我国文化出口企业高管胜任力开发有四个途径：一是个体开发，二是企业开发，三是国家开发，四是高校开发。四个开发途径的作用不同：个体开发是胜任力开发的内生力，企业开发是高管胜任力开发的推动力，国家开发是高管胜任力开发的引领力，高校开发是文化出口企业高管胜任力开发的培育力。高管个体开发是内因，起决定性作用；企业开发、国家开发、高校开发是外因，对高管胜任力开发起着加速或延缓的作用。四个途径互相促进，共同驱动高管胜任力的开发。

个体层面的高管胜任力开发的具体措施有：树立适合企业需求的价值观，全方位提升五种素质，提升六种工作技能，培养适合企业需求的思维方式，优化自身个性等；企业层面的高管胜任力开发的具体措施有：优化文化出口企业高管的招聘与甄选制度，优化高管在职培训制度，优化高管绩效管理制度等；国家层面的高管胜任力开发的具体措施有：制定文化贸易高级经营管理人才的优惠政策，编制与实施文化贸易高级经营管理人才培养计划等；高校层面的高管胜任力开发的具体措施有：突出国际化特色的文化产业管理专业建设，加强国际文化贸易的专业建设，增加与文化出口企业的产学研互动等。

目　录

第1章　导论

1.1　研究背景

1.1.1　我国文化出口企业现状

党的十八大报告中提出"要推动文化产业成为国民经济支柱性产业、增强文化贸易的整体实力和国际竞争力"。目前对外文化贸易已经成为我国对外贸易的重要组成部分，成为我国国民经济新的增长点和贸易增长点。在政府、企业、市场、民众的推动下，我国文化贸易取得了喜人的成绩，具体表现在：我国出口贸易额不断增长，出口规模不断扩大，文化贸易出口总额已经连续四年稳居世界第一；文化贸易结构不断优化，新兴文化贸易领域，如动漫、游戏、影视、数据库服务等出口额快速增长；文化贸易伙伴更加多元化方向发展，美国、中国香港、荷兰、英国、日本、"一带一路"沿线国家都是我国重要的文化出口市场。与此同时，我国文化贸易发展也存在不少问题，主要表现在：文化产业核心层的产品贸易和服务贸易逆差严重；文化贸易结构仍然不合理，以文化产品出口为主，高附加值的文化服务出口比例低；海外市场结构单一，集中程度高；作为文化贸易主体的文化出口企业大部分规模小，综合实力弱，世界影响力弱。

文化产业发达国家的经验表明：文化贸易消耗能源少，附加值高，是国际贸易的高端领域，也是发达国家经济的重要支柱。发展文化贸易的关键在于培养一批实力雄厚、国际竞争力强的大型文化企业。文化企业是文化贸易发展的主体，没有强大的文化企业扭转文化贸易逆差，中华文化"走出去"就只是美好的愿望。与国内文化企业国际竞争力偏弱的情况形成对比的是，文化产业发达国家的跨国文化企业集团正在强势发展。美国是"头号文化出口大国"，仰仗的是一大批文化企业巨头，如华特迪士尼、纽约时报、美国全国广播公司、维亚康姆、20世纪福克斯等大型文化企业。在美国最富有的 400 家公司中，有 72 家是文化企业，美国文化企业的海外收入已经超过了其在本土的收入，美国强势文化企业集团已然造就了美国"文化产业国际霸主"的地位，并在持续加大与其他国家间的经济发展差距。

为了培育有国际影响力的文化出口企业和品牌项目，推动我国文化贸易的迅速发展，从而达到中华文化"走出去"的国家战略目标，我国加大了对外向型文化企业的支持。2007 年商务部与中宣部、外交部、文化部等有关部门联合发布了《国家文化出口重点企业目录》和《国家文化出口重点项目目录》。从 2007 年起每两年公布一次国家文化出口重点企业和重点项目目录，时至今日已有七届评选，国家级文化重点出口企业和文化重点出口项目评选已经成为我国文化贸易发展的风向标和指明灯，反映了我国发展文化贸易的政策导向。

在中华文化"走出去"战略的指引下，在国家大力发展外向型文化企业的政策扶持下，我国文化出口企业在"走出去"方面取得了显著的成就。综观最近十多年的发展历程，我国文化出口企业的发展现状可以概括为以下几个特点：

第一，数量众多。2019~2020 年评选出的文化出口重点企业有 355 家，2017~2018 年有 298 家，2015~2016 年有 353 家，2013~2014 年有 364 家，2011~2012 年有 489 家，2009~2010 年有 211 家，2007~2008 年有 142 家。从企业获立项的情况来看，很多文化出口企业多次荣获"国家级文化出口企业"的称号，仅以 2017~2018 年上榜的企业为例，在 298 家上榜企业中有 40% 的企业连续四届上榜；约 50% 的企业连续三届上榜；约 70% 的企业连续两届上榜（孟妮，2018）。

第二，行业覆盖面广。综观历年上榜的国家级文化出口企业，从行业覆盖角度看，遍及了广播电影电视行业、网络动漫游戏行业、演艺行业、新闻出版发行行业、文化艺术行业、旅游行业、会展行业等，几乎覆盖了文化产业各行业的方方面面。

第三，企业性质多样化。从企业性质来看，我国文化出口企业有国有、民营、混合所有制等类型。国有文化出口企业领衔出海，依托政府的政策支持、雄厚的资金实力、多年积累的海外渠道和资源等优势，一直是"中华文化走出去"的"排头兵"。而民营企业、混合制企业大多具有市场定位准确、经营方式灵活、管理运营高效等特点，加之它们没有官方色彩，进入国外市场相对容易，在国内文化市场上异军突起，成为"中华文化走出去"的生力军。

第四，发展快、势头猛。具体表现在：①文化出口企业的进出口额呈逐年递增趋势，同比增长速度快。2018 年中国文化产品和服务进出口总额高达 1370 亿美元，较 2017 年增长 8.3%，其中，文化产品进出口总额同比增长 5.4%，金额为 1023.8 亿美元，文化服务进出口总额同比增长 17.8%，金额为 346.3 亿美元（于帆，2019）。②个别资金实力雄厚的文化出口企业实现了跳跃式发展，在海外直接投资，进行文化产品生产和营销，大型跨国文化企业已经出现。如 2013 年中国对外文化集团与美国国际管理艺术集团在纽约合资成立中美环球演艺股份有限公司（吴承忠、牟阳，2013）。2016 年万达集团投资兼并美国传奇影业，与法国欧尚集团合作投资文化旅游商业综合项目，收购欧洲最大院线（范周，2017）。③文化出口企业纷纷上市，在全球范围内融资。不少文化出口企业采用现代企业运营方式和公司制度，通过上市方式在国内融资。还有不少文化出口企业走出国门，到海外资本市场筹措资金。据统计，2017 年我国文化产业融资总额为 3418.12 亿元，同比增长 33.5%。截至 2017 年 12 月，共计 192 家文化公司在沪深股市上市，其中有 30 家 A 股传媒上市公司是商务部公示的 2017～2018 年度国家级文化出口重点企业。

文化出口企业是我国对外文化贸易的主体，也是增强我国文化产业国际竞争力和中华文化国际影响力的重要中坚力量。文化出口企业正在国家对外文化贸易政策的指引下，充分利用国内国外两种资源、两个市场，不断扩展业务空间，增强自身实力以及国际影响力，努力实现从高市场占有率的产品出口向高文化价值引领力的产品出口转变（李怀亮，2018）。展望未来，我国文化出口企业具有三大发展机遇：

首先，"一带一路"倡议的落实为我国文化出口企业发展提供了良好的外部环境。国家发展改革委、外交部、商务部于 2016 年制订了《"一带一路"文化发展行动计划（2016—2020 年）》，行动计划的重要内容之一就是促进与"一带一路"国家的文化贸易合作。随着国家"一带一路"文化建设的推进和文化贸易环境的改善，我国文化出口企业对"一带一路"国家的文化出口正在稳步增长。商务部统计数据显示：2018 年我国与"一带一路"沿线国家文化贸易额达162.9 亿美元，达到历史最高水平。

其次，国家各项文化政策红利的支持。2010 年商务部等十部门联合出台

《关于进一步推进国家文化出口重点企业和项目目录相关工作的指导意见》，全方位加大对文化出口重点企业和重点项目的财政金融支持力度。2014 年国务院出台了《关于加快发展对外文化贸易的意见》，从明确支持重点内容、加大财税支持力度、强化金融支持措施和完善服务保障措施四个方面系统地提出了支持对外文化贸易发展的政策措施。2018 年国务院办公厅印发《进一步支持文化企业发展的规定》，提出将加大对国家文化出口重点企业和项目扶持力度，在资金、税收、投融资、出口便利化等方面对文化出口企业的发展提供保障（魏鹏举等，2017）。

最后，对外文化贸易渠道平台纷纷建立。国家对外文化贸易基地是我国对外文化贸易先行区、政策创新示范区、保税服务基地、服务基地。目前我国已经在上海、北京、深圳建立了三个国家级对外文化贸易基地，为服务广大的文化出口企业做出了贡献。2015 年国务院发布了《关于加快实施自由贸易区战略的若干意见》，目前上海、福建、天津等 12 个省市都开展了自贸区建设。2018 年商务部、中宣部等多部门共同认定了北京天竺综合保税区、上海徐汇区、中国（浙江）影视产业国际合作区等 13 个首批国家文化出口基地。上述国家文化贸易基地、自由贸易区和文化出口基地的建设有利于培育一批具备国际竞争力的大型文化出口企业，带动我国文化贸易高速度、高质量发展。①

我国文化出口企业虽有千载难逢的发展机遇，但也存在不少问题与挑战，集中体现在：

第一，企业的国际竞争力不强。很多国有文化出口企业是转企改制而形成的，虽然完成了形式的变化，但国际市场竞争意识比较淡薄、国际化运营管理制度还不够完善，缺乏国际竞争力。我国民营文化出口企业普遍规模小，资金不足，发展时间短，与文化产业发达国家的同行企业竞争时，实力不足的局面较为明显。少数富有实力的民营文化出口企业逐渐出现，但在规模、效益和国际影响力等方面与国际知名文化企业相比差距还很大。总体来看，我国文化出口企业仍然需要一定的时间去发展、成熟和壮大。

第二，缺乏有国际知名度的品牌。品牌是文化出口企业在创意、技术、管理、市场等各方面综合能力的体现，是文化出口企业最有价值的无形资产，代表

---

① 首批国家文化出口基地出炉——文化外贸的桥头堡首次集体亮相［EB/OL］．央广网，https：//baijiahao．baidu．com/s？id＝1604125875582340597&wfr＝spider&for＝pc，2018－06－24.

着企业的国际竞争力。现阶段我国文化出口企业在创意的国际化开发、技术的自主研发和国际化运营管理等方面还比较落后，对海外市场的开发力度不够，导致企业品牌的国际影响力不足。曾任文化部文化科技司司长的孙若风（2017）曾指出：我国是文化装备制造大国，虽然也有一些龙头文化企业，但大而不强，缺乏国际化的文化企业品牌。文化企业今后应该持续推动品牌建设。①

第三，文化出口企业地域分布不合理。在国家商务部、中宣部等共同认定的《国家文化出口重点企业名录》中，大部分企业集中于北上广及东南沿海地区，中部地区省会城市较少，西部地区最少，且布局分散（范周，2017）。商务部的数据表明：2017 年我国东部地区文化产品的出口、文化服务的出口占我国文化产品出口总额的比重均达到九成以上，西部地区占比不足一成。国家文化出口重点企业的区域分布与我国文化贸易发展的区域分布一致，是我国文化贸易存在地区发展不平衡的缩影，② 这种文化出口"东高西低"的局面亟待改善。

第四，缺乏能够胜任国际化经营管理的高管。目前我国文化出口企业进入全球化发展阶段，业务范围遍及世界各地，海外投资、兼并、收购的规模和力度越来越大，企业对高层次经营管理人才的需求呈几何式增长。文化出口企业高管岗位对一个人的先天资质和后天形成的能力要求极高。高层次经营管理人才的成长周期长、培养成本高，决定了文化出口企业高管人力资源的稀缺性和昂贵性。在我国人力资源市场上，高管人力资源供给不足、质量参差不齐，很多企业只能通过适度降低经验、背景、能力的要求来填补高管职位的空缺。由于高校目前尚未形成良好的有利于文化产业高层次经营管理人力资源的培养机制，未来企业对高层次经营管理人力资源的需求与人力资源供给失衡的局面将进一步加剧。总之，我国文化出口企业高层次经营管理人力资源将面临短期匮乏、长期供应不足的局面。

在学界也有不少学者的研究印证了我国文化企业普遍面临高层次经营管理人才短缺的难题。例如庄军、左敏（2006）指出：我国文化产业人力资源奇缺，特别是缺乏高层次、复合型经营管理人力资源，而熟悉国际惯例规则、擅长国际市场运作、具备战略思维的外向型经营人力资源短缺，严重影响了我国文化产业的

---

① 2017 中国文化企业品牌价值 TOP50 榜单在京发布［EB/OL］．中国经济网，http：//www.ce.cn/culture/gd/201712/29/t20171229_ 27494117. shtml，2017 - 12 - 29.

② 中华文化"走出去"势头强劲［EB/OL］．中国服务贸易指南网，http：//tradeinservices. mofcom. gov. cn/article/news/ywdt/201802/55328. html，2018 - 02 - 28.

竞争力。栾强（2016）利用2500多家文化企业的数据进行实证分析，发现文化企业对硕士以上人才的需求主要集中于复合型经营管理人才。

1.1.2 我国文化出口企业高管现状

企业的核心竞争力是人力资源。人在工作中的能力和素质集中体现在一个人的胜任力上，胜任力是一个人能够出色地完成工作任务所需要的知识、技能、个人特质、价值观等各种要素的总和，胜任力与个人绩效、组织绩效密切相关。高管属于高层次的核心人力资源范畴，他们是文化出口企业的掌舵者，地位举足轻重，在文化出口企业里处于企业价值创造的核心地位。文化出口企业能否顺利实现全球化战略，归根结底取决于其高管是否具备复合型知识结构，是否拥有国际化视野、国际化经营管理能力、国际市场运作能力、全球资本运作能力等专业技能。

目前，我国文化出口企业高管的胜任力与企业理想的需求存在差距，有待提升，具体表现在：

第一，对目的国全方位知识的储备不足。我国文化出口企业以文化产品出口和文化服务出口为主要业务，为了做好全球战略布局，也会根据需要直接对外投资。无论是文化出口活动还是文化投资活动，都需要高管充分了解目的国的政治、经济、法律等信息，以及目的国人民的审美趣味、文化需求等全方位的知识。现阶段我国文化出口企业高管对于世界各国经济形势、商贸信息、商业环境和潜规则、最新的市场信息、文化投资的机遇与风险等经济知识还掌握得不够全面；对目的国文化领域的法律法规、文化贸易的国际规则惯例、目的国劳动者权益保障法和用工制度等法律知识还了解得不够深入；对目的国人民，特别是非华语文化圈国家的风俗习惯、文化偏好、消费需求、禁忌等文化知识还探索得不够透彻。全方位知识储备的不足限制了文化产品和文化服务的出口规模及数量。

第二，缺乏海外投资、融资等方面的经验。在海外投资方面，我国文化出口企业起步较晚，高管层尚缺乏足够的海外投资经验。有学者分析上市文化企业并购数据时发现：我国大部分文化企业跨国兼并收购时存在融资方式单一，缺乏融资规划，对并购企业的评估能力不足，对政治法律风险、资源整合风险、文化兼容风险等风险控制能力不足等问题（邵春燕，2016）。在海外融资方面，不少文化出口企业原先在海外上市谋求融资，但由于高管层对国际资本运作的程序以及其中的窍门并不熟悉，加之投机性资本在文化产业投资热潮中兴风作浪，导致一批文化出口企业从外国股市撤回国内股市。

第三，跨文化管理能力和国际化运营能力有待提高。目前世界上有 5000 多种不同的文化群体，国与国之间的文化差异就像一层戳不破的金刚纱网，让跨国经营的文化出口企业高管感到困惑。不少文化出口企业有资金实力收购海外企业，但是由于高管缺乏跨文化管理能力，很难有效整合被收购的企业。据《2016年企业海外财务风险管理报告》显示：仅有不足 20% 的中国企业海外并购能真正成功，而由于文化产业的特殊性，文化企业海外并购整合更是难上加难（中经文化产业，2017）。此外，不少文化出口企业在"走出去"的过程中，对国际市场的运作规则和客观规律没有深入的了解，未能及时、充分地掌握海外经营的状况，有时候不但没有扩大海外市场，反而使自身陷入困境，损失人力、物力和财力。

现阶段，我国文化出口企业作为高管人力资源的使用者和投资者，在高管胜任力开发方面还不尽如人意，大多数文化出口企业对高管人力资源的管理方式粗放，管理层次处于较低水平，偏重于传统的人力资源管理，管理和开发手段单一，缺少专业性的交流与研究（万顺科、丁培卫，2012）。

我国文化出口企业高管人力资源管理的落后具体表现在招聘与甄选、在职培训、绩效考核、职业生涯规划四个方面：在招聘与甄选方面，文化出口企业高管应该既具备一般企业高管的通用能力与素质，又具有文化出口企业高管专业的能力与素质。但是这些通用和专业的能力与素质具体内容是什么，很多企业也不太清晰。在在职培训方面，很多企业的培训以知识和技能为主，培训效果不明显，未能带来企业经营绩效的改善。在绩效考核方面，很多企业"以业绩为王"，侧重对短期营业额和利润率的考核，导致高管在工作上缩手缩脚，缺乏进取意识，不利于企业的长远利益和全球化布局。在职业生涯规划方面，不少企业缺乏对高管职业通道的设计，高管被派到国外子公司任职，等海外任务结束后回国，发现已经没有自己合适的岗位或者安置的结果与本人设想有较大差距。

综上所述，高层次经营管理人力资源的缺乏是我国文化出口企业发展的瓶颈，文化出口企业高管胜任力的开发迫在眉睫。其实早在 20 世纪 80 年代，欧美发达国家的公司就在人力资源管理实践中应用胜任力模型，至今已经有半数以上的世界 500 强企业正在使用胜任力模型作为人力资源管理的工具，此外，美国、英国等发达国家已经出台了基于胜任力模型的国家技能标准和职业资格标准，这些标准成为增强国家行业竞争力的有力手段。三十多年的全球胜任力管理实践使这一方法也风靡中国。在国内，在华投资的跨国公司如西门子、联合利华、IBM等公司，率先展开胜任力模型的企业管理实践，后来大型国有企业如中国石化、中国移动、中国网通等，以及有实力的私营公司如华为、联想、海尔等也开展了胜任力模型的实践活动。目前越来越多的各行业标杆企业在人力资源管理体系中引入胜任力模型，应用胜任力模型是现代人力资源管理的发展趋势。

我国文化出口企业正处于加速发展时期，企业对于高管人力资源的管理手段滞后，缺乏专业性，直接影响我国文化出口企业高管胜任力的提升，进而影响到我国文化出口企业组织绩效的提升。构建基于胜任力模型的文化出口企业高管人力资源管理体系势在必行。

1.2 研究目的与意义

1.2.1 研究目的

全球已经进入创意经济时代，文化产业已成为发达国家国民经济重要支柱产业，国际文化贸易已成为国际经济新的增长点。在世界经济发展大转型的历史背景下，我国文化出口企业发展迅速，积极参与国际文化市场竞争，体现了我国文化产业发展的国际走向和必然趋势。从人力资源的地位来看，文化出口企业高管处于企业价值创造的核心地位，是企业核心人力资源；从人力资源的数量来看，文化出口企业高管的现量和存量都不足；从人力资源的质量来看，目前文化出口企业高管的胜任力有待提升。处于核心地位的高管人力资源的缺乏和高管胜任力的不足成为制约我国文化出口企业发展和我国文化产业发展的瓶颈问题。相对于文化贸易和文化出口企业实践发展的迫切需求，学术界对于我国文化出口企业高管胜任力的研究反应滞后，关于该课题的研究尚是无人探索的真空地带。

当今世界经历了从工业时代、信息时代到创意经济时代的更迭，20世纪七八十年代高管胜任力特征时至今日是否已有显著变化？我国是具有深厚文化底蕴和鲜明文化特色的东方大国，其文化背景以及基本国情有别于其他国家，中国的管理文化与管理风格、中国员工对于高管的期待如何区别于其他国家？西方高管胜任力模型是否与中国高管胜任力模型吻合？我国文化出口企业高管胜任力有何独特之处？如何提升我国文化出口企业高管的胜任力？

围绕上述思考，本书主要探索以下几个问题：

（1）揭示我国文化出口企业高管应该具备的胜任力指标。结合创意经济时代特点、中国文化背景、文化出口企业的全球化战略，探索我国文化出口企业高管应该具备什么样的胜任力内涵及特征。具体地说，是什么样的知识、技能、素质、个性、价值观等造就了高绩效的文化出口企业高管。

（2）构建我国文化出口企业高管胜任力模型。胜任力模型的构建包括胜任力指标的含义分析、胜任力指标要点的归纳、胜任力指标的权重赋值、胜任力指标的行为等级。上述四项工作保证了我国文化出口企业高管胜任力模型的具象化、布局化和标准化。

（3）分析我国文化出口企业高管胜任力与一般传统行业高管胜任力的异同。文化出口企业高管应该既具备一般企业高管的能力与素质，又具备文化出口企业高管独特的能力与素质。以往学界对这一课题没有给予关注，本书将分析这些通用胜任力和独特胜任力的具体内容。

（4）解释我国文化出口企业高管胜任力模型在企业人力资源管理中的应用方法。胜任力模型不但揭示了高管胜任力特征，还提供了一套衡量个体胜任力的评价指标体系，可以用于文化出口企业高管的招聘和甄选、在职培训、绩效考核与职业生涯发展等人力资源管理的很多环节。本书依据我国文化出口企业高管实践案例，尝试提出有操作性、实用性的高管人力资源管理方案。

（5）探索我国文化出口企业高管胜任力开发的路径与措施。个体、企业、高校、国家作为高管胜任力的开发主体，对我国文化出口企业高管胜任力开发的侧重点不同、作用不同、具体措施不同。本书将研究不同开发主体对文化出口企业高管胜任力开发的具体对策和措施。

1.2.2 研究意义

本书研究我国文化出口企业高管胜任力的奥秘，研究我国文化出口企业高管胜任力的开发途径与措施，既具有理论意义，又具有实践意义。

1.2.2.1 理论意义

第一，本书有利于填补我国文化出口企业高管胜任力研究的空白。笔者对现有胜任力研究文献进行梳理后发现：目前国内外学者关于高管胜任力的研究绝大多数集中在非文化行业，如制造业、通信业、金融业等，学界很少用胜任力理论研究文化产业高管应该具备的能力与素质，且研究成果零散、不深入；而我国文化出口企业高管胜任力的研究更是无人涉及。本书首次将胜任力理论应用于我国文化出口行业这一新领域，试图探索我国文化出口企业高管胜任力模型，为今后人们继续研究这一课题提供参考。

第二，本书能丰富已有的高管胜任力研究成果。胜任力理论认为胜任力具有情景性特征，不同文化背景、不同行业、不同职位的个体，其胜任力是有差别的。我国高管胜任力特征时至今日已有显著变化；我国是具有深厚文化底蕴和鲜明文化特色的东方大国；文化出口行业具有经济和意识形态双重属性，文化出口企业有独特的行业特征。以上诸多因素决定了我国文化出口企业高管胜任力有别于以往时代、其他国家、其他行业的高管胜任力。本书研究的胜任力模型基于中国文化背景，融入当代中国的时代精神，体现文化出口企业的特殊性，提出不少新的高管胜任力指标，是对已有高管胜任力指标的补充和发展。

1.2.2.2 实践意义

本书的实践意义体现在高管个体、文化出口企业、文化贸易产业和国家经济文化四个层面。

在个体层面，本书有利于提升我国文化出口企业高管的个人绩效。高管胜任力模型揭示了文化出口企业高管岗位对个体在知识、技能、价值观、意识、个性和素质方面的要求，高管可以对照模型查漏补缺、有的放矢地提升自身胜任力，从而提高个人绩效。

在企业层面，本书有利于提升我国文化出口企业人力资源管理效率和整个组织绩效。我国文化出口企业高管胜任力模型可应用于高管人力资源管理的各个环节，能帮助企业"找对高管、用好高管、留住高管"。高管个体胜任力的提升有利于文化出口企业做大、做强，提升组织绩效，顺利实现全球经营战略目标的保障。

在产业层面，本书有利于提升我国文化产业的国际竞争力。文化产业发展动力分为内动力和外动力，人力资源和文化资源是文化产业发展的内动力。高管作为文化产业高层次人力资源，在创意孵化与文化产品的制作、商品化、流通、消费等产业链的各个环节都起着监督、引导、管理的作用，文化出口企业高管胜任力提升可为我国文化贸易的发展提供强劲动力，从而提升我国文化产业的国际竞争力。

在国家层面，本书有利于提升国家经济的"硬实力"和国家文化的"软实力"。随着高管胜任力的提升，文化出口企业不断做大、做强、走出国门，扭转国际文化贸易逆差，赚取外汇，获得文化红利，提升中国经济"硬实力"。随着中国文化产品和服务的大量出口，讲好中国故事，传播中国好声音，弘扬中华文化，扩大中华文化的国际传播力和国际影响力，有利于提升中国文化"软实力"。

1.3　研究的重点与难点

1.3.1　研究重点

本书研究的重点有两个：

其一，我国文化出口企业高管胜任力模型建构。该部分内容属于分析问题的阶段。本书在模型建构过程中，需要解决的关键问题主要有：我国文化出口企业高管胜任力指标的内涵、胜任力指标要素、胜任力指标行为等级划分、指标的重要程度。

其二，我国文化出口企业高管胜任力开发措施。该部分内容属于解决问题的阶段。本书尝试从个体、企业、国家、高校四个层面提出系统的"四轮驱动胜任力开发路径"和具有可操作性的文化出口企业高管胜任力开发措施。

1.3.2　研究难点

本书研究的难点有两个：

其一，关于我国文化出口企业人力资源的相关研究资料匮乏。目前学界关于我国文化产业人力资源的研究，大都停留在产业的宏观层面和地域的中观层面，体现在关于我国文化产业人力资源、各省份的文化产业人力资源的现状、未来需求的研究等较多，对于微观层面的文化企业人力资源的研究极少，具体到我国文化出口企业人力资源的研究尚无人涉及。本书在梳理我国文化出口企业的发展现状、我国文化出口企业高管的胜任力现状、胜任力开发现状时，可用来参考的文献资料和统计数据都极其匮乏，且在时间上没有连续性。

其二，归纳胜任力指标的关键特征是对研究者的挑战。本书利用扎根理论方法对 17.1 万字的高管访谈资料进行分析，需要先对影响胜任力的关键行为事件进行筛选；然后需要从纷繁复杂的关键行为事件背后，归纳文化出口企业高管胜任力的关键特征。这个过程需要由一到多的综合分析，即先按照个案分析的思路对每一位高管的访谈资料进行分析，得出具有特殊性的个案胜任力特征指标；然后再对 12 位高管胜任力分析结果进行横向对比分析，归类、整合、提炼出具有普遍性、代表性的胜任力指标。这对于研究者的文本分析能力、概念的敏感度、归纳能力等提出了相当高的要求。

1.4　研究内容与研究方法

1.4.1　研究内容

全书研究共分为 7 章。

第 1 章是导论。该部分先阐述了我国文化出口企业高管胜任力的研究背景、问题的提出和研究的意义，然后阐述了本书的研究目的、研究重点与难点，说明了本书的研究思路和研究方法。

第 2 章是文献综述及相关理论基础。该部分先梳理了国内外学者对胜任力、高管胜任力模型、文化企业高管等的研究成果，然后回顾了胜任力模型建构的相关理论基础，主要有人力资本理论、胜任力模型理论和扎根理论。

第 3 章是我国文化出口企业高管胜任力指标筛选。该部分通过行为事件访谈法和资料收集法，获得 12 位文化出口企业高管的访谈资料，然后基于扎根理论三重编码技术从访谈资料中提炼出涉及高绩效的胜任力概念、归纳提取胜任力指标，最终得到 6 个胜任力一级指标和 32 个胜任力二级指标。

第 4 章是我国文化出口企业高管胜任力模型建构。该部分对我国文化出口企业高管胜任力的一级、二级指标做出概念界定、要点归纳、权重赋值、行为等级划分，最终形成我国文化出口企业高管胜任力模型。

第 5 章是我国文化出口企业高管胜任力模型应用。该部分用文化出口企业高管实践案例来解释模型在高管招聘与甄选、培训、绩效管理、职业发展规划中的应用领域和应用方法，目的在于利用模型来解决我国文化出口企业高管人力资源管理实践问题。

第 6 章是我国文化出口企业高管胜任力开发措施。该部分提出高管胜任力开发有四个途径，即个体开发、企业开发、国家开发和高校开发，并分门别类地提出我国文化出口企业高管胜任力开发的具体措施。

　　第 7 章是结论与展望。对本书的各部分做了简要回顾，提出最终研究结论，指出研究不足，并探索我国文化出口企业高管研究的未来方向。

1.4.2　研究方法

　　（1）关键行为事件访谈法。为了获得文化出口企业高管胜任力研究的一手访谈资料，笔者对青岛出版集团、青岛泽灵文化传媒有限公司的高管进行半结构化的行为事件访谈，邀请企业高管回忆过去五年内在工作上有成就感的关键事例，征得受访者同意后全程录音，形成胜任力访谈记录。

　　（2）扎根理论法。为了提取文化出口企业高管胜任力特征，本书以 12 位我国文化出口企业高管的面对面访谈记录为研究资料，利用扎根理论的三重编码技术对访谈资料进行归纳提取：第一重编码将访谈记录归纳精简，使研究由感性的原始访谈资料上升至理性的概念范畴；第二重编码通过假设、识别、验证，建立范畴间的关系，形成初步的胜任力特征；第三重编码开发诸多胜任力特征背后的故事线和逻辑，提炼核心范畴，最终提炼出高管胜任力指标。

　　（3）专家小组法。为了科学地判断我国文化出口企业高管各胜任力指标的重要程度，笔者寻找了 8 位文化出口企业高管和高校人力资源管理、文化产业专业的教授作为专家小组成员，对扎根分析得到的一级、二级胜任力指标进行权重赋值。

　　（4）层次分析法。在请专家小组给文化出口企业高管胜任力重要性权重赋值时，为了避免专家小组的主观臆断、保证胜任力指标权重的科学性，本书利用层次分析法，借助 1~9 比率标度方法引入构造判断矩阵，用求解判断矩阵最大特征根及其特征向量的方法得到一级胜任力指标、二级胜任力指标的相对权重。

　　以上四种方法中，关键行为事件访谈法、扎根理论方法、专家小组法属于定性研究，层次分析法属于定性与定量相结合的研究，多种方法的综合运用突破了以往文化产业人力资源研究方法的局限，保证了我国文化出口企业高管胜任力研究的信度、效度。

　　本书具体研究思路与技术路线如图 1.1 所示。

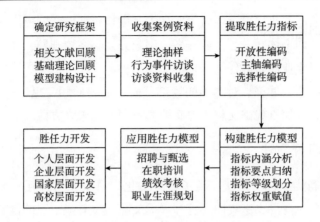

图 1.1　研究思路与技术路线

资料来源：笔者制作。

1.5　研究的创新点

1.5.1　胜任力模型构建的创新

本书借助经典胜任力理论，立足我国文化出口行业实践，第一次提出了我国文化出口企业高管的胜任力模型。在胜任力模型构成方面，本书提出了以往高管胜任力研究中未曾提到的七项胜任力指标——艺术素质、政治素质、文化使命、文化自信、文化包容、创意生产把控力、跨文化创意团队管理力；在胜任力指标的权重方面，本书提出拥有符合企业需求的价值观最为重要，素质、技能、意识、个性、知识的重要性依次下降，这种胜任力指标重要性的排序与以往的高管胜任力研究成果有所不同，体现了我国文化出口企业高管胜任力的特殊性；在胜任力指标的行为等级划分方面，本书对各级胜任力指标做了行为等级划分，据此可以方便地评价我国文化出口企业高管胜任力。我国文化出口企业高管胜任力模型具有具象化、布局化和精确化的特点，是将胜任力理论引入文化产业人力资源研究的有益探索，填补了我国文化贸易行业高层次经营管理人力资源研究的空白，是对现有高管胜任力研究成果的丰富和发展。

1.5.2　胜任力开发路径与措施的创新

以往学界对人力资源胜任力开发的研究大多从企业人力资源管理的单一角度提出。本书借鉴了人才开发学的相关理论，认为我国文化出口企业高管胜任力开发需要个体、企业、高校、国家合力开发。其中，个体自主性开发是内因，起决定性作用，而企业创新性的人力资源管理、高校创新性的培养机制改革、国家政策措施的出台与落实是个体胜任力开发的外因，对高管胜任力开发起着加速或延缓的作用。四种开发路径作用不同，侧重不同，互相促进，共同驱动高管胜任力的开发。

我国文化出口企业高管胜任力的自主性开发措施也是本书的创新点。本书提出文化出口企业高管胜任力开发是高管个体生命拓展的内在需求，是实现自身的理想抱负和人生价值的途径，文化出口企业高管应该努力优化个性，树立适合企业需求的价值观，培养适合企业需求的思维方式，全方位提升五种素质，努力打造复合型知识结构，提升六种工作技能。以上措施具有很强的针对性和可操作性，有利于我国文化出口企业高管进行胜任力的自我开发。

第2章　文献综述及相关理论基础

本书的文献综述围绕胜任力、胜任力模型、高管岗位胜任力模型、文化企业高管等主题展开。本书所依据的理论基础主要有人力资本理论、胜任力理论、扎根理论、人才学理论。对相关研究文献的梳理和对相关基础理论进行的回顾，为本书构建我国文化出口企业高管胜任力模型奠定了坚实基础。

2.1　国内外文献综述

2.1.1　关于胜任力的研究综述

2.1.1.1　胜任力的概念及内涵

胜任力在国外的研究始于科学管理之父 Frederick W. Taylor，他于 1911 年提出了"管理胜任力运动"的概念，建议管理者用时间和动作分析的方法去了解哪些因素导致了优秀员工高效率、高质量的工作，进而采用培训的方式来提升这方面的能力。美国学者 Flanagan 和 Baras（1954）共同创立了用于评价员工工作成绩的"关键事件法"，后来成为胜任力研究的主要方法。美国心理学家 McClelland（1973）发表《测量胜任力而非智力》，把胜任力定义为在某一工作中拥有的将绩效优秀者和绩效普通者区分开来的个人深层次特征，包括知识、技能、能力、个性特质或动机等因素，这标志着胜任力理论真正诞生。McClelland 于 1976年出版了《职位胜任力测评指导》，把胜任力模型作为人力资源管理工具，通过技术咨询服务向公共部门、企业和其他组织机构应用推广。

自从 McClelland 提出了胜任力概念后，很多学者都从不同的视角对胜任力的概念进行定义，但是归纳起来大致可以分为两派：一派认为胜任力是一种特征，另一派认为胜任力是一种行为。特征派的代表性观点，如 Knowles（1975）认为胜任力是指执行某一特定功能或工作所需的知识、个人价值、技能和态度；Boyatzis（1982）认为胜任力的基本关键特征可能是动机、特质、技能、自我形象或社会角色、知识等；Spencer Jr 和 Spencer（1993）指出胜任力包括某领域的知识、认知或行为技能、自我概念、动机、特质、态度或价值观，任何可以被测量并能显著区分优秀绩效与一般绩效的个体特征。行为派的代表性观点，如 Fletcher（1993）认为胜任力特征是保证个体胜任工作的、外显行为的维度，而维度是指一类行为，这些行为是可以观察到的、能证实的，并能合乎逻辑地归为一类。Campbell（1993）认为绩效和行为是同义词，胜任力是人们的实际行为表现，并可以通过观察得到。

国内学者对胜任力理论的关注始于 20 世纪 90 年代。国内学者立足中国独特文化和本土管理实践，进一步丰富了胜任力理论研究成果。时勘（2006）认为胜任力是个体所拥有的潜在的、较为持久的能区分绩效优异者和绩效平凡者的行为特征，这些行为特征可以是认知、意志、态度、情感、动力或倾向性等。叶龙等（2003）认为胜任力是知识、技能、能力和特质的综合，胜任力使员工能满足工作岗位的要求并能表现出优异的绩效。朱国锋（2005）认为胜任力是一系列生理、心理和行为的特征，诸如品德、知识、技能、能力、动机、态度、价值观、体能等，它能使任职者有效地完成某一工作任务，是任职者所具备的各种能力的总和。

综合分析国内外学者的观点，本书认为胜任力的概念和属性包括以下要点：第一，胜任力与工作绩效存在因果关系，胜任力的高低可以区分绩效优秀者和绩效一般者；第二，胜任力是可以被描述和测量的；第三，胜任力是个体内在的、持久的价值观、思维、知识、技能、动机、体能等在外在行为特征上的反映。

2.1.1.2　胜任力研究视角

胜任力研究有不同的视角，大致有个体、组织和行业三个视角。

个体胜任力视角侧重分析能区分高绩效者和一般绩效者的个体特征。在 20 世纪 60 年代后期 McClelland 所带领的项目小组为美国政府选拔外交官，提出 FSIO 胜任力模型，包括跨文化的人际敏感性、人的积极期望、快速进入当地的政治网络这三种个体核心胜任力。Pavett 和 Lau（1983）将个体层面的专业胜任力归结为概念技能、技术技能、人际技能和政治技能这四种类型。Spencer 于1989 年建立了包含五类人员的通用胜任力模型：技术人员、销售人员、社区服务人员、经理和企业家。Assoc 和 Waterloo（1993）认为管理人员应该具备概念技能与独创性、领导、人际交往、行政管理、技术五种基础胜任力。Mount 等（1998）对 250 名管理人员进行测验后发现管理人员胜任力有三个维度，即人际关系、管理和技术。

组织胜任力的研究最早由 Prahalad 提出，他认为组织核心竞争力是组织在环境中具有持续竞争力的能力。Prahalad 和 Hame（1990）认为提供进入变化市场的潜能、对终端产品有意义的贡献、对竞争者来说很难模仿的竞争优势这三个可辨别的成分构成了组织核心竞争力。Alice（1997）认为核心技术竞争力和核心运作能力可以看作解释组织竞争优势的两个维度，而组织的学习能力是推动这两项胜任力发展的关键。Harel 和 Gery（1997）认为企业的核心是基于个体胜任力和组织胜任力的，组织胜任力有利于组织资源的获取、积累和有效利用，有利于组织实现高绩效，并让组织始终保持竞争优势。

行业胜任力的研究最早可追溯于 Nordhaug（1998），他认为任务具体性、公司具体性和行业具体性是研究胜任力的三个维度。个体胜任力的形成起源于任务具体性，组织胜任力的形成起源于公司具体性，行业胜任力的形成则起源于行业具体性。行业胜任力包括行业通用胜任力和行业技术胜任力。在行业胜任力理念推动下，西方许多行业的监管部门、中介组织、行业协会研究纷纷进行了所属行业胜任力标准的建构。比如英国 MCI（1986）建立的英国职业资格体系（NVQ）、美国劳工部（1990）建立的年轻人成功必备技能（SCAN）、美国技能标准委员会（1996）建立的美国国家义务技能标准，美国政府（1990）建立的聚焦公共管理领域的美国领导效率工程（陈云川、雷轶，2004）。

本书胜任力建构的研究视角是个体视角和行业视角。本书构建的胜任力模型是个体能胜任文化创意管理、创意人力资源管理等文化出口企业高管岗位职责所具备的内在特质，因此属于个体胜任力研究视角。本书构建的胜任力模型是从演艺、媒体、艺术设计、音乐、出版等核心文化领域的文化出口企业高管胜任力访谈资料中提炼出的，具有高度的文化出口行业具体性，因此本书也属于行业胜任力研究视角。

2.1.2　关于管理人员胜任力模型的研究综述

本部分将胜任力模型的研究视角聚焦于管理人员，对国内外管理人员胜任力的研究成果进行梳理。

2.1.2.1　国外关于高管胜任力的研究成果

高管胜任力研究在国外起步早，成果丰富。Spencer（1993）在对 360 种管理行为事件和 200 多种管理工作进行研究后，提出了 20 项胜任力，可以聚类分为六大类群，即成就类群、服务类群、影响力类群、管理类群、问题解决类群和个人效能类群。Spencer 和 McClelland（1994）通过运用工作分析法和行为事件访谈法归纳出一系列适用于管理人员的胜任力模型，模型由业务结果、关注客户与市场、组织与人员发展、创新、信条与价值观、掌控复杂性和伙伴关系等特征构成。Egbu Chartes（1999）运用半结构化面试和问卷法对英国大型组织中的高层经理、中层经理、基层经理进行调查，所调查的大型组织占英国的 1/3，耗时四年，最终得出了预见及计划、领导、激励、沟通、决策、健康与安全共六种管理特征。Don Hellriegel 等（2000）提出 21 世纪高效管理者应具备七种基础胜任力：管理变革、管理差异、自我管理、跨文化管理、管理沟通、管理道德和管理团队。Bueno 和 Tubbs（2004）基于已有模型进行修改、检验和验证，提出全球领导者胜任力模型有六大要素：沟通技巧、学习能力、灵活性、开放性、尊重他人和敏感性。Ryan 等（2012）利用案例研究法分析了高绩效的业务部门经理胜任力特征，该研究指出管理者的团队领导、发展他人、成就取向、影响力共四种胜任力与业务部门的绩效相关。

2.1.2.2　国内关于高管胜任力的相关研究

时勘等（2002）利用行为事件访谈法实证研究了中国通信行业高层管理者的胜任力特征，如影响力、客户服务意识、组织承诺、成就欲、人际洞察力、信息寻求、团队领导、主动性、自信和发展他人等。王重鸣、陈民科（2002）运用职位分析法和结构方程模型对我国正副职管理者的胜任力进行了探究，结果表明结构要素与管理者所处的层次相关，管理素质和管理技能构成了管理胜任特征。王垒（2002）将与经理人绩效密切相关的 23 项特征，归纳为能力、社交性、动机、情绪、性格等几个层次，并以此为基础提出中国管理者胜任力特征为：淡漠而达观、人际技巧、睿智而有影响力、勤勉而有个人魅力。仲理峰、时勘（2004）通过行为事件访谈法对家族企业的高层管理者胜任特征进行分析，提出 11 项胜任力：自我教育、自信、影响他人、指挥、组织意识、主动性、捕捉机遇、自我控制、信息寻求等。柯翔、程德俊（2006）运用文献检索、关键行为事件访谈、问卷调查、多元统计分析法对东北老工业基地国有企业的高层管理者进行了胜任力特征分析，提出了九项胜任力，即个人驱动力、个人成熟、协调监控能力、影响力、战略决策能力、洞察力、分析和概念性思维、关系能力与团队领导。王大超、孙莉莉（2008）运用关键行为事件访谈法、核检表调查和团体焦点访谈法对辽宁省 29 位职业经理人的胜任力进行探究，提出了包含 26 项的国际型职业经纪人胜任模型。方雯等（2008）通过问卷调查和数理统计的方式得出国际管理者的胜任力模型，包含三个维度和 11 项胜任力，其中国际管理者特有的胜任力是灵活性、人际洞察力和沟通能力。

2.1.2.3 国内关于文化出口企业高管的研究

向勇（2011）利用胜任力模型理论研究了文化产业创意经理人的胜任力，提出 20 项基础胜任力和七项专业胜任力，专业胜任力的具体内容是文化行业经验、创意价值鉴别力、审美鉴别力、创意控制力、文化界人脉资源、文化营销力和政策运用力。殷振川（2011）提出经营管理人力资源在国有文化企业中地位高、作用大，他们是国有文化企业生存和发展的决定性因素，国有文化企业发展得好坏从根本上取决于经营管理人力资源的水平与质量。潘爱玲、于明涛（2013）对文化产业类上市公司高管团队特征与财务绩效的关系进行探究，结果发现，高管团队学历异质性与企业财务绩效显著正相关，年龄异质性与净资产收益率指标显著负相关，平均年龄与营业利润指标显著正相关。梁博（2015）阐述并分析了优酷集团管理人员的心理测试、无领导小组讨论、公文测试等一系列胜任力测评，指出现有测评方式的不足之处，进而提出了改进建议。从以上研究现状中可以看出，国内关于文化企业高管研究成果非常少，利用胜任力模型来探讨我国文化企业高管能力素质的研究只有向勇（2011）的创意经理人研究。

文化出口企业高管胜任力的研究至今尚是无人涉及的"真空地带"。在中国知网、维普期刊两大中文数据库中，利用高级检索方式，依次按"关键词、主题、篇名"为"文化出口企业"和"外向型文化企业"对两大数据库收录的学术期刊、会议论文、博硕士学位论文和图书进行搜索，最终得到三篇文献：一篇是《我国重点文化出口企业和项目的对比分析》，该文分析国家重点文化出口企业和项目近年来的变化趋势；一篇为《国家文化出口重点企业发展的实证分析》，该文研究财政收入、可支配收入等影响企业发展的因素；一篇是《国有外向型文化企业创新发展路径研究》，该文分析国有外向型文化企业的发展现状、发展机遇和发展路径。按"关键词、主题、篇名"为"文化出口企业、外向型文化企业"依次与"高管胜任力"进行组合搜索，最终得到零篇文献。

通过以上文献梳理工作，笔者发现目前国外学者对于胜任力的基础理论问题，如胜任力的界定、构成、影响因素、测量等，都进行了系统的研究，关于企业高管胜任力模型的研究比较深入，在管理人员胜任力特征方面达成了部分共识；国内学界对胜任力的研究虽然起步晚，但学者对胜任力的基础性问题也有独立的思考，并立足于中国独特文化背景和本土化管理实践，对很多传统行业的高管胜任力进行了实证研究，丰富、补充了胜任力理论的研究成果。

与此同时，笔者也发现目前国内胜任力理论的应用研究存在以下问题：第一，绝大多数胜任力理论的应用研究集中在非文化领域，如制造业、通信业、金融业、物流业、建筑业等，而文化行业人力资源胜任力研究成果非常罕见。第二，文化企业高管胜任力研究处于起步阶段，向勇关于创意经理人胜任力的研究具有开创性意义，但未深入探讨胜任力开发的路径与措施。第三，我国文化出口企业高管胜任力的研究尚无人涉及，文化出口企业高管胜任力包含哪些指标？各级指标的重要程度如何？怎样通过具体行为表现评估高管胜任力的高低？如何采取措施提升我国文化出口企业高管胜任力？以上基础性问题都没有得到应有的重视和研究。

我国文化出口企业高管胜任力研究的匮乏与我国文化贸易与文化出口企业快速发展的局面形成了鲜明的对比。理论研究的滞后会制约我国文化贸易的发展和我国文化出口企业的成长。本书试图探索我国文化出口企业高管胜任力模型及胜任力开发方案，以弥补我国文化产业人力资源研究的缺口，切实提升我国文化出口企业组织绩效和高管个人绩效。

2.2　相关理论基础

2.2.1　人力资本理论

人力资本理论是研究文化出口企业高管胜任力的理论基础之一。相比于其他产业，文化产业是源于劳动者个体的技能、知识、才华、创意的产业，是文化、艺术、创意、科技高度关联的产业，文化产业的每一个环节都离不开个体的创造性劳动，正是从这个意义上讲，人力资本是文化产业的第一生产力和最核心要素。

2.2.1.1　人力资本理论发展的三个阶段

经济学家魁克最早研究了人的素质，认为人是构成社会财富的第一因素。经济学家亚当·斯密在《国富论》中提出人的劳动能力与水平需要经过教育与培训，需要花费时间和金钱，这是人力资本投资思想的萌芽。后来美国经济学家欧文·费雪在 1906 年进一步阐述了人力资本的概念，提出人力资本是一种生产资料，与物质资本一样也可以为人们带来收益。然而直到 20 世纪中叶，占主流地位的正统西方经济学并未把人力资源看作一种资本，在人、资本和土地三个要素中，人被视为非资本要素，该阶段属于古典人力资本理论阶段。

现代人力资本理论的开创者是舒尔茨和贝克尔。1960 年，美国经济学家舒尔茨在继承古典经济学关于人的经济价值思想时，第一次系统地提出了"人力资本"的概念，他研究了人力资本形成的方式，并从宏观角度研究教育投资的收益率，被人们奉为"人力资本之父"（舒尔茨，1990）。另一位人力资本理论的开创者贝克尔从微观层面分析了人力资本与个人收入分配之间的关系，认为人力资本可以通过后天投资获得，并影响后期的生产率和收益（贝克尔，1987）。

当代人力资本理论始于 20 世纪 80 年代。当代人力资本研究把人力资本纳入经济增长模型之中，代表性的模型理论有卢卡斯的专业化人力资本积累增长模式和罗默的内生增长模型。新经济增长理论使人力资本的研究更加具体化和数量化，极大地发展了人力资本理论。

2.2.1.2　人力资本理论的主要观点

"人力资本"的基本含义指通过健康、教育投资形成的凝结在劳动者身上的知识、技能、资历、时间、健康等。人力资本的意义在于：人力资本是一切资源中最主要的资源。在促进国家社会经济增长和科技进步的过程中，人力资本的作用大于物质资本的作用，人力资本和物质资本一样也是一种资本，也需要投资，并同样具有收益性，能够为企业和社会带来收益（刘波，2013），并且人力资本投资的经济效益远大于物质投资的经济效益。人力资本投资的主要形式有教育、培训、健康、迁移和流动等。教育是提高人力资本素质最基本、最主要的手段（刘铁明等，2007）。

2.2.1.3　人力资本的分类

按照不同的标准，人力资本有不同的分类方法。有学者根据人力资本的组成要素将人力资本分为两类：一类是智力、健康等先天的心体人力资本，另一类是知识、技能等后天的图式资本（徐鸣，2010）。有学者根据边际报酬的升降将人力资本分为两类：一类是边际报酬递减的同质性人力资本，另一类是边际报酬递增的异质性人力资本（丁栋虹，2001）。按照人力资本发挥作用的范围分类，有学者将人力资本分为普通型人力资本、创意型人力资本和经营管理型人力资本（江奔东，2008）。有学者根据人力资本在创新中所处的位置将人力资本分为五类，分别是企业家型人力资本、技能型人力资本、研发型人力资本、营销型人力资本和管理型人力资本（孔宪香，2009）。

本书认为文化出口企业高管是一种特殊的人力资本：从边际报酬的升降来看，他们属于边际报酬递增型人力资本；从发挥的作用看，他们属于经营管理型人力资本，是文化出口企业的"掌门人"，他们的素质能力关乎文化出口企业的绩效；从人力资本投资的角度看，文化出口企业高管岗位对先天资质和后天形成的能力和素质要求较高，需要的人力资本投资高、周期长，由此决定了我国文化出口企业高管人力资本具有稀缺性。

人力资本理论中关于人力资本的地位、作用、分类、开发等观点对于我国文化出口企业高管胜任力研究有启示作用。

2.2.2   胜任力模型理论

2.2.2.1   胜任力模型

胜任力模型主要由西方学者提出，也被称为素质模型、胜任力结构模型、胜任特征模型。胜任力模型是个体和组织胜任某项工作需要具备的胜任力要素、特征的总和。目前经典的胜任力模型主要有以下几种：

（1）冰山模型。McClelland（1993）提出冰山模型，他将胜任力分为动机、特质、自我认知、社会角色、知识和技能六个层次。胜任力冰山模型可分为水面上和水面下两个部分，水面上的部分是知识和技能等可见指标，这一部分容易评估、测量和开发；水面下的部分是自我概念、个性特质、动机等内隐指标，这一部分难以改变、难以触及（见图 2.1）。冰山模型是最经典的胜任力模型。

（2）洋葱模型。Boyatzis（1982）把胜任力的层次结构比喻为洋葱，将胜任力划分为核心层、中间层和外围层这三个层次。核心层是洋葱的最内圈，包含着动机和个性特质，此类胜任力最不易发展和后天习得，也最难进行评价；中间层位于洋葱的中间，包括自我形象和社会角色等；外围层是洋葱的最外圈，包括知识和技能，此类胜任力最易发展和识别（见图2.2）。

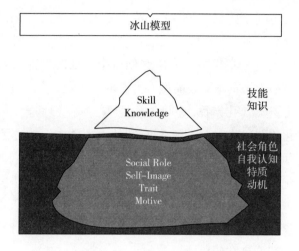

图2.1　McCelland 的冰山模型

资料来源：马欣川等．人才测评——基于胜任力的探索［M］．北京：北京邮电大学出版社，2008.

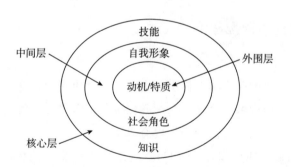

图2.2　洋葱模型

资料来源：马欣川等．人才测评——基于胜任力的探索［M］．北京：北京邮电大学出版社，2008.

（3）金字塔模型。Lucia 和 Lepsinger（1999）提出金字塔模型，他将胜任力分为中间、底部和顶部三个层次：难以开发的态度和人格特征位于底部，知识和技能这一类胜任力位于中部，可以通过学习等途径加以开发、最易受到影响的具体行为位于顶部（见图2.3）。

（4）胜任力词典。一些国际咨询公司如合益集团、美世集团等认为胜任力模型类似于胜任力分级素质词典，纷纷提出了自己的胜任力分级素质词典。比较有代表性的是全球性管理咨询公司合益集团（1996）提出的胜任力分级素质词典，收入 1996 年版词典里的胜任力素质分为三个类型：通用核心素质、补充及个性化通用素质、可能出现的素质。合益集团通用核心素质包含 18 项个人素质，具体内容如表 2.1 所示。

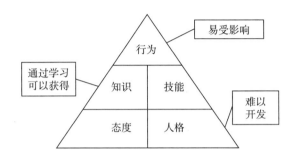

图 2.3　胜任力金字塔模型

资料来源：向勇．创意领导力——创意经理胜任力研究［M］．北京：北京大学出版社，2011．

表 2.1　核心通用素质词典

合益集团通用核心胜任力	成就导向、归纳思维、演绎思维、培养人才、服务精神、灵活性、监控能力、收集信息、影响能力、诚实正直、主动性、组织意识、人际理解能力、关系建立、献身组织精神、领导能力、自信、合作精神

资料来源：根据《HAY 集团胜任力分级素质词典》整理。

本书在模型建构中综合借鉴了冰山模型、洋葱模型、金字塔模型的观点，但是又对以往胜任力模型保持谨慎态度，更多依靠样本资料来挖掘我国文化出口企业高管胜任力模型，目的在于时刻警惕和不断发现已有的胜任力模型和实际分析结果之间的共性和差异，更好地构建符合我国文化出口企业高管实际情况的胜任力模型。本书在胜任力指标的定义、行为表现的分级过程中部分借鉴了合益集团 1996 年版的胜任力分级素质词典。

2.2.2.2　胜任力模型的建构方法

胜任力模型的建构是基于胜任力模型的企业人力资源管理的逻辑起点，对于人力资源的招聘与甄选、培训、绩效管理和职业生涯规划等人力资源管理环节都具有基础性作用。在人力资源管理实践中，胜任力模型建构的方法主要有关键行为事件访谈法、问卷调查法、专家小组法和工作任务分析法。

（1）关键行为事件访谈法。这是胜任力模型构建的常用方法。此方法起源于 Flanagan 创建的关键事件技术，此后经 McClelland 和 Spencer 等逐步完善。关键行为事件访谈法是一种开放式的、行为回顾式的建模方法，具体操作过程为：针对一个岗位，找出两组样本，一组是绩效优秀样本，另一组是绩效平平样本。在访谈过程中，被访谈者需要列举 2～3 件成功或失败的具体事件以及导致事件成败的关键要素。最后通过统计分析，找出两组样本存在差异的最显著特征，这个显著特征就是该岗位所需要的胜任力。此方法的优点是具有科学性和有效性，被学术界普遍认可，缺点是费时费力、过程烦琐，并且需要专业性高的访谈小组。

（2）问卷调查法。这是一种比较快捷、便利的数据收集方法。问卷调查法通常与关键行为事件访谈法等方法组合实施，一方面可以弥补其他方法的疏忽遗漏，另一方面可以对行为事件访谈提炼出来的胜任力特征进行检验。具体过程为：首先，通过文献研究、行为事件访谈等方法提出岗位胜任力特征，以此模型为基础编制并发放问卷；然后，回收问卷并对问卷信息进行初步统计分析，判断问卷设计是否可信、所提取的胜任力特征是否有效等；接着在修正胜任力特征后，再次设计、发放、回收问卷，并不断重复这一过程，直至问卷可信并且胜任力特征趋于平稳。问卷调查法的优点是耗时短、成本低且收集信息量大，缺点是信息受限于问卷设计，问卷的设计是否可信将直接决定结果的准确性。

（3）专家小组法。专家小组法也称为德尔菲法。专家小组法建立在专家会议法的基础上，但具有匿名性和多轮预测的特点。此方法的操作过程是：先成立一个专家小组，此小组的专家最好是由被研究工作领域的专家、管理层、资深员工等权威人士组成，所有专家在互不了解的情况下针对被研究的岗位胜任力进行头脑风暴，匿名性可以规避心理原因导致的偏差。在讨论过程中，由记录人将每位专家发表的意见记录下来，事后逐一筛选，从而建构出被研究岗位的胜任力。此方法有耗时短、效率高的优点，但专家意见中所存在主观性和经验性会对最终结果有影响。

（4）工作任务分析法。与上述三种方法不同，此种方法关注的焦点由工作中的人转变为工作产出，通过分析工作任务识别出一个岗位所需要的能力。此方法的操作过程是：首先，调查岗位的工作责任、任务、角色、工作环境等，同时提取岗位的工作职责和关键角色；然后，对可以接受的标准或绩效进行描述；接着建立胜任力模型所包含的胜任力指标，确定每一项胜任力所对应的具体工作行为及行为等级描述。工作任务分析法有成本较低、操作过程简单等优点，但是标准倾向于忽略个人能力和知识的重要性，过于静态，忽视了过程能力，致使依据此方法建立的胜任力模型不够全面（郭丽芳，2013）。

目前学界对于胜任力指标的筛选方法主要有关键行为事件访谈法和问卷调查法两种，在研究胜任力模型的学术文献中，这两种研究方法属于主流方法，前者属于定性研究，后者属于定量研究。本书认为问卷调查法适用于大规模的社会现象调查，研究微观层面个体胜任力的问题最适宜行为事件访谈法。因此，本书使用的我国文化出口企业高管胜任力访谈资料主要借助了关键行为事件访谈法。

2.2.3　扎根理论

扎根理论属于定性研究方法，该理论最早由 Glaser 和 Strauss 于 1967 年提出。

2.2.3.1　适用范围

所谓扎根理论是指经由系统化的资料收集与分析，在不断的推理、比较过程中挖掘反映社会现象的概念，进而发展为范畴，并进一步发现和建立概念以及范畴之间的联系，最终识别出核心概念，发展出所研究对象的理论模型。扎根理论适用于理论体系的建构还不完善、难以解释实践现象的领域，也适用于理论研究的空白地带或全新的研究领域。扎根理论对于研究者的要求是对所研究的现象与场景比较熟悉、具备多学科取向、在概念上有相当的兴趣和敏感度以及认知上的弹性（Miles & Huberman，2008）。

2.2.3.2　扎根理论的研究流程

研究流程由六部分组成：①准备工作：对调查样本的来源及抽样方式有一个初步的设计，此阶段要尽量避免思想受特定文献资料的束缚。②数据收集：在准备工作的基础之上，对所需的多种形式的数据资料进行收集，常用的数据收集方式有观察法、实地走访法、收集企业文档等。③数据分析：对收集得到的数据资料进行分解整理，通过逻辑思路和典范分析范式的运用，深层次挖掘和串联数据间的关系，以形成可靠的理论框架。④撰写备忘录：在数据收集和分析的过程中，根据研究人员思路的变更，备忘录需要不断更新。⑤排序及理论概述：排序是对备忘录过程中所形成的思路和概念进行排序，在排序过程中通过挖掘彼此关系，自然形成理论。⑥撰写成稿：把前期的调查过程和结果进行汇总以形成定稿（于兆吉、张嘉桐，2017）。

2.2.3.3 扎根研究的编码分析技术

编码分析技术分为三个循序渐进的步骤：开放性编码、主轴性编码和选择性编码。

开放性编码指研究者以开放的心态取代个人偏见和理论假设，将资料逐步归纳、精简、抽象，进行概念化和范畴化，便于后续分析（Glaser，1978）。其一般流程为：定义现象→挖掘范畴→命名范畴。

主轴性编码是指联结开放性编码所得到的概念与范畴，并在联结过程中发现和建立范畴之间的关系。主轴编码的任务是继续发展范畴，通过"起因→现象→情境→影响因素→行为或互动策略→结果"这一典范编码范式（Strauss & Corbin，1997），将主范畴和副范畴联结在一起。

选择性编码是指对主轴性编码过程中所形成的范畴类属进行筛选，识别出起着关键性作用的、能够统领其他所有范畴的核心范畴，它们就是研究结果所要报告的主题。

2.2.3.4 基于扎根理论的模型建构

扎根理论通过对丰富的资料进行归纳、演绎、对比、分析，得到了一个包含核心范畴、主范畴、副范畴、概念组成的立体关系网络，这就是研究的结论。如果研究者对单个案例的扎根分析结果不满意，还可以展开多案例研究。多案例研究的操作过程为：首先，按照个案分析的思路，对每个案例都进行独立的编码分析，以便得出具有特殊性的个案结论；然后，在多个案例结论之间进行对比分析，以达成"同中有异、异中有同"的理解；最后，归类、整合从众多案例中提炼出的副范畴、主范畴、核心范畴（李志刚，2007），从而完成理论模型的建构。多案例扎根分析使研究结论更具有说服力。

本书在我国文化出口企业高管胜任力指标筛选时，对12个样本高管胜任力访谈资料进行多案例的扎根分析，从而保证了研究结果的科学性和严谨性。

第3章 我国文化出口企业高管胜任力指标筛选

在导论中，本书回顾了我国文化出口企业高管胜任力的理论研究及实践应用。在理论研究层面，我国文化出口企业高管胜任力模型这一应用理论问题至今未得到学界的关注和探讨；在实践层面，我国文化出口企业高管胜任力与企业理想的需求存在差距，我国文化出口企业在高管的招聘与甄选、培训、绩效、职业生涯规划等环节相对滞后，基于胜任力模型的人力资源管理体系的建构势在必行。研究我国文化出口企业高管胜任力模型有利于提升我国文化出口企业高管的实践工作能力，有利于提高我国文化出口企业高管人力资源管理的效率。

本章的主要内容是利用扎根理论对我国文化出口企业高管胜任力指标进行筛选。扎根理论研究属于探索式、理论构建式的研究方法，是构建我国文化出口企业高管胜任力模型的最佳研究工具。借助扎根理论，遵循理论抽样、不断比较、分析资料和搜索资料并行，可以不断地概括和抽象出与我国文化出口企业高管胜任力相关的概念、范畴，从而实现建构新理论模型的目的。本章先对文化出口企业、高管的概念进行界定，然后通过行为事件访谈法和访谈资料收集法，获得12位我国文化出口企业高管的访谈资料，接着基于扎根理论三重编码技术从访谈资料提炼出高管胜任力的概念、副范畴、主范畴、核心范畴，最终获得我国文化出口企业高管胜任力要素及特征。

3.1 相关概念界定

3.1.1 关于文化出口企业的界定

目前学界尚没有人对"文化出口企业"这一概念的内涵做出界定。本书利用 CNKI 进行跨库检索，结果发现：迄今为止在全文中提到"文化出口企业"这一名词的研究文献有 548 条，可见"文化出口企业"这一概念已经在学界普遍使用。但是依次以"文化出口企业"为主题词、关键词、篇名进行检索，筛掉相同记录后，只有两篇文献：第一篇是杨伽伦（2012）研究了我国文化出口企业和出口项目的变化趋势，第二篇是王修志、王菊（2014）研究了国家文化出口重点企业发展的影响因素。两篇文献都没有对"文化出口企业"的概念做出任何解释，似乎这一概念不言自明。

本书认为"文化出口企业"这一概念，从字面意义上看，包含了"文化"和"出口"两个定语，"文化"是对文化出口企业性质的界定，"出口"是对文化出口企业业务特点的概括。文化出口企业在性质上属于文化企业，但与以满足国内文化市场需求为战略目标的文化企业不同；文化出口企业的业务特点与一般出口企业有相似性，但是又与机械、化工、农产品等行业的出口企业不同，文化出口企业是一种特殊的企业类型。从产生背景来看，文化出口企业是一国对外文化贸易实践发展到一定阶段的产物，是一国文化企业发展的高级阶段；从企业战略来看，文化出口企业的核心战略是利用国内、国外两种资源，开拓国内、国外两个市场，以期获取更大的成长空间和更好的经济效益；从企业价值观来看，文化出口企业坚持经济效益和文化效益兼顾的原则，向世界传播本民族文化、本国价值观和意识形态；从业务范围来看，文化出口企业以文化产品出口、文化服务出口为主，为了实现企业的全球化战略布局，也进行对外文化投资活动；从企业"走出去"的层次来看，第一层次是产品和服务"走出去"，第二层次是知识产权"走出去"，第三层次是资本"走出去"，第四层次是企业"走出去"；从企业的社会贡献来看，文化出口企业对一国经济发展、地区经济发展做出贡献，为提升一国文化国际影响力、维护民族文化安全做出贡献。

文化出口企业与外向型文化企业的内涵不同。宋文君、毛云聪（2014）曾归纳了"外向型文化企业"的特征，可概括为以知识产权为主导、产业形态高度融合与多元化发展、以参与国际市场竞争为核心战略、体现国家意志的特殊性。该特征的归纳对"文化出口企业"的定义具有借鉴意义。但本书认为文化出口企业和外向型文化企业的区别在于是否以参与国际文化市场竞争为核心战略。文化出口企业大多数是立足国内文化市场，在长期满足国内文化市场需求的过程中，企业规模日益扩大，产品和服务日益成熟，继而进军国际文化市场的企业。也就是说，大部分文化出口企业都是在国内文化市场上取得比较优势后才进军国际文化市场的，只有少数企业在初创期就明确了以国际文化市场为核心战略，直接面向海外市场进行文化产品和服务的生产。因此，文化出口企业比外向型文化企业的范围要广，两者是包含与被包含的关系。

基于以上分析，本书对"文化出口企业"概念的界定为：以知识产权为主导，将文化产品和文化服务出口到其他国家和地区，兼顾经济利益和文化利益，体现本国价值观和意识形态的文化企业。

由于企业发展阶段和规模不同，会影响企业高管胜任力的具体内容，所以本书中提到的"文化出口企业"，从发展阶段上看，是处于平稳期、成熟期的企业，不包括初创期的文化出口企业；从企业规模上看，其员工数量、海外销售额、资产总额达到了相当规模，不包括小微企业。

3.1.2　关于高管的界定

在国外，高层管理人员被称为"officer"。很多国家从政策法律角度对高层管理人员的范围做了界定，如加拿大《安大略省公司法》规定，公司高层管理者包括董事会主席、副主席、总裁、副总裁、总经理财务总监、助理总监、秘书、助理秘书等。从学术研究角度界定高管范围的学者也有很多，代表性的如国外学者Krishnan（1998）等认为总裁、首席执行官（CEO）、首席运营官（COO）、首席财务官（CFO）和下一个层次的最高级别人员属于高管群体（宋文君、毛云聪，2014）。

在我国，从政策法规角度对"高管"做出概念界定的是《中华人民共和国公司法》（以下简称《公司法》）。《公司法》（2018 年版）第二百一十六条明确指出了高级管理人员包括"公司的经理、副总经理、财务负责人，上市公司董事会秘书和公司章程规定的其他人员"。《公司法》中还对董事会的权限做出了界定，有权聘任公司经理、有权制定公司基本管理制度、有权决定公司的经营计划和投资方案。

学术界对高管的概念界定在意见上虽有分歧，但大致可归纳为两种：一是从广义角度进行界定，如姜付秀等（2009）认为总裁、总经理、董事会成员、监事会成员、常务副总裁、常务副总经理、财务负责人、总经济师、技术总监、总工程师等这些担任高级管理职务的人属于高管团队；二是从相对狭义的角度来界定，如魏立群、王智慧（2002）认为总经理、总裁、副总经理、首席执行官、副总裁、总会计师和首席财务总监等高级管理人员可以称为高管团队。徐经长、王胜海（2010）认为学界对高管概念界定的不一致会影响研究结论的稳定性和可比性，因而提出核心高管的范畴，认为上市公司的董事长、总经理和财务总监属于核心高管范畴，对公司的成长具有最直接和重要的作用。

本书认为高管就是公司级的高级管理人力资源，他们在公司担任极其重要的岗位。由于胜任力模型具有很强的岗位针对性，不同岗位都有相对应的胜任力模型。所以本书对高管的概念界定不宜宽泛，专指公司战略决策和经营管理的第一责任人，属于最核心的高管层，具体岗位包括董事长、总裁、首席执行官、总经理、副总裁、副总经理，不包括艺术总监、技术总监、人力资源总监等部门高管，由于财务总监的专业胜任力与其他核心高管也有差异，所以也未包括在本书研究的高管范围内。

3.1.3　我国文化出口企业高管的特征

判断一个高管是否是文化出口企业高管，既要以他的岗位、职责为标准，又要分析他是否具备文化出口企业高管的特征。

从工作身份来看，文化出口企业高管是企业的高层经营管理者，他们的职务可能是董事长、首席执行官、总经理、副总经理等，是文化出口企业的掌舵人；从基础素质来看，他们既具有经营管理素质，又具有文化艺术素质，还具有跨文化交际公关的外交人员素质；从工作角色上看，他们是企业战略的决策者、人力资源的管理者、文化创意生产的把关人、企业道德的代表者、市场竞争的应变人、企业对外联系的外交官；从工作职责来看，他们并不负责某一具体任务，而是负责文化出口企业发展的整体方向，控制了企业价值链创造的全部过程；从工作动机来看，他们具有"文化导向"和"经济导向"，一方面对文化有强烈的兴趣，具有高度的文化使命感，自觉地为推动中国文化"走出去"投入情感和精力，另一方面又关心企业文化产品和服务的出口额和利润，为文化出口企业的经济效益负责；从工作特征来看，他们比一般企业的高管更加注重创新，在创意、产品、服务、技术等方面努力推陈出新，研发自主知识产权，积极开拓国际市场，不断寻找适合目的国的新商业模式。

通过以上内容的分析，笔者明确了"文化出口企业"的概念，明确了本书高管的范围界定以及我国文化出口企业高管具备的特征，这就为下一步推导我国文化出口企业高管的岗位胜任力奠定了坚实的基础。

3.2　研究方案

建构我国文化出口企业高管胜任力模型是本书的两大重点之一，我国文化出口企业高管胜任力模型的建构是胜任力理论在新领域内的创新性应用。为了更加科学、系统地筛选我国文化出口企业高管胜任力指标，我们需要借助目前已有胜任力理论模型和胜任力建模方法作为本书的前期理论依据和方法指导。

3.2.1　模型构建思路与方法

目前学界比较公认的胜任力理论模型主要有冰山模型、洋葱模型、金字塔模型，这些模型的具体内容已在前文中做出了阐述。无论是上述哪一种模型，其主要内容至少都包括了两个方面：一方面是胜任力模型的构成要素，即指出了个体需要拥有哪些具体的胜任力，每一种胜任力的含义和特征是什么；另一方面是胜任力模型的布局，即不同的胜任力在模型中所处的位置和影响度是不同的。以往的胜任力理论模型启示我们：我国文化出口企业高管胜任力模型的构建不但要反映我国文化出口企业高管胜任力的构成要素，还要反映出高管胜任力模型的布局。

此外，为了使本书建构的模型既具备揭示高管岗位能力奥秘的理论价值，又具备较好的指导实践的应用价值，本书还计划在探明我国文化出口企业高管胜任力构成要素、胜任力模型布局的基础上，进一步量化各种胜任力的评价标准，对各胜任力指标的重要性进行权重衡量，使我国文化出口企业可以利用该模型方便地衡量、评价其高管胜任力的现状，从而高效地实施高管招聘与甄选、高管培训、高管绩效考核和高管职业生涯管理等。

基于以上出发点，本书对我国文化出口企业高管胜任力模型建构的流程如下：

第一步，模型的具象化：使用关键行为事件访谈法和文档资料收集法获得大量一手高管访谈资料，然后利用扎根理论方法对访谈资料进行层层筛选和系统归纳，推导我国文化出口企业高管岗位的胜任力种类、分析胜任力内涵及特征。这一步的结果是明确了胜任力模型的构成要素。

第二步，模型的精确化：为了提高胜任力模型的应用价值，除了实现模型的具象化，还需要对每种胜任力进行行为等级划分，然后在此基础上，利用专家小组法和层次分析法对所有胜任力要素的权重进行量化分析。这一步的结果是明确了胜任力模型的评价指标体系。

第三步，模型的布局化：对筛选出的胜任力，进行逻辑还原，分析每种胜任力在模型中的作用，以及在众多胜任力中的位置。这一步的结果是明确了胜任力模型的布局，即各胜任力指标之间的关系。

在模型具象化、精确化、布局化的构建过程中，本书主要使用定性研究方法中的"扎根理论"研究范式，借助扎根理论的三重编码技术来分析访谈资料，挖掘和筛选我国文化出口企业高管胜任力指标及其关系结构。定性研究是指以本人作为研究工具，在自然情境下通过收集各种资料对社会现象进行整体性的初步探究，然后归纳所收集的资料进一步形成理论，最后再借助与研究对象间的互动获得关于研究对象行为和意义的解释性理解。定性研究方法有很多种，本书使用扎根理论分析方法的原因在于：使用扎根分析的人不是先有一个理论，然后去证明它，而是研究者有一个待研究的领域，直接从材料入手，归纳、提炼、总结出新的概念和理论。扎根分析特别适用于构建新的理论模型，开展全新领域的研究。我国文化出口企业高管胜任力的研究正是这样一个全新的领域，本书正是计划构建一个忠实反映研究对象特征的胜任力模型。

不少学者使用大规模问卷调查法进行胜任力模型的建构，但是本书认为大规模问卷调查属于定量研究，适用于宏观层面的大规模社会调查，但不适合微观层面的深入细致研究，容易将人的问题简单化和数量化，揭示我国文化出口企业高管胜任力的奥秘属于微观层面的研究，最好利用定性研究方法中的扎根理论分析法进行深入研究。

3.2.2　案例选取与介绍

3.2.2.1　案例数量的选择

扎根理论方法可以基于单个案例的扎根分析，也可以基于多个案例的扎根分析。多案例的研究其实就是单个案例研究的往复循环过程，依次完成每一个案例的分析，然后引出多案例的结论。多案例的扎根分析与单一案例的扎根分析相比，能得到更准确的理论模型。Eisenhardt（1989）提出的"从案例研究中构建理论的方法"，成为案例研究方法体系中最流行的两大范式之一，她认为四个案例是能够提出命题、构建理论的最小数量，少于四个案例时构建复杂的理论通常很困难，而 12 个案例是研究者能够驾驭的最大案例数量（李平、曹仰锋，2012）。社会心理学家 Miles 和 Huberman（2008）指出"抽取 15 个左右的个案就可能弄得根本无法下手了，因为资料会多得读不完，其中的曲折也会多得说不清"。

在基于扎根理论的多案例研究方法论的指导下，本书认为选取 12 个样本高管进行多案例研究比较适宜，对 12 位文化出口企业高管的访谈资料进行扎根分析，既能保证研究结果的科学性和严谨性，又不会因案例资料过于庞杂而难以驾驭。多案例扎根研究的具体步骤为：首先，深入分析研究单一案例，利用三重编码技术提炼出胜任力相关的概念、范畴，尝试构思胜任力模型；其次，分析更多案例，不断发现、修正和验证之前单案例研究中得到的概念及理论模型，梳理各概念、范畴之间的结构关系；最后，归类、整合从 12 个案例中提炼出的副范畴、主范畴，识别出核心范畴，从而完成我国文化出口企业高管胜任力模型的建构。基于多案例的扎根理论分析可以让之前的单个案例研究有更深入的发展，从而增加模型的精确性、稳定性和有效性。

3.2.2.2. 取样方法

扎根理论的取样方法是理论抽样法，不像统计抽样那么重视抽样的广度，而是重视抽样的深度，即案例资料的代表性和丰富性，抽取能够为研究问题提供最大信息量的研究对象。不论是单个案例的抽样，还是多个案例的抽样，通常都是理论引导取向。

本书对我国文化出口企业高管的理论抽样原则如下：

第一，样本企业代表的行业面广。在理论抽样过程中，笔者尽可能地选取涵盖多个文化出口行业的企业，样本企业横跨了媒体、影视、演艺、出版、音乐、动漫游戏、文化旅游、艺术设计等文化产业的主要行业。研究设想是如果样本企业所代表的行业具有广泛性，那么未来建构出的我国文化出口企业高管胜任力模型就有良好的普适性。

第二，样本企业具有业内知名度。笔者选取的企业绝大多数屡次获得"国家文化出口重点企业"称号，是典型性的、绩效标杆型文化出口企业，在员工数量、海外销售额、企业资产方面具备一定的规模，在国内外拥有较高业内知名度，这样的企业里面必拥有一支善打胜仗的绩效标杆型高管队伍。

第三，样本企业大多数为地方民营企业。商务部自2007年开始的"国家级文化出口重点企业"评选，至今已经有七届评选，每届上榜的中央所属国有企业数量占全部企业数量的10%左右，更多的是地方民营企业和地方国有企业。相比于国有文化出口企业具有得天独厚的发展优势，地方民营文化出口企业的市场化程度高，是"中华文化走出去"的重要力量。民营文化企业面临获得文化出口权难、税收和外汇负担重、成本高、融资难等诸多困难，它们还能坚持发展壮大，走出国门，非常不易，值得关注与研究，对于广大文化企业具有重要的启示和借鉴意义。

第四，样本高管的信息量充足。具有行业代表性和业内知名度的文化出口企业有很多，为了充分挖掘胜任力指标，笔者遵循信息量最大的原则进行样本抽取，从这些绩效标杆型文化出口企业中选取信息量足的高管作为样本高管，反映样本高管胜任力的资料，无论是一手访谈资料还是二手资料，信息量都特别丰富，能充分支持我国文化出口企业高管胜任力的扎根分析。

以上四个理论抽样的原则，可以保证样本高管能从广度和深度上覆盖文化企业高管的胜任力特征。

3.2.2.3 样本介绍

依据上述理论抽样的原则，本书最终选取12位文化出口企业高管为研究对象，具体情况如表3.1所示。

表3.1 高管的企业名称、业务及资料来源

高管	企业名称	主营业务	资料来源
董事长	北京华韵尚德国际文化传播有限公司	媒体运营、文化贸易、纪录片节	行为事件访谈、会议演讲录音
总经理	天创国际演艺制作交流有限公司	演出的制作、运营和管理	行为事件访谈
副总经理	北京四达时代通讯网络技术有限公司	数字电视运营	行为事件访谈
总裁	台湾法蓝瓷股份有限公司	艺术陶瓷设计和生产	人物专访
总经理	狮鼠文化（北京）有限公司	电影制作、发行和服务	行为事件访谈、人物专访

续表

高管	企业名称	主营业务	资料来源
副总经理	青岛出版集团有限公司	图书出版全产业链	行为事件访谈
CEO	蓝海传媒集团	内容创意生产、媒体运营	行为事件访谈、人物专访
CEO	摩登天空有限公司	音乐出版、艺人经纪、音乐节运营	人物专访
CEO	完美世界股份有限公司	影视、游戏、院线经营	人物专访
总裁	浙江华策影视股份有限公司	制作、发行影视产品	人物专访
总裁	华强方特文化科技集团股份有限公司	文化科技主题乐园、文化内容产品及服务	人物专访
CEO	青岛泽灵文化传媒有限公司	动漫设计、游戏制作	行为事件访谈

资料来源：笔者制作。

以上 12 位文化出口企业高管所在的企业充分利用国内国际两个市场、两种资源拓展发展空间，文化出口额达到相当规模，成为中华文化"走出去"的典型企业。关于 12 家样本公司的基本发展历程及主营业务、经营现状、经营策略、奖励荣誉等信息简要介绍如下，信息主要来源为样本企业官网。

（1）北京华韵尚德国际文化传播有限公司，成立于 2010 年，是一家专门从事中外交流的跨国性文化传媒公司，在德国设有全资子公司——德中传媒有限责任公司（DCM）。公司有两大盈利模式——境外媒体运营服务和文化输出定制服务。公司拥有三大平台：全媒体联动传播平台、法兰克福中国文化产品及服务贸易基地和纪录片国际版权交易网。公司曾承办了众多中德、中欧文化交流活动，带动了中欧文化贸易的发展，曾四次获得"国家文化出口重点企业"称号①。

（2）天创国际演艺制作交流有限公司，成立于 1999 年，是一家由中国港中旅集团控股的国家级演出公司。公司主营演出剧目的策划、制作、运营、管理，自有品牌剧目达 12 台。2010 年天创国际演艺与奥地利维也纳控股集团、维也纳城市大厅管理公司合资成立"维也纳—北京天创公司"。公司曾四次获得"国家文化出口重点企业"称号，荣获"全国文化企业 30 强""全国文化体制改革工作先进单位"等称号。②

---

① 华韵尚德公司官网，http：//www.hysdcm.com。
② 天创国际演艺制作交流有限公司，http：//www.heaven‒creation.com。

（3）北京四达时代通讯网络技术有限公司，成立于 1988 年，是一家网络运营商和内容提供商。自 2002 年起，在卢旺达、坦桑尼亚、尼日利亚等 30 多个非洲国家注册成立公司，开展了数字电视和移动多媒体的业务运营。数字电视海外用户近千万，至今在全球范围内拥有 250 家营业厅、3000 家便利店、5000 家渠道商和大客户。公司被评为"2008 年中国科技创新型企业 100 强"，连续两年位居"福布斯中国潜力企业排行榜"前 20 名，连续六年跻身福布斯榜单，六次获得"国家文化出口重点企业"。①

（4）台湾法蓝瓷股份有限公司，成立于 2001 年，台湾地区知名文创企业，我国艺术品贸易的先驱者。其生产基地位于江西景德镇，法蓝瓷以巧妙的艺术创意和精湛的质量而扬名海外。公司曾先后获得联合国教科文组织颁发的"世界杰出手工艺奖章"，中国（深圳）国际文化产业交易博览会"中国工艺美术精品奖金奖"等奖励。台湾法蓝瓷在全球有 6000 多个销售点，畅销 50 多个国家和地区，销售收入的 50% 来自国际市场。

（5）狮凰文化（北京）有限公司，成立于 2012 年，是一家从事影视制作、电影发行与电影节服务的公司，主营业务包含电影节服务、电影投资制作、电影引进与海外发行和电影节国际推广。截至目前，狮凰文化已服务于一千余家海外发行机构，与数十个国际电影节建立合作关系，电影节业务范围覆盖超过 20%的国际知名电影节、超过 80% 的大陆地区知名节展，公司制作的多部电影作品入围过戛纳、柏林、威尼斯等国际电影节，三次获得"国家文化出口重点企业"称号。②

（6）青岛出版集团有限公司，其前身青岛出版社成立于 1987 年，2009 年整体转制，成为国有独资公司，旗下拥有青岛城市传媒股份有限公司、青岛财经日报社等 23 家公司，是一家覆盖全出版产业链的传媒集团。集团积极探索"走出去"模式，有"多语种海外发行《中国—新长征》""日本渡边淳一文学馆海外运营项目"等国家级文化出口重点项目，集团曾获得"全国百佳出版单位""全国版权示范单位""2014 年中国版权最具影响力企业"，曾四次被授予"国家文化出口重点企业"称号。③

---

① 北京四达时代通讯网络技术有限公司官网，http：//www. startimes. com. cn。
② 狮凰文化（北京）有限公司官网，http：//www. lion‑phoenix. com。
③ 青岛出版集团官网，http：//www. qdpub. com。

（7）蓝海传媒集团，其前身天扬传媒集团主要从事电视节目制作和广告经营。蓝海传媒集团于 2010 年重组，总部位于北京，在北美、欧洲、中国香港地区设有办事处，其创办的蓝海电视台（BONTV）是世界第一家面对西方主流受众、传播中国内容、自主制作节目的英文全媒体，其拥有的蓝海融媒体全球传播云平台作为国家文化出口重点项目，面向每日邮报、MSN 英国、CBS、印度时报、俄罗斯卫星通讯社等 1000 家国际知名媒体网站推送内容，曾四次获得"国家文化出口重点企业"的荣誉称号。①

（8）摩登天空有限公司，成立于 1997 年，在公司成立之初就制定了"推广国际音乐一体化"的经营主旨，是目前我国颇具影响力的原创音乐公司，也是目前我国在海外最具知名度的音乐公司。公司主营音乐出版、艺人经纪、现场音乐等业务。2007 年正式进军海外，在纽约成立分公司，2014 年开始在美国连续多年举办"摩登天空音乐节"，2015 年投资英国知名音乐节品牌，2017 年成立英国分公司，获得硅谷天堂、中国文化产业基金等投资。②

（9）完美世界股份有限公司，其前身北京完美时空网络技术有限公司成立于 2004 年，主打影视和游戏业务，涵盖院线、动画、文学、媒体、教育等业务板块。总部在北京，在香港、上海、重庆等地设有国内分支机构，在美国、荷兰、法国、韩国等国家设有 20 多个海外分支机构。集团产品遍布美、欧、亚等 100 多个国家和地区，已经连续多年在中国网络游戏出口中排名第一，是中国最大的影视游戏综合体，曾七次被评为"中国文化企业 30 强"，五次获得"国家文化出口重点企业"称号。③

（10）浙江华策影视股份有限公司，成立于 1992 年，是一家专注打造电视剧、电影和综艺节目的行业龙头企业。集团拥有 20 余家参股子公司，是国内实力最强的民营影视企业之一。华策自有影视内容销往全球 180 多个国家和地区，覆盖了"一带一路"沿线国家和 G20 国家，与英国最大商业电视台 ITV、BBC，美国索尼电视、华纳兄弟、福克斯，俄罗斯 CTC 传媒等全球影视巨头达成战略合作伙伴关系，曾连续四年荣获"全国文化企业 30 强"称号，六次获得"国家文化出口重点企业"称号。④

---

① 蓝海电视官网，http：//www.bontv.cn。
② 摩登天空有限公司官网，http：//www.modernsky.com。
③ 完美世界官网，http：//www.wanmei.com。
④ 浙江华策影视股份有限公司官网，http：//www.huacemedia.com。

（11）华强方特文化科技集团股份有限公司，成立于 2006 年，公司业务分为文化科技主题乐园和文化内容产品及服务两大类，先后投资建设了"方特梦幻王国""方特欢乐世界""方特水上乐园""方特东方神画"等主题乐园品牌，输出到伊朗、乌克兰等国家，开创中国首个自主品牌乐园"走出去"的先例。方特动漫作品发行覆盖 100 多个国家和地区，方特特种电影输出系统进入 40 多个国家和地区。企业曾六次荣获"国家文化出口重点企业"，并荣获第九届"中国文化企业 30 强"以及"国家文化产业示范基地"等称号。①

（12）青岛泽灵文化传媒有限公司，成立于 2010 年，从公司创立之初坚持中国原创、文化出口的商业模式，在电影、游戏、动漫等领域与欧洲、亚洲、北美很多国家建立了长期合作关系，是第一个在圣迭戈国际动漫展上签售的中国公司。其动漫作品《龙之重生》由世界最大的独立漫画出版商黑马漫画公司全球发行，在温哥华、洛杉矶设立了海外子公司、办公室，泽灵已先后获得厚土创投、华盖资本、得厚资本及巨峰科创的投资。②

3.2.3　资料收集与整理

扎根理论从资料中建构新理论，资料的收集是相当重要的工作。扎根理论主张一切都可以作为资料，资料收集的方式可以多种多样。关键行为事件访谈法和收集文档是扎根理论方法比较常见的资料收集方式。本书在资料收集时，一方面对高管进行关键行为事件访谈，获得一手访谈资料；另一方面由于高管工作繁忙，出差频繁，鲜有时间接受科研访谈，所以笔者也从其他学者和新闻网站获得与高管胜任力相关的文字、视频资料。

在收集资料的过程中，笔者注意做到两点：第一，资料来源渠道多样化。按照扎根理论"一切皆为数据"的原则，一手访谈资料、二手访谈资料都是重要的数据。第二，仔细核查资料来源的可信度。收集一手访谈资料的时候，竭力避免误传和信息丢失；收集二手访谈资料的时候，只从权威新闻网站中选取高管亲口陈述的文字和视频资料，避免了由于第三者转述而导致的信息失真。

本书最终收集到的全部文字资料共计 17.1 万字，资料分类与整理的具体情况汇总如下：

---

① 华强方特文化科技集团官网，http：//www.fantawild.com。
② 青岛泽灵文化传媒有限公司官网，http：//www.dezerlin.com。

3.2.3.1　基于关键行为事件访谈的资料收集与整理

为了建立我国文化企业高管的胜任力模型，本书采用关键行为事件访谈法分别对青岛出版集团和青岛泽灵文化传媒有限公司的高管进行访谈。请高管们回忆过去五年内对本企业绩效有重大影响的事件，成功事件和失败事件各列举三项，如大客户的赢得或流失、产品畅销或滞销等。要求被访谈人尽可能详细地描述事件的起因、经过、结果、时间、关涉人物、涉及范围、影响以及被访谈人当时的想法和感受。具体访谈提纲参见书后附录一。访谈采用面对面访谈的方式，在征得受访者同意后全程录音，对于被访者的语气、动作、表情或特殊事件等以备注形式加以标注。最短的访谈时间为 1 小时 38 分，最长的访谈时间为 2 小时 15 分。笔者在访谈结束后对录音资料和访谈笔记进行整理，最终得到文本资料共计 34890 字。

天创国际演艺制作交流有限公司、北京四达时代通讯网络技术有限公司、狮凰文化有限公司、蓝海传媒集团的高管访谈资料由对外经济贸易大学吴承忠教授本人提供，吴教授曾承担国家社科基金项目"促进我国文化企业走出去的政策措施研究"，项目组于 2014 年 9 月曾走访过很多国家级文化出口重点企业的高管。四位高管面对面访谈的时间长度平均为 118 分钟，最短的访谈时间为 90 分钟，最长的访谈时间为 2 小时。从音频转录为文字后，共计 53530 字。

3.2.3.2　胜任力相关文档资料的收集与整理

华韵尚德国际文化传播有限公司董事长的分析资料大部分来自她在"中国文化走出去效果评估论坛"的公开演讲①。笔者亲自赴北京参会并对她的演讲做了录音，截取与胜任力相关的内容信息，通过科大讯飞软件转录成文字文本，共计 8992 字。还有部分胜任力分析资料来自新闻媒体对她本人的面对面采访。此外，台湾法蓝瓷股份有限公司、浙江华策影视股份有限公司高管的部分胜任力分析资料也来自学术论坛上的公开演讲。

台湾法蓝瓷股份有限公司、摩登天空有限公司、完美世界有限公司、浙江华策影视股份有限公司、华强方特文化科技集团股份有限公司的高管资料部分来自百度视频、凤凰视频、优酷视频、爱奇艺视频等知名视频网站中的媒体人物专访，共计 21 条，通过科大飞讯软件转录成文本资料，共计 5.8 万字；部分来自于《中国文化报》《人民日报》《中国经济周刊》《瞭望东方周刊》等权威网站

---

① 中国文化走出去效果评估论坛，2018 年 6 月 24 日在北京举行，由中国传媒大学主办。

的新闻，共计 43 条，共计 1.6 万字。

上述各种不同类型的资料分类与整理汇总情况如表 3.2 所示。

表 3.2　资料分类与整理情况汇总

序号	资料类型	资料来源	资料属性	字数（万字）	占比（%）
1	科研访谈	行为事件访谈	一手资料	8.8	51.46
2	演讲录音	参加学术会议录制	一手资料	0.9	5.26
3	人物专访	视频网站、新闻网站	二手资料	5.8	33.92
4	新闻报道	新闻网站、企业官网	二手资料	1.6	9.36

资料来源：笔者制作。

由表 3.2 可见，本书所依据 17.1 万字的资料中，一手资料占全部文本资料的 56.72%，二手资料占全部文本资料的 43.28%。样本高管亲口述说资料共计 15.5 万字，占全部文本资料的 90.64%，用于扎根分析高管胜任力指标；新闻报道类等非高管口述文字资料共 1.6 万字，占全部文本资料的 9.36%，作为扎根分析时的参考资料，便于理解文化出口企业高管所处的企业内外部环境、关键行为事件发生时的背景情况等。

3.3　基于扎根理论的胜任力指标筛选

扎根理论方法的关键技术是三重编码程序：首先是开放性编码，目的在于将资料归纳、精简到概念和范畴层面，便于后续分析；其次是主轴性编码，目的在于假设、验证、识别主范畴和副范畴，建立范畴之间的关系，形成初步结论；最后是选择性编码，目的是从主范畴、副范畴和概念中提炼核心范畴，建立理论构架，最终完成胜任力指标的筛选。下面笔者将详细描述利用三重编码技术对 17.1 万字的文本资料进行选择、简化与聚类的过程，以便让其他研究者能理解模型建构的全过程。

3.3.1　基于开放性编码的概念化、范畴化

3.3.1.1　确定编码单元

为了聚焦胜任力指标筛选这一关键问题，笔者先将 17.1 万字的原始资料按

照主旨内容独立、含义清晰、语义信息相对完整的原则，划分出与文化出口企业高管胜任力密切相关的若干编码单元，下面选择华韵尚德国际文化传播有限公司高管的一个编码单元做示例：

> NO.16：其实德国也在面临这样的问题，北莱茵州投资促进署的署长很得意地拿着他们的宣传片给我看，说这是他们拍的宣传片，拍得非常好，然后我看到了我就笑了，我就很坦率地跟他说，你这个片子是给德国人看的，中国人真的看不懂。

点评：这小段话内容为样本高管回忆过去发生的一个小事件，该事件反映出她洞悉中、德两国受众的欣赏习惯和审美视角的差异，在创意价值辨别方面具有很强的跨文化敏感性。该小段话符合主旨独立、含义明确、信息完整的原则，故确定为本书的一个分析单元。

按照如上确立编码单元的方法，笔者将庞大的原始资料转化为一个个有利于分析的单元，最终获得共计713个编码单元。

3.3.1.2　开放性编码过程

在筛选出影响胜任力关键行为事件后，需要尝试用纷繁复杂的胜任力事件描述文本中归纳出胜任力特征。本书利用713个编码单元进行开放性编码，开放性编码的目的在于界定概念、发现范畴。为挖掘隐藏的概念，需在前期资料分析阶段对原始文本资料进行逐字逐句、滴水不漏的分析。在开放性编码的过程中，笔者时刻思考：该编码单元的内容是关于哪方面的？这句话的真实含义是什么？该分析单元可以说明什么？

为了找到最能反映资料本质的概念和范畴，本书在开放性编码阶段，在系统分析全部资料的基础上，严格遵守"贴标签、概念化、范畴化"三个程序，对分析单元中的同一类行为、事件、观念、情感等，尽量选择同一个概念、范畴进行定义。

本书开放性编码的步骤如下：第一步，逐词逐句地给每一编码单元贴标签，用"小写字母＋序号"的形式表示，贴标签尽量用样本高管的原词来命名，目的在于从庞大的原始资料中寻找重要的、特征突出的行为、事件、观念、情感等。第二步，根据标签进一步抽象出概念，用"大写字母＋序号"的形式表示，概念的命名可以使用样本高管的原词来命名，也可以利用已有研究文献的概念，如果都不合适就使用本书提炼的词语来命名。第三步，从提炼的概念中抽象出胜任力范畴。下面以"全球战略决策能力"这一范畴为例，解释本书开放性编码的过程（见表3.3）。

表3.3　开放性编码过程示例

编码单元	开放性编码		
	贴标签	提炼概念	归纳范畴
示例：我们的发展目标是全球有影响力的传媒集团，也体现在这三个方面——用户过千万、企业市值过百亿美元、企业影响力全球性，而不是区域性。到非洲之后根据项目的特点我们就确定了四达的项目宗旨：让每一个非洲家庭看得起电视。这个宗旨在四达进入非洲之前没人提出，跟之前其他的做高端的完全不同	全球目标（s_{11}） 目的国目标（s_{12}）	将s_{11}、s_{12}概念化为：制定全球战略目标（S_7）	将S_7、H_4、C_3、S_{11}归纳为：企业战略规划
示例：我们的发展计划首先是以德国为根据地，把它做成熟做扎实之后，针对不同的国家文化与需求做不同的调整，接下来向邻近的法国、英国、亚洲的日本，我们也可能去整合、复制这种形式，像更远一点的巴西，这是未来战略地域的一个规划，法国的一些项目已经在那边落地了	目前发展规划（h_{22}） 未来战略规划（h_{23}）	将h_{22}、h_{23}概念化为：全球发展策略（H_4）	
示例：我们这家公司在成立的时候是一家香港公司，是2010年开始运营的，香港公司大概拍了十部电影……做了两年之后我发现不行，我一年撑死了拍三个五个片子，累得不行，然后片子发得再多也是点对点。就像我刚才介绍得一样，你去电影市场花了那么多钱，你收回来三十张名片，真正联系上的就三个，所以我一直在思考该怎么办，然后我就开始做了这个版权贸易平台	专做电影（c_{14}） 增加项目平台（c_{15}）	将c_{14}、c_{15}概念化为：企业战略调整（C_3）	
示例：所以现在公司战略和国家的"中华文化走出去"战略真的是高度契合的。我们的运营方式，突破了以往的援外方式，那些钱有去无回	公司战略与国家战略契合（s_{30}）	将s_{30}概念化为：企业战略评价（S_{11}）	

资料来源：笔者制作。

3.3.1.3　开放性编码结果

在开放性编码阶段，除掉命名完全重复的概念，笔者初步得到 313 个概念，为了使概念的呈现具有条理性，这里初步按照我国文化出口企业高管岗位角色，对 313 个概念进行分类展示（见表 3.4）。

表 3.4　开放性编码得到的概念汇总

工作角色	开放性编码得到的概念
战略角色	预见发展趋势、思考适应未来的商业模式、打造全产业链、企业战略与国家战略高度契合、在全球文化产业中的自我定位、设计未来愿景、全球战略分析、全球战略调整、看清局势、长远导向、企业战略分析
人力资源角色	注意员工文化背景的多元化、团队协作、重视人才、以人为本、汇聚优秀人才、差异化管理、认可员工工作风格的差异、认可不同文化人们的价值观、人才本土化、与外国员工的沟通、整合团队、充分授权、激励人才、人力资源管理知识、甄选创意人才、团队高效协作、跨文化团队整合、领导多元文化团队
专家角色	复合型知识结构、知识面广、企业管理知识、经营知识、国际金融知识、财务知识、涉外商务礼仪知识、国内管理经验、成功经验、具有专业背景、文化服务知识、文化产品知识、产业知识、本行业发展动态、行业的国际视野、国际文化贸易知识、熟悉文化贸易法律法规、熟悉文化贸易规流程、熟悉国际文化贸易游戏规则、海关知识、了解目的国市场和文化需求、目的国法律、本国法律、对文化有兴趣、对专业有兴趣和激情、人文知识、人文修为、文字驾驭能力、艺术感知力、艺术鉴赏力、审美能力、艺术实践能力、艺术创造力、造型能力、色彩把握力、跨文化交际知识、文化产业知识、目的国文化根源及文化密码、对多元文化差异的理解、文化维度的知识、识别文化差异、对文化差异的敏感、选题风险评估、市场推广风险控制
关系角色	外语能力、非言语行为能力、根据场合选择语体、内部员工关系、理解外国同事的文化价值观与行为、尊重东道国职场礼仪与管理文化、与海外子公司的沟通、回避意识形态、淡化政治色彩、借力大使馆、对目的国政府的公关能力、融入当地主流社会、活动公众、危机公关、参与东道国文化活动、活动公众、危机公关、参与东道国文化活动、寻找国内合作伙伴、结盟出海、寻找海外合作伙伴、同业联盟、异业联盟、建立关系的能力、利用国内外的人脉关系、有效地调动人际资源、与目的国客户的沟通、与目的国客户的谈判能力、与合作伙伴的谈判能力、建立信任、文化比较知识、中国文化知识、关注客户、跨文化敏感度、合作共赢、注重满足客户精神需求、跨文化谈判、着装礼仪、宴请礼仪、客户关系管理

续表

工作角色	开放性编码得到的概念
道德角色	尊重国际惯例、尊重本国法律知识、尊重目的国法规、遵守行业规定、遵纪守法、遵守国家文化政策、遵守文化产业政策、追求品质、精益求精、追求卓越、对自己的偏见保持清醒、非民族中心主义、非自我中心视角、了解其他文化重要的典籍、尊重对方的文化习俗和宗教信仰、全人类视角、文化求同、优先考虑国家利益、优先考虑文化利益、贯彻国家指示、承担国家责任和民族使命、不负国家希望、对外交往中的政治敏感度、在中国文化中寻找企业文化的根基、推崇"儒释道"、对文化的责任感、体现中国文化的世界担当、文化企业的社会责任、让民众享有精神文明、关注人的心灵、对人的关爱和尊重、肯定优秀民族文化、继承民族文化、举止文明、情感高尚
监督角色	重视效率、运营管理与国际标准对接、规范化管理、预估产品价值、项目判断能力、细分国际市场、针对目标市场打造产品、国际化叙事方式与艺术表现、超越国际的艺术创意、传统文化的现代改造、挖掘传统文化资源、创意策划、创意的风险管理、注重品质、激发创意、创意管理、共性切入的创意表达、挖掘人类情感共鸣、采取行动降低文化折扣、增加产品的文化内涵、符合全球文化价值观、创意价值鉴别、内容生产的优化、挖掘文化资源
变革角色	灵活应变、适应客观变化、与时俱进、顺应潮流、洞察商机、捕捉机遇、企业文化重塑、环境变化、形势迫使、任务要求、公司战略的变化、市场多样化、产品多元化、经营区域的扩大、海外子公司的建立、财务管理、吸引风险投资、多渠道融资、海外上市、破解资金难题、合作意识、合作共赢的原则、海外市场抢占、建立全球影响力、拿到运营权、掌握主动权、抢占制高点、取得话语权、在全球文化产业中建功立业、品牌国际化、学习欲望、成长型思维、学习意识、不断提升自己、愿意不断成长、不断更新知识、善于总结经验、善于请教专家学者、到优秀企业取经、复制海外成功经验、不断学习、打下复合知识结构、参观学习各国优秀企业、跟全球企业家交流取经、在实践中学习、学习国外先进经验、创新民族文化、积极参与国际化分工合作、产品竞争、服务竞争、企业文化重塑、学习能力
创新角色	对技术非常敏感、第一时间采用新技术、技术与国际接轨、创新知识、创新文化、尝试新事物、关注新事物、有创新意识、产品创新、服务创新、商业模式创新、勇于尝试、灵感思维、发散型思维、思维开发、分析能力、判断能力、思辨能力、深度思考、逻辑思维、组织盈利、获得立项、获得竞争优势、树立国际影响力、创新精神、创新思维、引领潮流

工作角色	开放性编码得到的概念
市场营销角色	了解客户需求、了解年轻一代的爱好、了解国内外市场需求、细分市场、文化营销、体验营销、特色营销、事件营销、多元文化营销手段、线上线下结合宣传、树立口碑和美誉度、利用新闻甚至创造新闻、快速建立供应渠道、建立和拓宽渠道、建立平台、服务精神、服务制胜、重视服务、维持客户、重视客户满意度、商业敏感度、营销本土化
个人特质	不急功近利、长远目标、成就导向、自我控制、勤奋、捕捉机遇、确信自己的观点、有主见、立场坚定、冒险精神、吃苦耐劳、胜任高强度工作、抗压能力、恒心、执着、持久力、韧性、有事业心、认真踏实、乐观、适应外派出差、进取精神、旺盛的精力、充沛的体能、胜任高强度的工作、工作积极主动、吃苦耐劳、接受变化、求知欲强、敢于尝试、挑战自我、随机应变、开放心态、自我加压、不断设立新目标、沉重冷静、自信、目标坚定

资料来源：笔者制作。

以上 313 个概念是开放性编码阶段对原始资料初步提炼的结果，这些概念仍有语义重复、交叉的内容。按照表 3.3 所示的贴标签、概念化、范畴化的步骤，本研究将 313 个概念归纳到更高层次的抽象水平，得到 92 个范畴，具体内容如下：

　　尝试新事物、接受多样性、充满求知欲、跨文化敏感、商业敏感、技术敏感、善用策略、随机应变、保持开放心态、勇于尝试、不怕风险、大胆行动、目标坚定、吃苦耐劳、有毅力、热爱文化、继承和创新民族文化、优先考虑文化利益、国家责任、遵纪守法、涉外政治能力、运营管理国际化、创意国际化、积极参与国际分工合作、人才本土化、创意本土化、营销本土化、预见趋势、长远导向、引领潮流、合作共赢、同业合作、异业联盟、市场竞争意识、技术竞争意识、产品服务竞争意识、战略管理知识、人力资源管理知识、知识管理知识、客户关系管理、财务管理知识、金融知识、目的国知识、文化比较知识、中国文化知识、全球商务信息、涉外商务礼仪、国际文化贸易知识、文化产业宏观知识、文化产业微观知识、目的国法律、本国法律、文化行业法律、复合知识结构、情感高尚、举止文明、具备创新精神、善用创新思维、采取创新行动、具备学习意识、掌握学习方法、企业战略分析、企业战略规划、企业战略调整、整合团队、差异化管理、激励人才、充分授权、创意价值鉴别、创意内容优化、创意风险控制、洞察目的国市场、多元营销策略、扩大营销渠道、资源重组、全球资本运作、掌握外语、跨文化公关能力、跨文化交际能力、跨文化谈判、克服文化偏见、求同存异、兼收并蓄、艺术鉴赏力、艺术创造力、肯定优秀民族文化、践行民族文化、关注客户、重视人才、关注人类精神需求、精益求精、挑战目标。

利用 12 个样本高管、17.1 万字的原始资料进行开放性编码，会得到重复概念和范畴。举例来说，从 12 个样本高管的谈话中都提炼出了"战略规划""战略调整""以客户为中心"等概念，归纳出了"战略管理能力""服务意识"等范畴。某个概念、范畴的重复率越高，说明该概念、范畴的重要性可能越大，在后面的编码过程中也趋向于理论饱和状态，距离提炼出抽象程度更高的主范畴的目标也越接近。

3.3.2 基于主轴编码的主范畴化

在经历了开放性编码后，本书得到了 313 个概念和 92 个范畴，但要建立这些概念、范畴之间有意义的联系，需要借助主轴编码。主轴编码是指通过运用"因果条件→行动现象→脉络→中介条件→行动或互动策略→结果"这一典范范式（Strass，2013），将各项概念、范畴按照一定的规则联结在一起的过程。

经过主轴编码对概念、范畴在更大范围内相似性的合并，主范畴的意义发展得更完备，最终能从已有的范畴中清晰地识别出主范畴。

图 3.1 以主范畴"跨文化创意团队管理力"为例，展示主轴编码的具体过程。

随着文化产品和服务品种日益多元化，文化企业制定了进军国际文化市场的新战略（因果条件），这一战略上的变化就需要企业高管甄选具备国际化视野的创意人才，重新整合原有的创意、技术、营销、财务等团队，并吸纳全球各国人才加入企业团队（行动现象）。随着对外出口业务活动的深入，文化出口企业的经营区域日益扩大，海外子公司和分支机构纷纷建立，员工的文化背景日益多元化（脉络），这对文化出口企业高管的能力与素质提出了挑战。高绩效的文化出

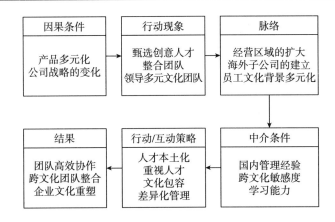

图 3.1　"跨文化创意团队管理力"的主轴编码示例

资料来源：笔者制作。

口企业高管原来就具有国内企业管理经验、出色的学习素质和良好的跨文化敏感度（中介条件），在面临新变化、新任务、新挑战的时候，他们会灵活地调整策略，在行动策略方面，他们重视人才、实行人员本土化和差异化管理，在互动策略方面，他们对多元文化团队采取文化包容的态度，从而逐渐理顺企业内部关系和流程（行动/互动策略），最终达到了企业团队高效协作、多元文化团队和谐相处、企业原有文化融入新元素的效果（结果）。

　　经过上一步骤的范畴整合，概念、范畴之间的逻辑关系逐渐清晰，即最终提炼出"跨文化创意团队管理力"这一主范畴。同样使用图 3.1 的归纳方法，经过反复的分析、归纳和提炼，本书最终提炼出 32 项主范畴。32 项主范畴与 92 项副范畴的对应关系，如表 3.5 所示。

表 3.5　文化出口企业高管胜任力主范畴

序号	主范畴	副范畴
1	好奇	尝试新事物、接受多样性、充满求知欲
2	敏感	跨文化敏感、商业敏感、技术敏感
3	灵活	善用策略、随机应变、保持开放心态
4	冒险	勇于尝试、不怕风险、大胆行动
5	坚韧	目标坚定、吃苦耐劳、有毅力

续表

序号	主范畴	副范畴
6	文化使命	热爱文化、继承和创新民族文化、优先考虑文化利益
7	政治素质	国家责任、遵纪守法、涉外政治能力
8	全球化意识	运营管理国际化、创意国际化、积极参与国际分工合作
9	本土化意识	人才本土化、创意本土化、营销本土化
10	未来意识	预见趋势、长远导向、引领潮流
11	合作意识	合作共赢、同业合作、异业联盟
12	竞争意识	市场竞争意识、技术竞争意识、产品服务竞争意识
13	管理知识	战略管理知识、人力资源管理知识、知识管理知识
14	经营知识	客户关系管理、财务管理知识、金融知识
15	跨文化知识	目的国知识、中国文化知识、文化比较知识
16	国际商务知识	全球商务信息、涉外商务礼仪、国际文化贸易知识
17	文化产业知识	文化产业宏观知识、文化产业微观知识
18	法律知识	目的国法律、本国法律、文化行业法律
19	文化素质	复合知识结构、情感高尚、举止文明
20	创新素质	具备创新精神、善用创新思维、采取创新行动
21	学习素质	具备学习意识、掌握学习方法
22	全球战略决策力	企业战略分析、企业战略规划、企业战略调整
23	跨文化创意团队领导力	整合团队、差异化管理、激励人才、充分授权
24	创意生产把控力	创意价值鉴别、创意内容优化、创意风险控制
25	跨文化营销力	洞察目的国市场、多元营销策略、扩大营销渠道
26	全球资源整合力	资源重组、全球资本运作
27	跨文化交际公关力	掌握外语、跨文化公关能力、跨文化交际能力、跨文化谈判
28	文化包容	克服文化偏见、求同存异、兼收并蓄
29	艺术素质	艺术鉴赏力、艺术创造力
30	文化自信	肯定优秀民族文化、践行民族文化
31	以人为本	关注客户、重视人才、关注人类精神需求
32	追求卓越	精益求精、挑战目标

资料来源：笔者制作。

为了清晰地展现以上主范畴的编码来源，下面将原始访谈资料中的编码单元与扎根分析所得到的32项主范畴进行对应，限于篇幅原因，每个主范畴仅使用2

个编码单元来举例说明（见表3.6）。

表3.6 主范畴与访谈编码单元的对应关系举例

主范畴	归入主范畴的编码单元举例
好奇	**示例1**：我愿意尝试新的实物。一个人会因为好奇心，把一件事情做得比别人深。为什么着迷陶瓷？好奇。我发现，陶瓷变化多端，变化幅度很大，有很高的技术含量。好奇心驱使着我、带领着我朝国际方向发展 **示例2**：我对新事物很好奇，新电影、新书籍、新唱片出来，我都第一时间买来看看、听听
敏感	**示例1**：北莱茵州投资促进署的署长很得意地拿着他们的宣传片给我看，说这是他们拍的宣传片，拍得非常好，然后我看到就笑了，我就很坦率地跟他说，你这个片子是给德国人看的，中国人真的看不懂 **示例2**：这样的话，我们一直在选择，看看哪个比较合适。布莱森是美国的三大演艺中心之一，它的剧场有56个，它的座位数在美国排第一，高于百老汇和拉斯维加斯……这个剧场当年的业主是花了2700万美元买下来的，2009年12月发生了次贷危机，我们看准机会，出价×××万美元就把它买了下来
灵活	**示例1**：为了进入德国文化市场，我们采取不谈意识形态、不谈政治问题，只谈民生的策略，我们只谈老百姓想了解的问题，正因为这样的原因，我们才被他们所接纳，这不是劣势反而是我们的优势，让我们能在国外四年内不管是影响力也好，还是经营收入也好能够突飞猛进很关键的原因 **示例2**：我们的节目在那边一开播，马上德国媒体局局长就召见我们了，他第一句话就问我，中国政府对你们有支持没有？我就很坦率地说，我说有支持，因为如果没有支持我没法去做这件事。但要说支持呢？一分钱也没给我。那个时候确实是这样。他们的媒体局局长一下就笑了，又问我是不是外交官出身的
冒险	**示例1**：摩登从某种意义上讲，难道不是一种赌博吗？我觉得就是一种赌博。如果五年前没有签下宋东野、马頔，如果去年没有成立MDSK，那就很可怕① **示例2**：文化产业是不可控制的。咱们一个杯子造价八毛钱就是八毛钱，一块二就是一块二，文化这个东西很难说，电影卖好了，上映，卖不好，几百万元（损失），那些公司根本不会去冒这个险。而我们需要思考的不是敢不敢做，而是中国的电影该怎么办？我们需要什么？我们怎么能在国际上慢慢渗透？所以我才会想到要做这样一个网站

---

① 安西西．沈黎晖说"直觉很重要，那也是一种赌博"［EB/OL］．音乐财经，http：//www．chinambn．com/tag－MDSK．html，2017－10－03.

续表

主范畴	归入主范畴的编码单元举例
坚韧	**示例1**：创业本身是"九死一生"的事情。在进行所有国际合作时，会遇到很多压力和突发事件，公司在运营过程中生生死死七八次，如果不能坚定自己的目标，如果其中的任何一次坚持不住，公司都会垮掉，就不可能有今天的成绩 **示例2**：吃苦耐劳是美德，很少有人不吃苦就能成就一番事业
文化使命	**示例1**：我们这个团队首先都是非常热爱（文化）这一行，来做这件事是有他的初心、有他的热爱在里面的，不管说他的专业度高一点，还是低一点① **示例2**：其实从文化来讲我们一直是一个超级大国，但是就是我们这个时间段比较边缘化，我们这一代人有责任、有使命把文化推到全世界去
政治素质	**示例1**：每个国家有它自己的法律体系，神圣不可践踏，所以说每到一个国家你一定要遵守它的法律 **示例2**：和外国打交道一定要有政治敏感度，要是在对外贸易时触及其他国家政治敏感问题，将会遭受巨大损失
全球化意识	**示例1**：一个器物由形、色、质构成，东、西方在这些方面很不一样……内涵才是重要的，形、色、质这时就不是最重要的了。抓住最大的人性的共同性，把中华文化在生活中对此问题的深刻体悟讲出来，再抓住形、色设计中的（国际）共同点加以诠释，这个产品就能得到东西方的共同认可② **示例2**：欧美发达国家的同行们非常关注和重视与中国企业之间的合作。接下来，相信在新力量的积蓄上，我们将与世界同行建立更多元、更深度的合作，一起去创作、创造更优质的国际化内容
本土化意识	**示例1**：我们都是聘用当地人，在美国是美国人，在英国就是英国人，聘用当地员工，我们只是将中国文化传播出去 **示例2**：本土化意识更多体现在创意生产过程中，就是说你得适合外国的市场。讲中国传说得用外国人喜欢的方式、能理解的方式来讲。看电影，有的国家观众喜欢原声大片，有的喜欢把原声的声音降低点，有的国家喜欢原声加上本国语言的字幕等

---

① 当"看剧"成为工作，华策赵依芳：很苦！想玩、想发财的人别来［EB/OL］. https：//v. qq. com/x/page/a08891/9a1ku. html，2019－06－25.

② 赵依芳. 我们比任何时代都更需要优质文化企业和优秀文创人才［Z］. 2016年中国影视艺术创新峰会，杭州市西湖区，2016－12－19.

续表

主范畴	归入主范畴的编码单元举例
未来意识	**示例 1**：但是这个公司一定是将来的趋势，因为电影的国内受众群平均年龄是 19.5 岁，他们的成长方式已经趋向于网络，他们流通产品的方式决定了产品营销方式的改变，如果我们现在还一味地按照传统模式来做的话，很快就会跟市场脱节 **示例 2**：最近找我们谈融资的比较多，但是我们会比较谨慎，会考虑到资金的来源，这个资金能否真的能够推动将来文化企业在全球的落地，还是说他只是为了目前的利益，这个东西我会谨慎去衡量
合作意识	**示例 1**：不管我们何时进行合作，我们都是在本着一个共赢的前提才能持久 **示例 2**：我们从发展初期横跨中期一直有合作意识。发展前期公司比较弱小，我们说白了需要"抱大腿"；中期时，我们需要很多同行业的战略合作伙伴，那种和我们体量相近的伙伴，一步一步一起走
竞争意识	**示例 1**：但是现在形势不允许，只能加速。目前竞争十分强烈，四达的快速发展惊醒了竞争对手。英法葡都有世界五百强企业开始联手与四达竞争，目前处在跑马圈地的关键时机，只能加速进行市场的抢占 **示例 2**：产品很重要，懂得市场和客户也很重要，最后你要靠你的服务精神，啊，你的服务精神要让你的客户感受得到，既感激你又欣赏你，那才可以获得你这个品牌的粉丝的支持，才可以继续经营下去
管理知识	**示例 1**：管理是理顺企业内部工作流程的，管理知识是基础 **示例 2**：我一直从事管理工作，具备比较全面的管理知识
经营知识	**示例 1**：经营相对于管理而言是对外的。高管要学会充分利用外部资源、抢占国际市场，一定要具备经营知识 **示例 2**：高管要能制定相应的针对性经营策略，应用财务管理知识，建立经营目标和资源配置的预算
跨文化知识	**示例 1**：高管必须具有跨文化知识。由于宗教以及文化的原因，伊斯兰国家不是很欢迎大熊猫，所以《功夫熊猫》不能出口到阿拉伯国家。动画片《小猪佩奇》受到伊斯兰教组织抵制，让他们非常不舒服 **示例 2**：要掌握人家的文明密码，我觉得这个非常重要。因为每个国家、每个民族的文化根源不同。如果你不去研究的话，其实很难走进去，很难融进去；当你掌握的时候，就变得无比简单，不再是语言的障碍了
国际商务知识	**示例 1**：国外座次不一定像我们这么严格讲究，但是吃什么，点什么菜，喝什么酒，穿什么衣服，在什么等级的酒店吃，见好莱坞制片人什么样子，见企业高管什么样子，都不一样，跟什么人谈什么话题 **示例 2**：需要了解海关知识，去哪个国家演出，需要按照对方国家的海关相关规定来办事

主范畴	归入主范畴的编码单元举例
文化产业知识	**示例1**：我意识到了文化产业不能只学皮毛，除了文化产品知识、文化服务知识，整个战略决策与运营的过程需要对整个文化产业有系统认识 **示例2**：就我个人经历来说，我从中央戏剧学院（导演系）毕业后，到法国读了两个硕士（电影导演和电影美学），读到第二个硕士出来跟贾樟柯导演工作，我一直跟着他大概工作了五六年①
法律知识	**示例1**：不同国家有不同的法律，同一国家内不同地区的法律还不同，像美国就有不同的州法。高管不一定了解具体法律条款，但是你得知道一些法律知识 **示例2**：有次在谈判中，对方说在某地注册公司吧，我马上意识到了风险，因为那个州是保护股东信息的，我们查不到他们的信息，但是他们能查到我们的信息
文化素质	**示例1**：人文修为可以让我们和国际接轨，可以让我们变成产品的真正的代言者。我们自己做老板，我们的代理商、供应商，假使都像我们这样有文化，那就不一样了。这企业就可以做得挺好，受人尊敬② **示例2**：在文化企业里面做管理，起码的要求是具有深厚的文化素养
创新素质	**示例1**：我们有产品，而且每一个产品对自己都是一个超越，一个突破，或者说是一次创新。我们公司创作的第一个节目是主题杂技——《天幻》，它是围绕这一个主题来进行演出，芭蕾和杂技相融合，这是一个突破，它的定位主要是外国的游客，因为外国游客能够接受，以及他们的欣赏习惯是芭蕾，而且杂技是不需要语言的，它不用讲话，这两项的相互融合，是它成功的一个重要因素 **示例2**：现在传播渠道日新月异，若不能运用创新型的途径去传播文化，将错失文化发展的机遇
学习素质	**示例1**：德国客户给了我第一张订单，客户就开始教我怎么做。我那时候年轻啊，这个怎么做？……你心诚啊，对方也可以感受得到。就把你当兄弟来看待的时候，你就学得快。而且那观念是对的，学习怎么样来很有效率的经营、怎么样达到那个品质的要求……其实是客户教了我很多 **示例2**：我非常乐意与不同行业的高管交流，我也愿意在职学习，曾经上过 MBA 课程，同学中有来自天南海北的企业高管，他们的行业多种多样，他们的经验各有不同，和同学们谈话常常能引起我的思考，给我新的启发

---

① 专访电影发行陈挚恒：这一行要具备双重视野［EB/OL］．新浪娱乐，http://ent.sina.com.cn/m/f/2009 - 02 - 12/09042372499.shtml，2009 - 02 - 12.

② 陈立恒．国际品牌，文化立国［Z］．第十届学习型中国—世纪成功论坛，北京九华山庄，2009 - 12 - 30.

续表

主范畴	归入主范畴的编码单元举例
全球战略 决策力	**示例1**：我们的发展计划首先是以德国为根据地，把它做成熟做扎实之后，针对不同的国家文化与需求做不同的调整，接下来向邻近的法国、英国，亚洲的日本，我们也可能去整合、复制这种形式，像更远一点的巴西，这是未来战略地域的一个规划，法国的一些项目已经在那边落地了 **示例2**：我们在非洲原来依靠业务员每家每户去推销，做低端，后来发现太不赚钱了，跟西方大公司相比我们差太多……我们无法维系。庞总因此就想到了借鉴中国当年的模式，叫作"整转"……这个模式得到了非洲政府和中国政府的一致认同。因此，四达开始有了全国性上亿美元的系统集成大项目
跨文化创意 团队管理力	**示例1**：我在团队上花了最大的力气。因为公司需要整合，你要技术团队、营销团队，你还要有服务团队，还要有懂得公关的做品牌的团队，所以怎么把团队整合起来，这是一个关键① **示例2**：以我自身经历来说，对德国员工和中国员工的管理也要采取不同的方式，在合同设计上也很不同，两国员工的工作状态各自都有各自的优点
创意生产 把控力	**示例1**：员工的创意多得不得了，只是我挑选哪些是值得支持的？哪些创意有采纳的价值？哪些创意能让人叫好，消费者愿意买单？这就需要我们去鉴别 **示例2**：从艺术创作上来讲，它把武术提升到舞台以后，融入了现代芭蕾舞和一些别的舞蹈、杂技、魔术，十年来我们大大小小一共修改了35遍
跨文化 营销力	**示例1**：文化产业美妙之处在于不仅在卖产品，更在卖文化。比如，一杯茶为什么这么贵？因为有人为顾客展示茶道的精神，在那个氛围喝茶除了会觉得茶特别甜蜜之外，还知道茶后面的生产故事，了解动人的历史，这就是卖文化……假设能够做到这一点，相对你就赢到经济效益，因为文化有办法感动顾客、引发共鸣② **示例2**：推广某一个地方的特点，特色推广很重要，大家能记住一点，由于这一点把他吸引来了，然后以点带面，这是非常重要的。再一个就是充分制造在海外能引起当地人注意的事件，事件营销非常重要，我们都知道大堡礁守岛员这样的营销事件……海外推广如同拓荒，要用不同寻常的手段③

　① 财智对话：陈立恒［EB/OL］. https：//v. youku. com/v_ show/id_ XMTM5NzE1NDc0NA = =. html?from = s1. 8 – 1 – 1. 2，2015 – 11 – 29.

　② 左妍冰. 建立在"三品"基石上的瓷器王朝——专访法蓝瓷集团总裁陈立恒［EB/OL］. 国际在线新闻，http：//news. cri. cn/gb/42071/2013/11/05/6871s4310143_ 1. htm，2013 – 11 – 05.

　③ 对话蓝海电视台首席执行官诸葛虹云（二）：谈国外推广营销差异化［EB/OL］. https：//v. youku. com/v_ show/id_ XODEzMDYwNzI4. html，2014 – 10 – 28.

续表

主范畴	归入主范畴的编码单元举例
全球资源整合力	**示例1**：我们的发展策略应该就是整合资源……介绍中国的片子太多了，可谓是海量。我们没必要花钱去拍……各个电视台里面有太多这种关于中国的素材了，所以我们把它们拿过来，按照德国人这种习惯，我们重新编译。因为现在已经是整合的年代了，有专业的公司做得很好，我们只要合作就可以了 **示例2**：银行融资比较难，上市其实也挺难，一定要找到好的融资模式或者新的融资模式，来帮助这个产业（文化产业）找到更多的钱，让企业找到更多投资人
跨文化交际公关力	**示例1**：在当地参加一些社会公益的活动，我们这个剧目为美国赈灾义演捐款；在演出休息的时候，我们的演员观看当地的节目，相互间联络感情，互相取经。我们不但要"走出去"，还要"走进去""融进去"……为了建立起人脉，以剧院经理的身份加入当地的一些商业活动，获得一些经验和教训 **示例2**：我之前做威尼斯电影节选片人的时候，和我同时任选片人的人，基本上每一个人在其国家里面交际广泛，这样的话我很容易把我的这些同事们变成我的合作方，他们基本上就可以帮我很容易地把他们那个国家、那些大师级的导演、特别大的公司拿下
文化包容	**示例1**：全球化公司必须忘掉国家、文化间的个体差异，共性切入、挖掘人类情感共鸣，打造满足人类共同需要的文化产品和服务 **示例2**：第二个教训，就是不要用中国惯有的处事思维去处事。因为我在国内待这么久，我有太多太多的中国文化的一种思维……在这种惯性思维之中，其实往往企业还是蛮受伤的，就是说大家的文化不同，其实是没法接受的
艺术素质	**示例1**：文化出口企业高管虽然不用亲自动笔画画、做动漫，但是他必须是好的鉴赏家、评论家，有个成语叫"眼高手低"，他必须"眼高"，"手低"是允许的 **示例2**：我在念书的时候开始接触音乐，常常自己即兴创作，至今音乐仍然是工作之余的爱好
文化自信	**示例1**：我对中华文化的信心来源于中华文化五千年来文明的接力。我们的经典史籍储藏得最好，这都是生活的结晶、历史的智慧 **示例2**：重要的是我们要尊重老祖宗的文化资源，要研究如何去重新运用，用创意打造传统，使之迸发现代的魅力，把文化传统变现成文化资产。不要捧着金饭碗仰人鼻息，什么都往外看①
以人为本	**示例1**：我们中相当多的人是对年轻人的生活以及他们的趋势有相当体验的人，用一个正式的说法就是对客户的体验度、敏感度其实是相当强的 **示例2**：公司最重要的就是人才。我们公司的管理体制、人才发展体制以及激励机制等所有的一切都围绕着核心人才。所以我们这几年有机会收罗到市场上各个领域的人才

---

① 杨晓华. 陈立恒：以瓷载道　文创人生［N］. 中国文化报，2013－01－18.

续表

主范畴	归入主范畴的编码单元举例
追求卓越	**示例 1**：我们曾经终止和外国某公司的合作，因为外国投资方着急赶紧做完赶紧卖，他们的制作质量和修改质量达不到我对品质的要求。如果真的发行了这样的作品，我们的口碑怎么办？对于品质的极致追求，让我忍痛放弃了巨额的投资 **示例 2**：我们在不断挑战自我，举例讲，假如去年是一千万元投资，今年就变成一千五百万元，明年两千万元，逐渐给自己加码……当你作为一个行业领先的公司，还敢于挑战自己的话，距离才会拉得开①

资料来源：笔者制作。

3.3.3　基于选择性编码的核心范畴化

经过上面的开放性编码、主轴编码，笔者得到了 313 项概念、92 个副范畴、32 个主范畴。这些庞杂的概念、进一步抽象化的副范畴、内涵高度丰富的主范畴被联结成一张巨大的关系网，关于 12 位高管的访谈记录也从彼此毫无关系的资料变成了互相关联、互相补充的有机整体。

为了实现本书研究目标——我国文化出口企业高管胜任力模型的构建，现在还需要对 32 个主范畴及其关联的其他范畴、概念进行选择性编码，选择其中起关键性作用的几个核心范畴，将各种相互关联的范畴纳入一个简约、紧密的理论框架中，最终运用故事线来分析主范畴之间逻辑关系的过程。

3.3.3.1　识别核心范畴

通过分析主范畴之间的关系以及不断地对比分析，研究者可以识别出能统领所有主范畴的"核心范畴"。当所有的示例都能妥当地被归入某一个类中，类目已经饱和了，而且也出现足够多的有规律性的事物了，即使是继续追加新的样本高管数据，也不能增加新的范畴或检验已有的范畴，也不能对范畴的含义进一步解释，不能对胜任力模型构建做出新的贡献，此时，笔者就判定理论饱和，停止寻找新的案例，不再追加新的范畴。

"价值观"是本书经过逐步归纳提炼后获得的最为核心的范畴，共有 56 个一级编码支持这一核心范畴，而且一级编码多次出现重复，涉及样本高管数量为

---

① 史翔宇．独家专访沈黎晖．草莓音乐节商业史大起底［EB/OL］．凤凰财经，http：//finance. ifeng. com/a/20140505/12259842_ 0. shtml，2014 – 05 – 05.

11 个，据此可得出"价值观"这一核心范畴已达到理论饱和的结论。依据上述方法，还得到另外五个核心范畴即："素质""知识""个性""意识""技能"。支持核心范畴提炼的一级编码和样本高管的描述性统计如表 3.7 所示。

表 3.7 支持核心范畴的一级编码和样本高管统计

核心范畴	一级编码数量	一级编码占比（%）	样本高管	样本高管占比（%）
价值观	56	17.90	11	91.66
素质	59	18.85	9	75
知识	43	13.74	8	66.67
个性	45	14.38	9	75
意识	46	14.70	10	83.33
技能	64	20.45	12	100

资料来源：笔者制作。

根据以上一级编码和样本高管频次占比统计，本书认为：我国文化出口企业高管胜任力的六个核心范畴能够统领 32 个主范畴，并能与最大数量的副范畴和概念发生意义关联。其中个性、素质、价值观、意识这四个核心范畴各包含五个主范畴，知识、技能这两个核心范畴各包含六个主范畴。具体的核心范畴与主范畴的对应关系如表 3.8 所示。

表 3.8 文化出口企业高管胜任力的核心范畴

核心范畴	核心范畴所辖的主范畴
价值观	文化使命、文化包容、文化自信、以人为本、追求卓越
素质	文化素质、艺术素质、政治素质、学习素质、创新素质
知识	管理知识、经营知识、文化产业知识、跨文化知识、国际商务知识、法律知识
个性	好奇、冒险、灵活、敏感、坚韧
意识	全球化意识、本土化意识、竞争意识、合作意识、未来意识
技能	全球战略决策力、跨文化创意团队管理力、创意生产把控力、跨文化营销力、全球资源整合力、跨文化交际公关力

资料来源：笔者制作。

3.3.3.2 开发故事线

所谓开发故事线，就是把核心范畴和其他范畴联系起来，验证他们之间的关系联结用以说明全部现象。6 项核心范畴、32 项主范畴以及其他范畴联系起来，最终形成了一个关于我国文化出口企业高管胜任力的故事线，具体描述如下：

我国文化出口企业高管天性好奇，富有冒险精神，对多元文化比较敏感，头脑和反应灵活，面对压力和挑战坚韧不拔，他们在后天学习和工作中逐渐形成了强烈的文化使命感、文化自信、文化包容、追求卓越、以人为本的价值观（因果条件），面对企业积极参与国际市场竞争的局面（情景），他们凭借复合型知识结构和扎实的艺术素质、文化素质、创新素质、政治素质等个人条件（影响因素），在全球化意识、本土化意识、竞争意识、合作意识等思维方式的指引下（策略），高效地进行全球战略决策、多元创意团队领导、创意生产与服务把控、跨文化营销、全球资源整合、跨文化交际与公关（现象），使企业成为我国文化贸易领域内的绩效标杆型企业（结果）。

3.3.3.3　结果呈现

扎根理论通过对丰富的资料进行归纳、演绎、对比、分析，得到了一个包含六个核心范畴、32 个主范畴、92 个副范畴、313 个概念组成的可视化立体关系网络。

除去抽象化程度低的 313 个概念和 92 个副范畴，利用形象化的方式呈现我国文化出口企业高管胜任力构成要素（见图 3.2）。由图可见，我国文化出口企业

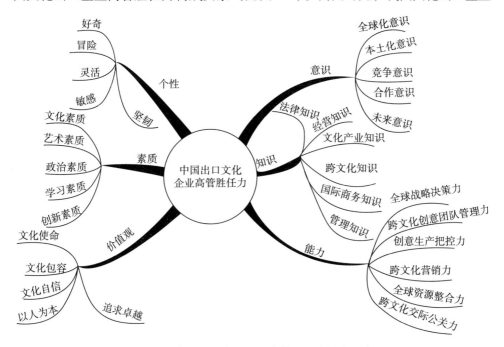

图 3.2　我国文化出口企业高管胜任力构成要素

资料来源：笔者制作。

高管胜任力分为六种类型，每个类型又有五六个胜任力要素。

3.3.3.4 结果转换

上述对高管访谈资料的扎根分析目的在于提炼我国文化出口企业高管胜任力指标。扎根分析结果中的六个核心范畴，揭示了我国文化出口企业高管胜任力的类型，可以被视为胜任力模型的一级指标；32 个主范畴揭示了我国文化出口企业高管胜任力的具体构成要素，可以视为我国文化出口企业高管胜任力二级指标；92 个副范畴揭示了各胜任力的重要特征，可以用来解释我国文化出口企业高管胜任力二级指标的内涵和要点。

至此，基于扎根理论分析法的 12 位文化出口企业高管访谈资料的分析证实结束。

第4章 我国文化出口企业高管胜任力模型的建构

4.1 胜任力指标的内涵、要点与等级

本书研究目的不仅在于探明我国文化出口企业高管胜任力模型，更在于摸索模型在人力资源管理中的实际应用。上文中提出的我国文化出口企业高管胜任力指标，只是从理论上阐述了我国文化出口企业高管胜任力模型的组成部分和基本结构，但想要在企业人力资源管理实践中应用该模型，还必须为理论化的模型增加细化、量化的胜任力评价指标体系。实用型的胜任力评价指标体系既需要设置岗位胜任力的指标，还需要设置各胜任力指标的类型、行为表现，以及各胜任力指标的权重、等级数量和等级标准，只有这样才能把抽象的胜任力指标细化、量化，从而方便地测量被评估人员的胜任力现状，更好地为企业人力资源的招聘与甄选、培训、绩效管理和职业生涯规划提供客观的依据。

在本章中，笔者将完成我国文化出口企业高管胜任力指标评价体系的建构，主要进行四项研究工作：指标的定义描述和要点归纳、指标相应的行为等级划分、各级指标的权重赋值、胜任力模型布局安排。

对胜任力模型的标准化和量化，为我国文化出口企业高管人力资源管理中的招聘、培训、绩效考核、职业生涯规划等工作提供了依据。标准化、量化、结构化的工作如下：

第一步，对各级指标的含义做出解释。对一级指标内涵的分析参考了心理学、管理学对于知识、技能、价值观、个性等专有名词的理解；对二级指标内涵的分析主要结合本书对高管胜任力访谈资料中提炼出的副范畴。

第二步，提取胜任力指标的要点。本着"少而精"的原则，以三级编码得到的 32 项主范畴、92 项副范畴为基本依据，对我国文化出口企业高管胜任力要点进行提炼。胜任力指标要点的提炼突出我国文化出口行业的专业性和代表性，不追求任何行业高管都适用的普遍性和全面性。

第三步，划分指标的行为等级。本书共设 4 个行为等级，从 1 级到 4 级能力要求不断提高，等级划分的依据如表 4.1 所示。

表 4.1　胜任力指标的四级分类依据

1 级：较差	◆ 此层级的行为指标尚未达到文化出口企业的标准要求 ◆ 在充分的帮助下方可开展与此能力相关的工作
2 级：合格	◆ 此层级的行为指标达到文化出口企业对此项能力的标准要求 ◆ 可独立完成一般复杂度的工作
3 级：良好	◆ 此层级的行为指标超出文化出口企业对此项能力的标准要求 ◆ 该项能力已成为个人专长和稳定的优势
4 级：优秀	◆ 此层级的行为表现已经被公认为文化出口企业中的标杆 ◆ 该项能力已经成为企业内其他人提升该能力的典型参照

资料来源：笔者根据相关资料制作。

第四步，对胜任力模型进行布局安排。将各胜任力指标放在模型的合适位置上，正确反映各一级、二级指标之间的关系。

本书对胜任力各维度指标进行等级划分时，注意行为特征描述的区分度，避免用程度副词"很、非常"等来描述各级别之间的差异。分级过程如下：首先，界定出我国文化出口企业高管在某一指标上的 4 级表现，即识别对该能力有优秀要求的行为表现；然后，界定在该指标上的 1 级表现，即识别出在该项能力方面不达标的行为表现；接着，根据优秀表现和较差表现，确定处于两级水平之间的 2 级、3 级行为表现；最后，笔者将分级的初始结果装订成册，发给文化出口企业高管和高校文化产业管理专业的教授，听取他们的宝贵意见，经反复修改，得到的结果如下文所述。

4.1.1　一级指标的内涵

4.1.1.1　价值观

价值观是个体对价值的反映，是人们认识事物、辨别是非的　种取向。个体的价值观具有稳定性和持久性，价值观一旦形成，就比较稳定，不容易轻易改变；价值观具有主观性和个体性，是主体对价值的认识、体验和评价，主体的利益和需要决定了价值观的性质；价值观还具有多元性，不存在普世价值观（张建云，2017）。文化产业具有很强的社会属性，发展文化产业需要坚持正确的价值观。文化出口企业高管的价值观能影响他们的工作偏好，从而决定他们在工作中的表现。本书表明：文化出口企业高管应该具备的价值观为文化使命、文化包容、文化自信、以人为本和追求卓越。

4.1.1.2 素质

素质是一个人为了完成工作任务所必须具备的基本条件，这种基本条件部分是先天的生理基础，更多的是后天在长期教育和实践活动中形成的相对稳定的基础性生理和心理条件。素质可以分为生理素质、心理素质。素质具有主观能动性，可以培养、造就和提升。在工作中，提升个体素质可以引导个体胜任力的发展。本书表明：文化出口企业高管应该具备文化素质、艺术素质、政治素质、学习素质和创新素质。

4.1.1.3 技能

技能是个体在已有知识、经验的基础上，通过后天的训练习得的动作方式和智力活动方式。技能按照性质和特点，可以分为动作技能和心智技能。技能既可以被观察到又具有一定的隐蔽性。不同的工作岗位有不同的技能要求。个体在掌握了岗位职责和工作任务的知识后，将其转化为相应的工作技能，才能运用到企业的生产经营管理活动中（安鸿章，2003）。本书表明，文化出口企业高管的工作技能体现在全球战略决策力、跨文化创意团队管理力、创意生产把控力、跨文化营销力、全球资源整合力、跨文化交际公关力六个方面。

4.1.1.4 意识

意识是客观世界在人头脑中的反映，是个体运用感觉、知觉、思考、记忆等心理活动，对自身与外界环境的综合觉察与认识，它是人类特有的高级认识活动。意识包括潜意识和显意识。潜意识是一种个体未明确觉察到的意识，它是由于本能、遗传、训练等积淀而成的思维场潜效应，潜意识具有非逻辑性、非自觉性、潜在性、瞬间性等特点；而显意识则是个体自觉地意识到并能在自我意识的直接控制下对外部信息加以处理和整合的思维场显效应，显意识具有明显的逻辑性、自觉性、目的性、外显性等特点（王延华，2012）。本书表明：文化出口企业高管在全球化经营管理中，体现出强烈的全球化意识、本土化意识、竞争意识、合作意识和未来意识，这些意识都属于显意识范畴。

4.1.1.5 个性

个性是指一个人在实践活动中经常表现出来的、比较稳定的、带有一定倾向性的个体心理特征的总和。个性有先天的因素，也受一定的社会条件和教育的影响。个性具有独特性，不同个体具有不同的心理倾向和心理特征；个性具有稳定性，个性一旦形成，就相当不容易发展，难以通过培训来提升。个性能在一定程度上影响个体工作绩效，个性处于胜任力的最内层，它比较隐蔽，不易被外人观察到，也难以评价。本书表明：文化出口企业高管个性特征是好奇、冒险、灵活、敏感和坚韧。

4.1.1.6 知识

知识是人脑对客观事物的主观反映，知识分为两种，第一种是陈述性知识，即关于"是什么"的知识；第二种是程序性知识，即关于"如何做"的知识。无论是陈述性知识还是程序性知识，都需要通过后天的实践和学习来获得。相对其他胜任力构成而言，知识的获得比较容易。知识是胜任力的组成部分之一，是个体胜任工作岗位所必须具备的基础条件。本书表明：文化出口企业高管需要具备复合型知识，其知识结构包含了管理知识、经营知识、文化产业知识、跨文化知识、国际商务知识以及法律知识。

4.1.2 二级指标的内涵、要点与等级

4.1.2.1 价值观所辖二级指标的定义、要点和等级

4.1.2.1.1 文化使命

文化使命的含义是一个人基于对民族文化的热爱而产生的文化责任与文化担当，愿意为继承、发扬、传播民族优秀文化而努力奋斗。

文化使命的行为要点主要有：①热爱文化。对文化艺术有兴趣，并愿意投入激情，这是文化出口企业高管持久不衰的工作原动力。②继承和创新民族文化。从传统民族文化中汲取营养，并创造性地传承文化、发展文化、创新文化、传播文化。③优先考虑文化利益。坚持文化效益第一，经济效益第二，不以丧失文化效益为代价，片面追求企业的经济利益。

文化使命的行为等级分类如下：

1级：对文化工作有一定的兴趣，认为文化出口工作很有价值；对传统民族文化了解不深，很少考虑如何继承和创新民族文化；较多考虑经济利益。

2 级：对文化问题有热情，喜欢文化出口行业，享受文化工作的过程；具有民族文化责任感和使命感；在文化使命与经济利益发生冲突时，保持清醒的头脑，能兼顾经济利益和文化责任。

3 级：热爱文化，从工作中寻求自身的价值和满足；认为文化出口企业更高的目标是创造人文价值，向全世界传播中国正能量，有强烈的继承和发扬民族文化的责任感和使命感；坚守文化价值，谴责"唯收视率""唯票房""唯发行量"等一味追求经济利益而不顾文化利益的行为。

4 级：对文化有激情，饱含感情地工作，对文化出口工作几乎狂热，全情投入，并能把这种激情传递给员工；把传承、发展、创新民族文化当作自己的事业追求，为发扬中华优秀文化贡献自己的力量，能利用文化使命感去感染员工；通过文化产品和服务，向全世界弘扬正确的价值观和先进的文化理念。

4.1.2.1.2　文化包容

文化包容的含义是在继承和发扬中华民族优秀传统文化的同时，不固守本民族文化，主动了解其他民族的文化传统、思维方式和价值观等，以包容的态度和宽广的胸怀对待异国文化。

文化包容的行为要点主要有：①克服文化偏见。当与不同文化背景的人们交往时，尝试了解对方与自己不同的行为方式和思维方式，不要认为别人都是错的，或是稀奇古怪的。②求同存异。对待异国文化有开放的胸襟与包容的心态，接受多样性，尊重差异，学习欣赏目的国文化。③兼收并蓄。在对外文化交流中，积极借鉴和吸收世界各民族文化的优秀成果。

文化包容的行为等级分类如下：

1 级：对特定国家文化抱有刻板印象，比如认为俄罗斯人都能喝酒，德国人都很守时；不能尊重文化的差异性，对他国文化与母国文化差异较大甚至相悖的部分，表示不理解甚至嘲讽。

2 级：反对"本民族文化比其他文化优越"或者"西方发达国家文化更先进"的想法；对不同民族文化的共性与差异有一定理解，具备关于不同文化的规范、做法、惯例以及禁忌的知识，能理解和尊重来自不同文化背景的人们，做到尊重对方文化与信仰，消除文化冲突和误解。

3 级：尊重不同民族的文化，以开放的心态与来自陌生文化的人们进行交往；在企业内部，能够理解和包容因宗教、价值观、思维方式和风俗习惯等造成的员工差异；随时准备学习、借鉴其他民族文化的先进成果，消化创新，为我所用。

4 级：喜欢与来自不同文化背景的人们交朋友，交流思想，获得新知；心胸开阔，最大限度地包容异质文化，在企业内部打造鼓励多元文化碰撞和交流的平台；尊重并容许差异化和个性化的存在，能和来自五湖四海的员工、合作伙伴、客户相互学习，取长补短，共同促进人类文化的创新与繁荣。

4.1.2.1.3 文化自信

文化自信的含义是热爱本民族文化，坚信本民族文化有持久的生命力，在肯定优秀民族文化的基础上自觉践行本民族文化。

文化自信的行为要点主要有：①深刻认识民族文化。对本民族文化的优势与劣势有正确的认识。②肯定优秀民族文化。保持民族文化的个性，坚信民族文化的未来，确保国家文化安全。③践行优秀民族文化。充分肯定并积极践行社会主义核心价值观，倡导富强、民主、文明、和谐；追求自由、平等、公正、法治；崇尚爱国、敬业、诚信、友善。

文化自信的行为等级分类如下：

1 级：对于本民族传统文化知之甚少，缺乏对民族文化客观、全面、科学的理解，存在肯定、美化西方文化的倾向，不能自觉抵制"历史虚无主义""文化虚无主义"等文化不自信的思潮；能学习发达国家的文化，较少考虑对中华优秀传统文化的内涵加以补充、拓展、完善；对于社会主义核心价值观的宣传和践行不够。

2 级：对中华民族五千多年文明史和祖先留下的丰富精神财富持肯定态度；对本民族文化有自知之明，且充满自信，能提炼出具有普世价值或有中国独特价值的文化要素，促使其转化为产业价值；能坚持文化产业发展的社会主义方向，弘扬中国特色社会主义核心价值观，坚决抵制挑战民族文化自信和民族自尊底线的做法。

3 级：全面了解中国传统文化遗产，对本民族文化的优缺点有准确的把握，既不妄自尊大，也不妄自菲薄；尊重传统文化资源，研究如何按照时代发展的要求，重新运用并为其增添新的内容，用创意打造传统，使之迸发现代魅力。

4 级：以中华民族五千年文明史为自豪，以中国文化、哲学、艺术等文化遗产为骄傲，能发掘中华传统文化中优秀的部分，对其进行现代性、国际化的产业转化，助力中国文化"走出去"；通过打造文化精品增强国人的民族文化自信，在全世界范围内弘扬我国的社会主义核心价值观和优秀传统文化。

4.1.2.1.4　以人为本

以人为本的含义是把人看作一切社会实践的出发点，同时又把人看作社会实践的最终目的，对待外部客户和内部员工，能做到理解人、满足人、关心人、发展人。

以人为本的行为要点主要有：①关注客户需求。发现、满足和预见客户的文化需求，不断创新文化产品，提升文化服务水平。②重视人才。在管理过程中，充分考虑人才的需要及感受，合理地满足人才的安全需求、社交需求、尊重需求和自我实现需求。③关注人类精神需求。以满足世界人民的精神享受为目标，让人类有获得感和幸福感。

以人为本的行为等级分类如下：

1 级：客户意识淡薄，不了解目的国客户的真实需求、抱怨。不能建立起长期的客户关系；和下属交流很少，以批评代替激励，发布命令多，倾听员工心声少，存在不同程度的员工流失情况。

2 级：有较强的客户意识，努力了解目的国客户的真正需求，并对客户需求有较准确的判断；能够建立起与客户的长期关系；能够经常与员工座谈交流，了解员工的需要以及心理感受，能有效地激励员工，达到改善绩效的目的。

3 级：有强烈的客户意识，视客户为重要的合作伙伴，深刻了解客户需求，积极整合内外部资源，为客户创造价值，努力提升文化产品和服务的满意度与美誉度，能与目的国客户建立、保持良好关系；能吸引海外优秀人才，尊重跨文化创意团队成员的个性和特长，把合适的人放在合适的岗位上，让多元文化背景的员工体验到来自企业的尊重、关怀与认可。

4 级：视客户为企业最宝贵的资源，号召员工以追求客户满意度为宗旨，能满足和不断超越内部和外部客户的期望，持续获取客户的信任与支持；认为人才是企业基业长青的核心竞争力，在全球各地寻找最优秀的人才为我所用，重视员工满意度的提升，组织设计以人为本、能为员工提供适合自身发展机会的空间，促进员工职业生涯的发展，搭建企业与员工共同发展的平台，满足员工自我实现的需要。

4.1.2.1.5　追求卓越

追求卓越的含义是决心将自身的优势、资源、成绩发挥到极致的一种价值观，目标指向未来，结果指向完美。

追求卓越的行为要点主要有：①精益求精。对人对事有严格的要求，不满足于现状，愿意使结果更接近完美。②挑战目标。总是设定较高目标，不断超越自我、克服障碍，完成具有挑战性的任务。

追求卓越的行为等级分类如下：

1级：安于现状，满足现有成绩；为自己设定目前看来可以达成的目标。

2级：不满足于现状，有意识地采取行动，不断改进，期待明天比今天好；勇于迎接挑战，希望超越平庸，对自己的未来有所期许，所设定的工作目标相对较高。

3级：要求自己有出色的工作成绩，并努力驱动下属挑战自我，做得更好；高标准、严要求地监督创意生产过程，不断改进文化产品和服务的品质，使之更完美；设定计划目标具有挑战性，能够持续地提高业绩。

4级：是工作中的完美主义者，追求卓越是其人生态度；苛刻地追求品质，对成功具有强烈的渴求，乐于为之实现而不懈努力；毫不畏惧地为自己和企业设定极富挑战性的目标，能够开发和调动企业所有潜能，对文化创意有一种自发的完美主义追求，不单纯地追求低成本、高利润。

4.1.2.2 素质所辖二级指标的含义、要点与等级

4.1.2.2.1 文化素质

文化素质是指一个人广泛地学习人文社会科学知识，如文学、历史、哲学、社会学等，以及自然科学技术知识，并进行消化、吸收和融会贯通，最终形成自己独特的知识结构以及相应的情感能力和行为能力（薛永武，2016）。

文化素质的行为要点主要有：①具备复合型知识结构具有交叉学科知识。对各种知识的融会贯通。②情感高尚。有正确的道德感和价值观。③举止文明。言行举止符合礼仪规范。

文化素质的行为等级分类如下：

1级：仅具有日常生活和工作必需的基础文化知识，知识略显贫乏；有基本的礼貌意识，不触犯法律，但不真正懂得尊重他人的情感和思想，礼仪流于表面形式；言谈举止略显粗浅和庸俗。

2级：具备人文社会科学和自然科学的基本知识；懂是非，明善恶，有社会公德意识，能遵守社会道德规范；能尊重他人，有健康的生活情趣；言谈举止大致得体。

3级：知识面宽广，了解本民族优秀文化，对其他民族优秀文化和当代科学技术也有所了解；识美丑，明是非，知荣辱；能同情人、关心人、理解人，对人有礼有节，言谈举止大方得体。

4级：有深厚的文化底蕴，了解世界各民族优秀文化成果和现代各国先进的科学技术；追求真善美，反对假恶丑，能包容他人；举止高雅，礼节周全，言谈深刻风趣，有新儒之风。

4.1.2.2.2 艺术素质

艺术素质的含义是人们对艺术的感受、体验、评价和创造的能力，是由人的先天禀赋和后天训练结合而成。

艺术素质的行为要点主要有：①艺术鉴赏能力。对音乐、舞蹈、绘画、雕塑、建筑、文学、戏剧、影视等艺术形式进行欣赏和感受。②艺术创造能力。能创造出有艺术价值的产品。

艺术素质的行为等级分类如下：

1级：先天艺术禀赋不足，后天未得到良好的艺术熏陶，艺术鉴赏力偏低。

2级：未接受过系统的艺术专业教育，但有一定的艺术鉴赏能力，在日常生活中喜欢听音乐、跳舞、绘画、看戏剧、看影视作品等，在欣赏艺术作品的过程中，能融入理性思考与分析。

3级：接受过艺术专业教育，了解艺术学科的基础知识，有较好的艺术鉴赏力，能够对艺术作品进行审美观照、审美体验；对于艺术品的思想价值、情感价值、审美价值有准确的把握，具备创意价值辨别力。

4级：精通艺术理论、艺术史等艺术相关知识；有杰出的艺术鉴赏力，能对艺术作品进行独特的审美体验和关照；还有丰富的艺术想象力和艺术表现能力，能将创意转变成生产力。

4.1.2.2.3 政治素质

政治素质的含义是一个人的政治方向、政治立场、政治观念、政治态度、政治能力等因素综合作用的体现（刘本旺，2014）。政治素质是从事文化出口行业所必需的基本条件和基本品质。

政治素质的行为要点主要有：①国家责任。有爱国精神，拥护社会主义，坚持党的领导，遵守党的路线方针政策。②遵纪守法。有法律意识和法制观念，遵守国内及国际法律法规、遵循国际商务等惯例。③具备涉外政治能力。对外交往中有政治敏感度，保守国家机密，维护国家利益，灵活运用策略。

政治素质的行为等级分类如下：

1级：有爱国精神；遵守本国法律规范、目的国的法律和国际法律法规，遵守公司制度规定，但对外缺乏涉外政治敏感度。

2级：有爱国精神，坚持社会主义道路，坚持党的领导；严格遵守本国和目的国法律，严格执行公司政策，不超越制度规定的权限；在对外交往中不泄露企业和国家机密。

3级：坚持社会主义道路，切实贯彻国家大政方针和党的路线、政策，对国际政治局势及经济形势的有较深刻的认知；对外交往中有政治敏感程度，能巧妙地回避政治冲突；在对外文化出口活动中，以不损害国家利益为最高准则，不单纯追求利润。

4级：坚持以新时代中国特色社会主义思想为指导，坚持中国先进文化前进的方向；有民族气节，抵制为经济利益抹黑、丑化中国形象的文化产品；在对外文化出口活动中，通过优秀的文化产品把中国人的仁爱思想、自强不息的进取精神、厚德载物的包容精神、注重人格修养等理念带给世界人民，促进世界文化的繁荣，体现中国在文化领域的世界担当。

4.1.2.2.4 学习素质

学习素质的含义是有意识地借助学习、总结经验以及与人交流等方式积累知识和技能，并能应用于工作中。

学习素质的行为要点主要有：①具备学习意识。强烈地渴求新知识和新信息，愿意不断学习、提升和成长，积极创造学习机会。②掌握学习方法。利用多种方法学习，如"干中学"、总结成功和失败的案例、分析自身在知识和技能方面的短板、请教专家学者、向优秀企业高管交流取经等，来提高自身素质。

学习素质的行为等级分类如下：

1级：满足于现有知识结构，缺少主动学习新知识的自觉性，以消极的态度参加公司举办的培训机会，缺乏通过与人交流获取知识的意识，对以往的经验教训不会主动去总结。

2级：有学习意识，将学习视为提升职业素养的必备技能。能主动地结合工作需要有计划地学习新的知识；以积极的态度参加企业提供的培训，时常主动地总结以往的工作经验和教训，将与专业人士交流作为学习的一种方式，时常与下属沟通工作上的问题。

3级：以学习为乐，将工作视为重要的学习过程，能不断学习新理论、新方法，并学以致用；能根据企业需求和市场变化情况，寻找合适的资源，为员工提供培训进修的机会，不断提升团队成员的绩效。

4级：具有终生学习的大学习观；具备复合型知识结构，对于新技术、新领域保持高度的热情；不但把学习作为每日必修课，还在企业内部提倡全员学习、全过程学习，打造学习型组织，培育创新创意的氛围。

4.1.2.2.5　创新素质

创新素质的含义是一个人具有的不受惯常思维和以往经验的束缚、善于使用创新型思维的素质。有创意素质的人能不断探索最佳方案，解决问题、提高效率，以适应新形势发展需要。

创新素质的行为要点主要有：①具备创新精神。追求创新，以创新为荣；富有革命性，有勇气，具有敢闯、敢冒风险、敢于怀疑和批判的精神。②善用创新思维。有想象力，善于运用反向思维、发散思维、形象思维、直觉思维、灵感思维等创新思维方式；采用新视角考虑问题，能挑战传统和常识，提出突破平庸的观点和方法。③采取创新行动。不拘一格，不断进行产品创新、服务创新、商业模式创新和技术创新。

创新素质的行为等级分类如下：

1 级：在工作中遇到问题多用经验来判断和处理，常陷入思维定式，偶尔有创新的想法和做法；不反对创新，也不主动追求创新，倾向于维持现状，常因变化而烦恼。

2 级：对新生事物有良好的接受性，喜欢与富有创造力的人群共事；愿意尝试用新思路和新方法来解决问题；敢于质疑常规工作方法，不固守已有模式，对企业进行微调。

3 级：主张创新，是公司创新的倡导者，掌握创新的知识和方法，善于开拓新领域；善于发现并提出问题，具有强烈的"问题意识"，质疑已经存在的传统模式，提出可行的创新建议，善于鼓励团队成员创新，能带领企业不断地研发与创新，大胆改革，适应外部变化。

4 级：推崇创新，是文化行业内创新的先驱，鼓励和支持团队创新和改变，擅长打造有创新精神的企业文化。热衷于创造性地解决问题，追求原创，重视研发自主知识产权，重视改变传统的文化产品和服务、体验；选择合适时机，大胆革新产品和服务，推出创新成果，不惧怕颠覆以往的商业模式和技术成果，能引领行业的发展趋势。

4.1.2.3　技能所辖二级指标的含义、要点、等级

4.1.2.3.1　全球战略决策力

全球战略决策力的含义是指根据企业的外部环境和内部条件，对事关企业全

球化布局和长远发展的重大问题进行决策的能力。全球战略决策涉及了企业发展方向、经营方针、经营目标、产品发展、技术改造、市场开发、企业转向、人力资源开发等事关企业生存的重大问题。

全球战略决策力的行为要点主要有：①企业战略分析。分析企业的优势、劣势，了解企业所处的全球市场的变化，分析这些变化将为企业带来机会还是威胁。②企业战略规划。在分析企业内外部环境的基础上，以前瞻性的思维方式和长远眼光制定公司战略，战略具备可行性，可以转化为清晰可行的目标。③企业战略调整。能有效地进行战略评估，对影响战略实际实施效果的核心信息进行总结，并针对评估结果做出战略调整，及时纠正偏差。

全球战略决策力的行为等级分类如下：

1 级：对于企业目前面临的机遇与挑战、企业的优势与劣势、目的国市场情况等，有基础性认知；在上级的指导或协助下，可对常规问题做出合理决策，可有效地向下传达公司决策，并做出合理解释；对于战略实施的结果不能及时进行有效的评估和反馈。

2 级：能够通过纷繁复杂的国内政治、经济、文化现象，对文化出口企业存在问题进行合理判断，能明确地认识到企业未来发展可能存在的机会和挑战；对企业长远战略的制定和实施有所了解；能集思广益，在下属建议的基础上形成较为合理的决策；能积极思考如何将战略转化为具体行动方案，常给出合理化建议；能够总结企业战略成败的部分经验。

3 级：能清晰透彻地认识到企业发展所面临的机遇与挑战；能在纷繁复杂且风险高的形势下，综合分析各种信息，就全局性的工作做出决策，且决策准确；能深刻理解企业战略，具备优秀的战略执行力，能将战略落到实处；能够及时发现战略执行过程中偏离企业战略导向的问题，能总结战略实施的成败经验，促进企业战略不断优化。

4 级：对全球经济、金融的宏观趋势有清晰的认知和判断，对文化出口行业发展有准确的分析和预测，对本行业的发展趋势有总体性的把握；认为"需求决定趋势，趋势决定风口"，能及早发现"风口"，根据全球文化市场的变化和趋势，及时制定阶段性战略和长远性战略，战略规划极富前瞻性，在战略方向和战术动作上能引领世界潮流，指明未来方向；既能抓住机遇，有所追求，有所放弃，是行业风口的瞭望者和预测者。

4.1.2.3.2　*跨文化创意团队管理力*

跨文化创意团队管理力是指对不同文化背景的创意型人力资源进行整合和利用，以提高组织生产力，达成组织目标。

跨文化创意团队管理力的行为要点主要有：①整合团队。打造既能实现文化价值又能实现商业价值的跨文化创意团队，了解团队成员的文化背景、优势及劣势，发现其潜能，用人之长。②充分授权。基于识人用人基础上，对中层领导和员工充分授予权利和职责，给予他们工作自由度，使团队成员对企业产生归属感和参与感，提升员工贡献度。③激励人才。利用不同的策略，激发多元文化员工的工作热情，使每个成员都体验到价值感、成就感，以便提升企业工作效率。④培养下属。积极地向下属提供指导、资源和反馈建议，乐于分享成功与失败的经验，为员工创造发展的机会和空间，帮助其快速成长。

跨文化创意团队管理力的行为等级分类如下：

1 级：对下属的优缺点有一定了解，偶尔与下属沟通，偶尔关心下属；对下属不够信任，较少授权或干预较多；很少鼓励下属，主要依赖奖惩制度，对员工进行绩效管理；不轻易将自己的经验传授给下属；能对下属做实用性的工作指导，但对企业培训缺乏重视，很少给予下属学习机会。

2 级：大致能发现来自不同文化背景的员工在做事风格、理念、思维方式上的差异，比较了解下属的长处与不足；对下属比较信任，部分授权给下属；但是职责分配有待改善；能够公开肯定他人的成绩，采取措施提高团队成员积极性，鼓励高绩效行为；愿意寻找机会让下属学习和实践，遇到培训机会，愿意让员工去参与，但对员工的职业生涯缺乏长远规划。

3 级：充分了解来自不同文化背景的团队成员，通过适当的职责分配，使团队成员能够做到人尽其用，各尽所长；做幕后领导，在把握大方向的前提下，充分信任下属并让下属拥有相对自由的工作权利，尤其是对于创意和技术人员要保证其工作不被随意干涉，需要时给予充足的支援；能因地制宜、灵活地制定不同分公司、不同部门、不同国籍员工的绩效激励机制，激发跨文化创意团队战斗力；在团队领导过程中，注意培养人才，热心地对员工进行指导、培训、激励和评价，做员工的启发者、教授者和指导者。

4 级：在全球范围内网罗优秀的跨文化管理、创意、技术、营销等各种人才，在组建团队过程中，能够进行优势互补的搭配，使团队合力发挥至最大限度，创建一个不分性别与国籍、涵盖不同行业和知识背景、个性差异大的跨文化团队；没有强烈的权力欲望，能将工作职责和权力赋予下一级管理人员，专心于全局性、决策性工作；能针对不同文化背景的员工进行多种类别的激励，用令人振奋的企业愿景激励大家；设立长期培训计划，储备后续高管力量，不是自己做领导，而是培养更多的领导。

4.1.2.3.3 创意生产把控力

创意生产把控力的含义是对创意的价值辨别、创意生产的计划与组织、创意产品优化、创意风险控制的综合管理能力。

创意生产把控力的行为要点主要有：①创意价值鉴别。能辨别文化产品、服务、文化项目的价值，预估产品、服务、项目的受众认可度和市场前景。②创意内容优化。打造富有创意的氛围和高效的流程，充分挖掘、整合、提炼中国文化资源，用国际化的叙事方式和艺术表达，使企业的文化产品和服务能给多元文化背景的客户带来精神愉悦和心灵慰藉。③创意风险控制。评估创意风险，使创意风险控制在企业能承受的范围内。

创意生产把控力的行为等级分类如下：

1级：对文化产品、服务、文化项目的价值把握不准确，因此增加了创意生产的风险性；企业本着与国内一致的原则来设计出口产品，未能基于国际化视角对文化产品和服务进行改造，忽视风险管理。

2级：能大致辨别出文化产品的优劣等级、文化服务的价值所在；基本上能根据目的国客户的需求，进行文化产品的生产计划、组织与控制；在叙事方式和艺术表达上以本土化关照居多，有一定的国际化叙事与艺术表达能力；能把握对创意生产的控制程度，能采取措施控制创意风险。

3级：基于多年文化行业的经验，自身已形成了一套辨别标准或判断方法，能从多方面辨别文化产品、服务、项目等的优劣，准确把握其具体价值；能根据全球文化市场的需求，进行创意生产和服务控制，不断开发新产品、提供新服务；能充当创意人员和目的国市场人员的协调者，能计划、组织、控制创意生产，使企业创造出符合目的国市场需求的高品质的文化产品和服务。

4级：既有准确的商业目标，又有艺术判断力，能凭借深厚的文化艺术修养、对国外市场的准确了解、对受众偏好的了解，对创意人才提出合理化建议；能控制文化产品、服务、项目的选题、生产、推广、风险评估等全过程，能基于不同的海外市场对企业的产品和服务进行多元化改造，吸引和保持客户，牢牢掌握消费终端；视多元文化差异为企业创新的源泉，擅长营造浓厚的创意氛围，激发中外员工的创意激荡，推出能冲破文化壁垒、超越国际的创意产品和服务。

4.1.2.3.4 跨文化营销力

跨文化营销力的含义是指当在不同文化环境下进行营销活动时，高管具备的克服文化冲突和文化差异，与目的国客户、分销商等达成交易的能力。

跨文化营销力的行为要点主要有：①洞察目的国市场。了解和满足目的市场需求，对目的国文化市场有灵敏的反应，根据文化差异设计企业产品。②扩大营销渠道。搭建文化贸易平台、建立全球传播渠道、建立全球营销网络。③实施多元化营销策略。了解本国与目的国的文化差异和文化冲突，有跨文化敏感性，针对不同文化背景的消费者采用合适的营销手段。

跨文化营销力的行为等级分类如下：

1 级：市场意识比较淡薄，不重视海外市场调研；忽视不同国家的文化差异，营销策略照搬国内做法或单一化；海外营销渠道不健全，没有在目的国拥有稳定的营销渠道和传播渠道。

2 级：有一定的市场意识和市场洞察力，会经常性地关注市场动向，能够对目的国市场做出比较科学、量化的分析，为决策提供支持；懂得雇佣目的国人民作为营销人员，有少数目的国分销商、广告代理商等合作伙伴；海外文化营销手段具备一定竞争力。

3 级：有良好的市场意识，密切关注国际文化市场的变化；能了解客户的需求并对市场信息有充分的敏感度，在此基础上对创意生产进行前瞻性的调整；在进行跨文化营销时，企业除派遣本国营销人员外，还雇用目的国当地员工，并与当地的市场调研机构、广告代理商等合作，听取多方建议，采用对当地适用的文化营销策略。

4 级：有卓越的市场洞察力，卓越的信息收集、分析能力，能通过大量的数据与资料预见国际文化市场未来发展的动向；在不同国家聘用当地营销人员，积极搭建文化贸易平台、建立全球传播渠道、建立全球营销网络；了解不同国家文化及客户需求，能综合运用饥饿营销、体验营销、病毒营销、事件营销等多元文化营销手段；文化产品和服务走在同类产品和服务的前列，能引导消费者，创造新的文化需求，发掘更大的国际市场空间。

4.1.2.3.5 全球资源整合力

全球资源整合力的含义是指一种将企业内部与外部的人力、财力、客户、文化、品牌、媒体等各种资源组织起来，综合考虑，统筹安排，提高资源利用效率的能力。

全球资源整合力的行为要点主要有：①洞察资源。对内部与外部资源保持敏感，洞察各种类型资源的价值与前景。②资源重组。经过全盘思考与协调组织，将分散的资源合理分配、统一使用，实现资源的价值最大化。③资源外借。有效利用外部资源，通过借才、借市、借机、借势等手段，弥补企业自身资源不足的问题，缩小全球化战略目标与现有资源条件的差距。

全球资源整合力的行为等级分类如下：

1 级：资源整合意识较差，洞察资源的灵敏度不够，不能从宏观上考虑企业各种资源的配置，配置的合理性较差；开放度不够，不倾向于外部借力，不懂得利用外部资源弥补自身缺乏的资源。

2 级：比较重视内外资源的开发与配置，能对各项资源进行比较合理地配置与整合，会利用外部资源解决企业内部资源不足的问题；在决策时能考虑资本回报率，反思资源利用效率方面存在的问题。

3 级：高度重视人力资源、客户资源的合理开发与配置；能将集中的和零散的企业内部、外部资源进行全盘考虑，统一使用；善于借用外部资源来解决企业内部资源的不足；寻找外部资源时，注意比较和筛选，实现企业利益最大化。

4 级：认为任何企业的资源都是有限的，非常重视利用外部资源，既具备系统性、整体性的资源整合力，又具备局部性、细节性的资源整合能力；在全球范围内协调和汇集人才、技术、创意、资本、渠道等各种资源为我所用，对于有重大战略意义的外部资源会采用收购、兼并、互换等形式来整合，很多资源主动上门寻求合作，希望被整合利用。

4.1.2.3.6　跨文化交际公关力

跨文化交际公关力是一种与来自不同文化背景的人和组织进行交际，从而顺利实现企业战略目标的能力。

跨文化交际公关力的行为要点主要有：①掌握外语能力。包括言语行为能力与非言语行为能力，能熟练地使用目的国语言，利用目的国文化的肢体动作、眼神、表情等方式表达自己的意见、看法。②跨文化交际能力。与自己不同文化背景的人们进行互信理解、交换看法、彼此沟通的能力。③跨文化公关能力。与不同文化背景的人们建立和保持互信、友好、协作的关系，在目的国建立社交关系网络的能力。

跨文化交际公关力的行为等级分类如下：

1 级：目的国语言水平差，阐述不清自己的观点，理解不透对方的观点；对目的国人们简单的表达和浅显的情感有所理解，但不能理解更难的表达和更深的情感；社交能力不强，不善于洞察别人的心理，与目的国的合作伙伴、客户、政府官员仅能保持正常的工作关系，没有私人关系，较难深入拓展关系。

2 级：有较好的目的国语言能力，能够说明自己的观点，基本能理解目的国人们的表达，并能够部分使用目的国文化特色的表情与肢体语言传递信息；能和目的国的同事、政府官员以及主要客户保持稳定而持续的联系，能为企业的全球扩展建立一定的海外关系网络。

3 级：目的国语言水平优良，表达流畅，应答迅速，沟通顺畅，能够使用目的国文化特色的表情和肢体语言来传情达意；能够根据环境、对象的不同，采取不同的表达策略，富有同理心，对于目的国人们未完全表达的思想和情感也有所体会；与目的国的政府官员以及主要客户等维持稳定而持续的合作关系，为企业进行全球扩张提供更多的可能以及更广阔的空间；具有较为广泛的全球社交关系网络。

4 级：卓越的目的国语言能力，言谈有感染力和亲和力，风趣幽默；语言表达方式多种多样；具有很强的同理心，能通过目的国人们的表情、肢体语言来理解其深层意义，能捕捉到目的国人们尚未表达出来的想法和感情；与目的国的客户、合作伙伴、同事、政府官员等能够建立私人友谊，赢得对方的信赖，对方愿意为企业的全球化战略提供大力支持；具备卓越的公关能力和危机处理能力，在目的国文化行业有着良好的个人形象和知名度。

4.1.2.4　意识所辖二级指标的含义、要点与等级

4.1.2.4.1　全球化意识

全球化意识的含义是具有广阔的国际视野和放眼全球的胸怀，时刻关注世界发展新动向，将企业的目标定位在全球市场，积极融入国际交流、合作与竞争。

全球化意识的行为要点主要有：①了解世界发展现状与趋势。了解国际政治、经济、文化环境，顺应世界发展潮流，追踪国际文化创意前沿动态，不断学习、吸收、消化国际同行的先进做法。②运营管理国际化。运营和管理与国际标准接轨，做到品牌全球化、市场全球化、设计全球化、人力资源配置全球化、营销渠道全球化等。③积极参与国际化分工合作。积极拓展国际业务，开展海外投资融资，实现资源配置全球化，参与文化产业全球分工合作。

全球化意识的行为等级分类如下：

1级：意识狭隘，习惯站在本地区、本国视角看待世界政治、经济、文化等变化，产品属于本土化品牌，以在本国销售为主，开发国外市场的愿望不强，依靠本土化的销售渠道，设计、生产、营销人员局限于本国人力资源。

2级：具备一定程度的全球化意识，产品不仅在本国销售，而且有针对性的设计符合目的国文化、习俗特定的文化产品，出口适销对路的产品，并且积极寻找目的国合作伙伴作为经销渠道，人力资源的聘用扩展到出口目的国。

3级：全球化意识较强，不断追踪欧美以及日本、韩国等文化创意较发达的国家的文化产业发展走向，并做到积极学习、消化、吸收、创新；选择若干国外重点市场，聘用当地设计和营销人才，在当地建立设计、生产、销售组织；主张企业的运营管理应与国际标准对接，以便在更高层次上参与国际文化合作和竞争。

4级：具有强烈的全球化意识，习惯从世界经济的变化趋势中考察中国经济面临的机遇和挑战，洞察全球化背景下我国文化企业战略环境的变化；有意识地通过融资上市、兼并控股、建立海外子公司、结成战略联盟等多种方式，进行全球化布局，增强企业国际竞争力；在国际文化创意产业内具有很强的深层交流、对话和抗衡的能力，能够走在世界文化创意潮流的前列。

4.1.2.4.2　本土化意识

本土化意识的含义是懂得入乡随俗，为了适应目的国独特的文化、社会习俗和市场需求，在文化生产、营销、管理等环节中融入目的国文化元素。

本土化意识的行为要点主要有：①人才本土化。深知本地化人才有丰富的本地化知识，能够借助他们的力量给文化产品和服务带来当地附加值。②营销本土化。深知营销活动必须因地制宜，能够根据当地市场的特点和需求，进行设计包装、广告促销、渠道管理。③创意本土化。深知创意全球化并不意味着文化产品和服务没有国别差异，能够采取措施迎合目的国市场，有效降低文化折扣。

本土化意识的行为等级分类如下：

1级：认为雇用中国员工沟通方便、管理顺畅，即使在目的国有办事处，也仍大量雇用本国员工，团队成员文化背景单一化；未能细分国际市场，产品和服务未能加入有效吸引目的国受众的元素，无论是面向国内市场还是海外文化市场，都采用大体一致的营销方式，只能满足少数外国客户的需求，无法快速地推动企业走向世界。

2级：认为"到什么山上唱什么歌"，能细分国际市场，了解目的国与本国在文化习俗、价值标准、思维方式、文化心理和文化需求等方面的差异；有意识地推动产品与目的国文化的结合，有意识地在目的国建立生产和销售组织，文化产品和服务在目的国市场获得初步认可。

3级：深知企业要进入目的国市场，必须采取本土化行动；在企业产品、经营模式、市场策略、产品研发等过程中，注意结合目的国文化市场需求进行改造、创新，在当地建立销售组织和办事处，积极融资、融智、聚人才、创品牌，文化产品和服务在目的国市场有良好的口碑。

4级：在全球范围内设立子公司，子公司不把自己当成外来的中国企业，而是目标市场中固有的一员；努力融入当地文化，品牌的含义符合当地文化习俗；海外公司的生产组织、销售组织以本土化人才为主，本土化设计、本土化生产、本土化销售，海外子公司给客户一种当地的本土化公司印象。

4.1.2.4.3　竞争意识

竞争意识是指在全球文化产业竞争中，渴望压倒或胜过其他企业的一种心理状态。竞争的核心在于技术竞争、创意产品竞争、文化服务竞争、管理竞争等。

竞争意识的行为要点主要有：①技术竞争。抢先进行技术开发、抢先获得新技术、抢先利用新技术。②产品与服务竞争。关注客户体验，不断创新服务，提供差异化服务、特色服务、定制化服务等，不断提高客户满意度。③市场竞争。抢占海外市场份额，对同类文化企业（竞争对手）的行为做出及时反应。

竞争意识的行为等级分类如下：

1级：竞争意识不强，产品设计和服务仅满足于有限的国内市场，对新技术持保守态度；设计、技术、创意、服务等水平与国外企业差距较大；向国际市场扩张欲望弱，不能真正了解目的国客户需求。

2级：认识到国际文化产业竞争的必然性，主动打入国际市场，有一定海外市场扩张欲望；注意研究目的国客户的文化需求，在产品、技术、服务等方面做出改进。

3级：不满足于国内市场的领先地位，向海外市场扩张的意识强烈，目标设定较高；深入分析国外竞争对手的做法，研究目的国市场需求，努力使产品的设计、制造、销售、消费的全过程都能满足目的国客户的期望，在国际市场占有一席之地。

4级：认为文化产业已进入全球竞争阶段，善于在国际竞争中掌握主动权、抢占制高点，抓住机遇，大胆收购、兼并有战略意义的外国企业；加快研发新技术，掌握技术先机，拥有自主知识产权；提供能超过目的国客户期望的超值服务，具备满足客户未来需求的意识。

4.1.2.4.4 合作意识

合作意识的含义是具有合作共赢的理念，倾向于通过企业联合方式共同开发产品或市场，共享利益，共担风险，以获取"1＋1＞2"的效果。

合作意识的行为要点主要有：①合作共赢。认为完全靠自力更生无法在竞争中生存，必须借力发展、结成联盟，共享利益，共担风险。②同业合作。与相同业态的文化企业进行合作，组成联盟，在国际文化产业竞争中占据有利位置。③异业合作。与非文化行业的企业组成商业联盟，彼此相对独立，又存在一定的利益。

合作意识的行为等级分类如下：

1级：资源整合观念弱，难以做到同业联盟，视同行为竞争对手；难以做到异业联盟，看不上规模小的异业组织，又得不到规模大的异业组织的认可；自我封闭，利用自己有限的条件，自我缓慢发展。

2级：强调自我独立发展，同时也意识到借助外力、合作共赢的重要性；在保守核心技术机密的条件下，在国内外寻求企业战略合作伙伴。

3级：认为单个文化企业实力有限，仅靠自身的资源与力量很难在国际文化市场立足，和其他企业战略合作可以缩短企业创新的周期，降低创新成本；能与合作企业共享知识、资源和渠道等，共同分担进入新领域带来的风险；能让渡部分利益，与合作伙伴积极探讨资源整合，发挥各自长处，共赢发展。

4级：认为合作能增加创新能力和竞争力，视同业合作和异业合作为企业核心的创新战略；在全球范围内，不断寻找合作伙伴，巩固战略联盟关系，积极全面参与行业整合，通过同业合作和异业联盟，扩大规模，细化分工，共同塑造品牌价值，全方位谋取企业的跨越式发展。

4.1.2.4.5 未来意识

未来意识的含义是一种不拘泥于过往、以未来为导向的前瞻性思维方式，这种思维方式的特点是虽身处现在，但放眼未来，能从未来反观现在，并以未来的图景为目标指引，不断前进。

未来意识的行为要点主要有：①认清局势。对实现组织战略过程中关键因素以及组织中存在的各种关系进行深刻分析。②长远导向。明确长期问题、未来的难题和潜在的机遇，制定远景目标和长远的行动路线；开发对公司未来发展有深远影响的项目。③引领潮流。出于对文化创意的热爱与追求，主动创造流行趋势，不一味迎合受众口味，迁就市场。

未来意识的行为等级分类如下：

1 级：能够理解公司制定的远景目标和长远策略，但工作缺少远见，不能把当前的行动或日常工作和企业长期目标联系起来；考虑问题更多地站在当下，着眼于日常工作和短期目标。

2 级：能理解企业的战略目标，对未来一到两年可能出现的问题或机会有所预测；时常对照公司战略检查自身行为，时常依据长期目标对短期目标进行调整。

3 级：能够看清未来三到五年国际文化产业的变化趋势，并考虑未来发展趋势对现有的文化生产和服务有何影响，并切实地改造部门、流程或制度，及时退出落后的技术或业务，以更好地实现长期目标。

4 级：能够看清未来十年国际文化产业发展变化的趋势，明确局部与整体的关系、长期利益与短期利益的关系，对企业未来有清晰的规划，并能结合发展蓝图进行企业变革；关注年轻人的文化消费方式，体验年轻人文化，了解年轻人爱好，从年轻人的生活方式、思维方式的变化中发现未来文化产业发展趋势，乃至颠覆性的变化。

4.1.2.5　个性所辖二级指标的含义、要点与等级

4.1.2.5.1　好奇

好奇的含义是指人们遇到新鲜事物或身处新环境下所产生的注意、提问和体验、操作的性格特征，是人们追求知识的动力。

好奇的行为要点主要有：①尝试新鲜事物。喜欢尝试新鲜事物又称为新颖偏好。面对陌生的、新生的事物或者经历未曾经历的事情，会感觉新奇。生性好奇的人面对未知世界时抱有欣喜，而不是惧怕。②充满求知欲。不断寻求新知，善于发问，乐于学习，愿意探索和体验未知领域，并尝试进行操控性行为以获得新知。③接受多样性。不怕变化，愿意挑战固有的思维方式和趣味；具有开放性，愿意到新的国度去体验，能适应海外出差的生活。

好奇的行为等级分类如下：

1 级：对新事物的好奇心较弱；不愿主动寻找更多的新信息，知识结构仍较单一；习惯现有的制度和方式，依赖经验，不主动寻求变化，甚至排斥新事物。

2级：对新事物有一定的好奇心，有了解新知识的意愿，有尝试新技能的倾向；不惧怕变化，能适应海外出差的生活。

3级：有强烈的好奇心，求知欲旺盛，积极利用多种途径获取新信息，敢于向未知领域挑战；不断结合自身工作更新知识；面对与自己以往经验不同甚至完全颠覆性的事物，能开放性地体验感受，并从中得到乐趣。

4级：对新事物和新趋势特别敏感，乐于体验新事物，拥抱新趋势，推动新趋势的发展；有特别强烈的求知欲，热衷获取新信息，不断学习并学以致用；不但自身有好奇心，还在企业内部倡导勤学求知。

4.1.2.5.2 冒险

冒险的含义是不满足于现状，不怕困难和挫折，能大胆行动，尝试研发新产品和新项目，毫不畏惧地为企业设定挑战性目标，勇于承担责任和后果。

冒险的行为要点主要有：①勇于尝试。具备向新事物挑战的胆量，愿意在实践过程中发现问题，倾向于采用尝试的办法去解决问题，有实验精神。②大胆行动。决策之后敢于积极行动，制定新政策、使用新办法、研究新技术。③不怕风险。面对困难和危机不躲闪，勇于承担责任和行动后果，敢于承担风险。

好奇的行为等级分类如下：

1级：性格保守，倾向于维持现状，在经营管理过程中尽可能避开冒险；对工作中的未知因素有畏难情绪。

2级：可以接受一定程度的冒险，在风险可控的范围内，偶尔用尝试的方法解决问题，总体属于稳健型；面对无法回避的风险，能够大胆行动，迅速采取行动以解决问题。

3级：具备较强的冒险精神，将冒险视为学习的机会，认为即使冒险失败也能从中学到知识；能邀请合作伙伴一起参与冒险；毫不畏惧地为企业设定富有挑战性的目标，敢于承担风险去研究新的创意产品、提供新的服务项目和尝试新的营销方式；决策前做审慎的调查，决定之后执行力强，不怕挫折和失败。

4级：具有强烈的企业家冒险精神，愿意不断进行尝试与努力，鼓励员工做有益的冒险尝试，领导团队开创"从零到一"的事业；认为困难和危机同样也是成长机会，经历过大风大雨，遇到任何挫折都毫不畏惧；面对高风险，毫无惧色，能从文化产业的高风险中看到高利润；决策时更多关注趋势与机遇，激进大胆，坚持走自己的路，并能承担责任。

4.1.2.5.3　灵活

灵活的含义是面对不同环境、不同制度和不同个性的人群等，能保持开放心态，积极适应，善用策略，以达到目标的个性特征。

灵活的行为要点主要有：①保持开放心态。能理解他人想法，愿意了解和倾听新观点或者异己观点。②善用策略。在必要时善于使用回避、妥协、退让等策略，化解冲突，度过危机。③随机应变。为人有弹性，能够根据国家、文化、对象等的不同，灵活地调整策略，在需要的时候，乃至放弃原有目标。

灵活的行为等级分类如下：

1 级：灵活度不高，适应新环境和新变化需要一定的时间，难以用平和的心态接受环境的变化。对工作中的突发事件或意外事件有一定的应急处理能力。

2 级：有一定的灵活度，待人处事灵活，必要时懂得妥协与让步，不钻牛角尖；对工作中的突发事件，能做到不被惯例约束，能适度权变，对常规工作程序做临时性调整，以达到目标。

3 级：为人能屈能伸，能上能下，做事拿得起，也放得下；容易适应不同的文化环境，危机管理能力较强，能较好地解决突发危机；既坚持基本原则，又能灵活地执行规则、调整常规工作程序，适应外部市场环境。

4 级：待人处事融通周到，无论在思维方式还是行为举止方面，都能识变化、从时宜，顺应时代发展，又不丧失自身文化特色；环境适应能力极强，因时因地因势制宜，积极调整战略战术，必要时放弃既有战略计划，以达到企业经营管理行为与外部环境相适应的目标。

4.1.2.5.4　敏感

敏感的含义是对人、对事物感觉灵敏、观察细致、反应迅速的个性特征。敏感部分出于先天因素，部分是经验所致。

敏感的行为要点主要有：①商业敏感。敏锐地捕捉市场变化的趋势，把握各种潜在商机，把商机变成盈利结果的一种直觉、判断力。②跨文化敏感。在跨文化交往中，能敏锐地察觉对方的文化偏好和文化心理，用灵活的方式对待文化差异。③技术敏感。持续关注新技术的更迭，结合外部环境判断是否采用新技术以及何时采用新技术。

敏感的行为等级分类如下：

1 级：当市场趋势变化较为明显时才有所察觉，在跨国交往的过程中，能发现较为明显的文化差异，对技术的发展不敏感，需要较长时间去察觉新技术的变化。

2级：有意识关注同行业实践，收集竞争对手的情况和市场动态信息；理解市场变化发展的方向；能理解别国文化中与本国文化有明显差异的部分；有一定的技术敏感度。

3级：有敏感的市场发现意识，能不断地发现新商机，不断调整应对策略，获取贸易利益；与目的国人们交往时，能根据目的国文化习惯，适当调整自己的言语和行为风格；关注同行企业的技术发展动态，能分析技术变化趋势，善于学习、借鉴其他企业的先进技术。

4级：对国际文化市场嗅觉敏锐，擅长根据国际市场信息进行准确的判断与决策，制订行动计划，引领市场发展，保证企业优先享受利益；凭借多年文化行业经验对新技术敏感度提高，并能采取措施，积极把握新技术先机。

4.1.2.5.5 坚韧

坚韧的含义是在遇到困难、挫折和压力时，坚持目标，绝不放弃，直至完成的个性特质。

坚韧的行为要点主要有：①目标坚定。向着目标前进，不放弃、不言败，克服障碍，坚持完成任务。②吃苦耐劳。在困难和挫折之时，忍受压力，顽强坚持。③有毅力。拥有坚强意志力和持久力。

坚韧的行为等级分类如下：

1级：害怕挫折，面对失败，常有消极情绪；不能忍受艰苦的工作条件和较大的压力；缺乏顽强的耐受力。

2级：在遭遇人气和销量下滑、被竞争对手打败等情况时，能有勇气面对，并积极地采取措施，追求理想的目标；有一定的抗压能力，很少产生工作消极情绪。

3级：坚持不懈地执行企业战略决策，向着目标迈进；不顾一切障碍和阻力取得进展；面对压力，既能控制自己的情绪，又能打消团队成员的消极情绪；认为高管的重要素质之一就是能在严峻的环境中苦撑下来，具备渡过难关的持久力和完成目标的恒心。

4级：拥有伟大的理想和目标，决意实现自己的梦想；遇到危机时，坚强乐观，擅长采取各种措施，克服困难，排除阻力，推进问题的解决；表现出常人难有的毅力，即使在最严峻的考验前，也能保持头脑冷静，振作精神，以乐观的精神，带领团队，渡过难关。

4.1.2.6　知识所辖二级指标的含义、要点和等级

4.1.2.6.1　管理知识

管理知识的含义是关于企业内部整个生产经营活动的决策、计划、组织、控制、协调，并对企业成员进行激励，以实现企业目标的一系列知识。

管理知识的要点包括：①战略管理知识。对企业全局的、长远的目标、任务、资源调配等做出决策所需要的知识。②人力资源管理知识。对企业员工进行招聘、甄选、培训、薪酬规划等所需要的知识。③知识管理知识。关于知识的定位、获得、创新、分享、整合、储存、创新等所需要的知识。

管理知识的行为等级分类如下：

1 级：了解公司战略，了解战略管理的基础性知识；了解招聘、甄选、培训、报酬等常规性人力资源管理的内容、流程和方法；不能有意识地进行知识积累。

2 级：熟悉公司战略，了解战略管理的常规性理论；掌握关于 HR 管理的基础性概念与基本方法，掌握招聘、甄选、培训、报酬、激励、劳动关系六大模块的方法；能通过建立知识库，把知识管理起来。

3 级：掌握公司战略，熟悉战略管理的理论知识，并善于将战略转化为执行方案；熟悉人力资源的管理体系以及人力资源与其他系统的关系，并能对其中的一个或多个系统熟练应用；能利用企业知识为决策提供依据，想方设法让员工的聪明才智和经验心得在企业中流通。

4 级：熟练掌握战略管理的全部知识，能制定和推动公司战略的实现，并能及时评价与调整；对 HR 管理体系的内在逻辑关系有清楚的了解和掌握，能指导人力资源部门的工作；能促进企业知识的整合和创新，把知识变成创意。

4.1.2.6.2　经营知识

经营知识的含义是指关于企业进行市场活动，如何从企业外部获取资源、建立影响、获得利益等的相关知识。

经营知识的要点主要有：①客户关系管理知识。在市场营销、产品销售、服务客户的过程中所需要的客户关系管理的知识。②财务知识。可以归纳为四类：第一类是会计学原理、税收原理等；第二类是管理会计和成本会计；第三类是财务管理、会计等；第四类是投融资管理知识等。③金融知识。包括对外金融政策、金融工具、外汇、通货膨胀、金融风险等。

经营知识的行为等级分类情况如下：

1 级：客户意识不强，客户关系管理缺乏；依据直觉和过往形成的经验，以

产品导向进行市场销售与开发客户；对财务知识略知一二，不了解金融知识。

2级：具有较强的客户意识，能从客户需求出发，配置资源，统筹协调人财物、产供销等经营资源；平时阅读经营管理相关书籍，偶尔理论联系实际，来分析经营中出现的问题，对学习管理会计、成本会计等知识有一定的自觉性。

3级：较为全面地掌握经营管理专业知识，掌握会计学原理、懂得财务管理相关知识，善于识别客户需求及趋势，进行市场细分，能制定相应的针对性经营策略，并应用财务管理知识，建立经营目标和资源配置预算，使企业内部资源尽量满足外部需求匹配和支撑；关注客户管理中的价值点，关注以较低成本满足客户需求，并通过预算工具，推动经营目标的实现。

4级：具备优秀的客户关系管理能力，以为客户创造价值为理念；善于从经营价值链角度，识别和规划企业的经营业务，抓住企业最擅长的业务，应用价值工程，提升附加值，把不擅长的业务进行外包；有效降低成本，积极应用管理会计的方法，评价各环节的经营附加值，并以此为依据配置资源、经营客户；熟悉国际投融资、国际金融证券等知识，能灵活地将经营管理的理论与企业实践相结合。

4.1.2.6.3 文化产业知识

文化产业知识的含义是与文化产业发展规律、文化产业经营管理等相关知识。

文化产业知识的要点主要有：①通晓文化产业宏观知识。②精通自身从事的文化产业微观知识。③把握国际文化贸易动态。了解文化产业发展的趋势与前景，关注所处行业的市场情况与竞争态势。

文化产业知识的行为等级分类如下：

1级：掌握文化出口领域的基础专业知识和技能，但专业知识不丰富，领悟不深刻，可进行日常的管理工作，解决常规运营问题；对国际文化贸易发展的动态追踪不够，对外投融资的理念较为缺乏。

2级：能较好地领悟与运用文化出口行业相关的知识、方法等；熟悉行业内的新技术以及新方法，经常性地关注文化贸易领域的业界动态，跟得上专业领域的潮流；能在自身负责的工作领域内，对下属做部分专业性指导。

3级：成为文化行业领域的能手，在国内文化产业领域享有知名度，通晓文化产业各门类知识，精通文化产业内一个或多个行业的相关知识，知晓国际文化贸易、海外经营和对外投融资的相关知识，对行业认识深刻，对产品定位准确；

积极主动追踪业界动态，善于通过各种渠道了解和学习国际前沿动态，经常发表令业界有启发和感触的观点。

4 级：成为文化出口行业领域的权威和专家，能提出创新性的想法、标准和模式；对文化行业的历史和现状有充分的了解；有持续学习文化领域知识以及其他领域知识的开放心态；对国际文化贸易的发展趋势、前景以及未来客户需求具有敏锐的嗅觉和预判；能对下级和子公司提供专业指导。

4.1.2.6.4　跨文化知识

跨文化知识是关于本国文化和其他国家文化的共性、差异、冲突的认识。

跨文化知识的要点主要有：①中国文化知识。中国人的衣、食、住、行等物质文化知识，艺术、科学、宗教、制度、礼仪、风俗等精神文化，观念、意识和哲学等深层文化知识。②目的国文化知识。目的国的衣、食、住、行等物质文化，艺术、科学、宗教、制度、礼仪、风俗等精神文化，观念、意识和哲学等深层文化知识。③文化比较知识。本国文化与目的国文化的差异比较知识，比如经典的十大文化维度理论。

跨文化知识的行为等级分类如下：

1 级：常常对自己国家的文化习焉不察，对目的国文化一知半解。

2 级：了解本国的物质文化、精神文化、深层文化；对目的国文化有较好的了解；具备初步的文化比较知识。

3 级：深刻理解本国的物质文化、精神文化、深层文化；了解目的国的价值观、宗教信仰、思维方式、文化、艺术等信息；具备本国与目的国文化差异的比较知识。

4 级：深刻理解本国的物质文化、精神文化、深层文化；对世界上主要大国和商务交往国的物质文化、精神文化、深层文化有较深的理解；能灵活运用跨文化知识比较与鉴别一国文化是集体主义还是个人主义、高权力距离还是低权力距离、合作还是竞争、短期导向还是长期导向等。

4.1.2.6.5　国际商务知识

国际商务知识的含义是从事国际贸易和国际投融资所需要的相关知识。

国际商务知识的要点主要有：①全球商务信息。了解全球经济总体情况和发展趋势，了解主要贸易目的国的文化环境、政治环境和经济环境。②国际文化贸易知识。掌握国际文化贸易流程，了解贸易目的国文化贸易规则和惯例、中国对外文化贸易的法律和法规。③国际投融资知识。了解国际投资与融资的理论与实务；了解国际收支、国际汇兑、国际信用、国际货币等相关知识。

国际商务知识的行为等级分类如下：

1级：不甚了解目的国的政治、经济、文化环境等相关贸易信息，不甚了解国际文化贸易的基本流程。

2级：初步了解目的国的政治、经济、文化环境；初步了解目的国国家与地区的对外文化贸易状况，了解对外文化贸易的基本流程，对于文化贸易相关法律法规有部分了解；对国际投融资知识有初步了解。

3级：掌握国际文化贸易和对外文化投融资的相关知识和技能；熟悉目的国对外文化贸易状况；了解国际文化贸易惯例，以及中国对外贸易的政策法规，能根据国际金融法的要求改造企业，在海外上市、投资、融资。

4级：洞察全球经济总体发展趋势，追踪国际文化贸易动态；熟练掌握国际文化贸易和对外文化投融资的相关知识和技能；熟悉国际文化贸易惯例，以及中国对外文化贸易的政策法规；具备国际金融领域先进理念、专业知识和业务技能，能在海外上市融资，兼并收购海外公司，进行企业的全球化布局。

4.1.2.6.6 法律知识

法律知识的含义是关于企业在运营过程中所涉及的各种国内外法律、法规、条例，尤其是文化领域的国内外法律法规。

法律知识的要点主要有：①国内法律。如公司法、合同法、税法、会计法、劳动法、金融法、贸易法、外汇法、海关法等。②目的国法律。如目的国的公司法、合同法、税法、会计法、仲裁条例、劳动法、金融法、贸易法、外汇法、海关法等。③文化行业法律法规。如新闻出版、版权、文化、文物、广播电影电视、互联网等文化领域的国内外法律、法规、规章。

法律知识的行为等级分类如下：

1级：缺乏文化出口领域的基础法律知识，在律师的协助下才能够让企业的经营活动在合法的范围内展开。

2级：掌握文化出口领域的法律法规，能让企业的经营活动符合法律法规。

3级：熟悉与文化出口企业相关的全部法律知识，在对外贸易和国际化经营中具有合同意识和证据意识，可以预先为企业规避法律风险。

4级：精通与文化出口企业相关的全部法律知识，并能灵活运用于海外营销和国际化运营；保证企业进行的税务筹划、国内外投融资等活动不触及法律的底线；在遵守法律的前提下，能对成本进行有效控制，提高资金流转效率。

4.2　胜任力指标的权重确定

对文化出口企业高管胜任力指标进行权重赋值，目的在于使比较抽象、难以定量描述的胜任力指标变得具体、可测量、可评价，为构建实用型的文化出口企业高管胜任力模型奠定基础。

4.2.1　指标权重赋值的方法

为了避免专家小组的主观臆断，保证胜任力指标权重的科学性，笔者利用层次分析法（AHP）给胜任力指标权重赋值。该权重决策分析方法是一种将定性和定量相结合的、系统化分析工具，是进行综合评价时常用的一种方法。该方法最大的特点是模拟人的思维过程，其具体过程为：第一步，在明确问题的基础上，建立递阶的层次结构模型；第二步，建立可以进行两两比较的判断矩阵；第三步，层次单排序，计算各层元素的权重，并进行判断矩阵的一致性检验；第四步，层次综合排序，计算各层元素的组合权重。

进行层次分析法时需要根据因素对最终结果的影响建立矩阵，两两对比法可以很好提高对比的准确性。两两对比法的思路为：建立成对比较矩阵，确定对比因素在最终结果中所占的比重是建立矩阵的前提。本书用 a_{ij} 表示因素 y_i 与因素 y_j 对最终结果或是目标 C 的影响之比，其余的依次类推，最终用判断矩阵 A = $(a_{ij})_{nn}$ 表示所有因素两两对比的结果，A 称为判断矩阵。

层次分析法采用 1~9 的标度方法对不同情况的评比给出数量标度，以此为基础通过和积法对判断矩阵进行相关的数据计算，求出 λ_{max}。

层次分析法用构建 C. I. 指标以判断矩阵是否符合一致性，C. I. = $(\lambda_{max} - n) / (n-1)$。随着 C. I. 值的增大，矩阵对完全一致性的偏离程度也随之增大；C. I. 的值越小，表明判断矩阵越接近于完全一致性。C. I. 值的大小也与判断矩阵 A 的阶数 n 相关，n 越大，人为判断的误差就越大；n 越小，人为判断的误差越小。

若判断矩阵为多阶判断矩阵，就需要引入另一个指标——R. I. 指标，也称平均随机一致性指标。如表 4.2 所列是 1~15 阶正互反矩阵经过 1000 次计算求得的 R. I. 指标。

表 4.2 1～15 阶正互反矩阵计算 1000 次平均随机一致性指标

N	1	2	3	4	5	6	7	8
R1	0	0	0.58	0.9	1.12	1.24	1.32	1.41
M	9	10	11	12	13	14	15	
R1	1.46	1.49	1.52	1.54	1.56	1.58	1.59	

当 n < 3 时，判断矩阵永远具有完全一致性。为判断矩阵是否具有随机一致性，构建随机一致性比率 C. R. ，C. R. = C. I. / R. I. ，0.1 是判断矩阵是否有一致性的临界值，当 C. R. < 0.1，说明判断矩阵具有一致性；若 C. R. ≥ 0.1，则需要对矩阵进行不断的修正和调整，直至其满足一致性条件。

通常为保证判断矩阵的一致性，随机一致性指标 R. I. 和矩阵一致性指标 C. I. 越小越好。

4.2.2 构建评价指标模型和判断矩阵

4.2.2.1 建立层次结构模型

利用层次分析法给文化出口企业高管胜任力指标权重赋值，需要先建立胜任力评价指标体系。本书构建了我国文化出口企业高管胜任力评价指标模型，用 C 表示；一级评价指标包括六项指标，即个性、价值观、意识、素质、知识与技能，分别用 C_i 表示（i = 1，2，3，4，5，6）；二级评价指标包含 32 项指标，分别用 C_{ij} 表示（j = 1，2，3，4，5，6）。具体评价指标模型如表 4.3 所示。

表 4.3 胜任力评价指标模型与代码

目标	一级指标	代码	二级指标	代码
胜任力 C	个性	C_1	冒险	C_{11}
			好奇	C_{12}
			灵活	C_{13}
			敏感	C_{14}
			坚韧	C_{15}

续表

目标	一级指标	代码	二级指标	代码
胜任力 C	价值观	C_2	文化使命	C_{21}
			文化包容	C_{22}
			文化自信	C_{23}
			以人为本	C_{24}
			追求卓越	C_{25}
	意识	C_3	全球化意识	C_{31}
			本土化意识	C_{32}
			竞争意识	C_{33}
			合作意识	C_{34}
			未来意识	C_{35}
	素质	C_4	文化素质	C_{41}
			艺术素质	C_{42}
			政治素质	C_{43}
			学习素质	C_{44}
			创新素质	C_{45}
	知识	C_5	管理知识	C_{51}
			经营知识	C_{52}
			文化产业知识	C_{53}
			跨文化知识	C_{54}
			国际商务知识	C_{55}
			法律知识	C_{56}
	技能	C_6	全球战略决策力	C_{61}
			跨文化创意团队管理力	C_{62}
			创意生产把控力	C_{63}
			跨文化营销力	C_{64}
			全球资源整合力	C_{65}
			跨文化交际公关力	C_{66}

资料来源：笔者制作。

4.2.2.2　构造比较判断矩阵

依托上一步构建的胜任力评价指标层次模型,本书设计了胜任力评价指标两两比较打分表,打分表中包含1个一级指标的判断矩表和6个二级指标判断矩阵表,详见本书附录三。在正文中笔者仅以一级指标为例,说明判断矩阵的构造(见表4.4)。专家打分时只需要填写对角线的上半部分即可,阴影部分不需要填写。纵向因素为A,横向因素为B。

表4.4　一级指标下的判断矩阵

因素A ＼ 因素B	个性	价值观	意识	素质	知识	技能
个性	1					
价值观		1				
意识			1			
素质				1		
知识					1	
技能						1

资料来源:笔者制作。

本书邀请了八位专家填写胜任力指标的判断矩阵。八位专家按职业可以分为三类:第一类是国内"211""985"高校的教授,研究方向为人力资源管理或文化产业管理,共3名;第二类是知名管理咨询公司的总经理,都具有博士学位,共2名;第三类是国家级文化出口重点企业的高管,都具有研究生学位,共3名。笔者分别一对一地征求八位专家的意见,请他们为指标权重打分,专家评分采用萨迪的1~9标度法打分,相对重要度共分为9个等级(见表4.5)。

专家彼此之间没有互相联系和互相讨论。每层指标获得八位专家的两两比较矩阵,具体比较结果详见本书附录四。收集到八位专家的胜任力权重打分表后,笔者对获得的一手数据资料进行整理,利用层次分析法的计算原理,求解出不同层次内各个指标的具体权重,用于构建量化的我国文化出口企业高管胜任力评价指标体系。

表 4.5　胜任力指标权重赋值

因素 A 比因素 B 比较	重要程度	得分
	极端重要	9 ~ 8
	强烈重要	7 ~ 6
	明显重要	5 ~ 4
	稍为重要	3 ~ 2
	同等重要	1
	稍弱	1/2 ~ 1/3
	明显弱	1/4 ~ 1/5
	强烈弱	1/6 ~ 1/7
	极端弱	1/8 ~ 1/9

4.2.3　评价指标量化

鉴于给胜任力指标权重打分者都是业内专家，他们的专业素养与理论水平差异性较小，故每位专家做出的打分基本具有一致性，因此在建立每级指标时，本研究采用算术平均方式获得两两比较的判断矩阵，以下计算过程借助 Matlab 软件来实现。

4.2.3.1　一级指标权重测算

根据八位专家打分获得两两比较矩阵，经算术平均获得一级指标判断矩阵 $A = \left(a_{ij} \right)_{nn}$。

$$A = \begin{bmatrix} 1 & 1.624 & 0.960 & 0.910 & 1.724 & 1.166 \\ 2.552 & 1 & 2.969 & 2.281 & 2.713 & 1.879 \\ 2.900 & 1.051 & 1 & 1.754 & 1.104 & 1.375 \\ 2.125 & 1.245 & 1.567 & 1 & 2.167 & 2.004 \\ 2.317 & 1.224 & 1.250 & 0.802 & 1 & 0.688 \\ 2.469 & 1.546 & 1.042 & 1.535 & 1.875 & 1 \end{bmatrix}$$

对获得判断矩阵 A，进行规范化处理，即 $\overline{a_{ij}} = \dfrac{a_{ij}}{\sum\limits_{k=1}^{6} a_{kj}}$，获得 $\overline{A}$。

$$\overline{A} = \begin{bmatrix} 0.075 & 0.211 & 0.109 & 0.110 & 0.163 & 0.144 \\ 0.191 & 0.130 & 0.338 & 0.275 & 0.256 & 0.232 \\ 0.217 & 0.137 & 0.114 & 0.212 & 0.104 & 0.170 \\ 0.159 & 0.162 & 0.178 & 0.121 & 0.205 & 0.247 \\ 0.173 & 0.159 & 0.142 & 0.097 & 0.094 & 0.085 \\ 0.185 & 0.201 & 0.119 & 0.185 & 0.177 & 0.123 \end{bmatrix}$$

计算 $\overline{w_i} = \sum\limits_{j=1}^{n} \overline{a_{ij}}$, $i = 1, 2, 3, 4, 5, 6$ ，得到

$\overline{w_i} = (0.812 \quad 1.422 \quad 0.953 \quad 1.072 \quad 0.751 \quad 0.990)$

将 $\overline{w_i}$ 规范化，即 $w_i = \dfrac{\overline{w_i}}{\sum\limits_{i=1}^{6} \overline{w_i}}$ $i = 1, 2, 3, 4, 5, 6$

获得权重 w_i ，具体如下：

$w_i = (0.135 \quad 0.237 \quad 0.159 \quad 0.179 \quad 0.125 \quad 0.165)$

计算 $\lambda_{max} = \sum\limits_{i=1}^{n} \dfrac{\sum\limits_{j=1}^{n} a_{ij} \overline{w_j}}{\overline{w_i}}$ ，通过技术获得 $\lambda_{max} = 6.026$ 。

先进行矩阵一致性检验。C.I. 是进行矩阵一致性判断的指标，C.I. ＝ （λ_{max} － n） ／ （n － 1）。将 λ_{max} 代入公式得到 C.I. ＝ （6.026 － 6） ／5 ＝0.005 ＜0.1，结果说明该判断矩阵通过了矩阵一致性检验。

然后进行随机一致性检验，C.R. 是随机一致性判断指标，C.R. ＝ C.I. ／ R.I. 经查六阶平均随机一致性指标 R.I. ＝1.24，将 C.I 和 R.I. 进行比较获得 C.R. ＝0.004 ＜0.1，结果说明该判断矩阵通过了随机一致性的检验。

综合上述计算结果可知，该判断矩阵的一致性是可以接受的，我国文化出口企业高管胜任力一级指标中个性、价值观、意识、素质、知识、技能的权重为 w_i ＝ (0.135 \quad 0.237 \quad 0.159 \quad 0.179 \quad 0.125 \quad 0.165)。

4.2.3.2 二级指标权重测算

我国文化出口企业高管胜任力的包括32项二级指标，笔者同样按照一级指标的数据处理方法获得二级指标的权重。

4.2.3.2.1 个性

根据八位专家打分获得两两比较矩阵，经算术平均获得一级指标个性所包含

二级指标的判断矩阵 $A_1 = (a_{ij})_{nn}$。

$$A_1 = \begin{bmatrix} 1 & 1.750 & 0.979 & 2.125 & 2.250 \\ 0.938 & 1 & 1.625 & 2.438 & 3.375 \\ 1.354 & 0.958 & 1 & 1.917 & 2.000 \\ 0.521 & 0.650 & 0.833 & 1 & 1.531 \\ 0.838 & 0.366 & 0.625 & 1.333 & 1 \end{bmatrix}$$

对获得判断矩阵 A_1，进行规范化处理，即 $\overline{a_{ij}} = \dfrac{a_{ij}}{\sum\limits_{k=1}^{5} a_{kj}}$，获得 $\overline{A_1}$。

$$\overline{A_1} = \begin{bmatrix} 0.215 & 0.370 & 0.193 & 0.241 & 0.222 \\ 0.202 & 0.212 & 0.321 & 0.277 & 0.332 \\ 0.291 & 0.203 & 0.198 & 0.217 & 0.197 \\ 0.112 & 0.138 & 0.165 & 0.113 & 0.151 \\ 0.180 & 0.077 & 0.123 & 0.151 & 0.098 \end{bmatrix}$$

计算 $\overline{w_i} = \sum\limits_{j=1}^{n} \overline{a_{ij}}$，$i = 1, 2, 3, 4, 5$，得到

$\overline{w_i} = (1.242 \quad 1.343 \quad 1.106 \quad 0.678 \quad 0.631)$

将 $\overline{w_i}$ 规范化，即 $w_i = \dfrac{\overline{w_i}}{\sum\limits_{i=1}^{6} \overline{w_i}}$，$i = 1, 2, 3, 4, 5$

获得权重 w_i，具体如下：

$w_i = (0.248 \quad 0.269 \quad 0.221 \quad 0.136 \quad 0.126)$

计算 $\lambda_{max} = \sum\limits_{i=1}^{n} \dfrac{\sum\limits_{j=1}^{n} a_{ij} \overline{w_j}}{\overline{w_i}}$，通过技术获得 $\lambda_{max} = 5.0035$。

将 λ_{max} 代入公式计算得 C.I. $= (5.0035 - 5)/4 = 0.001 < 0.1$，说明此判断矩阵接近于完全一致性，通过了矩阵一致性的检验。

经查五阶平均随机一致性指标 R.I. $= 1.12$，将 C.I 和 R.I. 进行比较获得 C.R. $= 0.001 < 0.1$，说明此判断矩阵通过了随机一致性的检验。

综合上述计算结果可知，该判断矩阵具有可以接受的一致性，我国文化出口企业高管胜任力二级指标个性中冒险、好奇、灵活、敏感、坚韧的权重为 $w_i = (0.248 \quad 0.269 \quad 0.221 \quad 0.136 \quad 0.126)$。

4.2.3.2.2 价值观

根据八位专家打分获得两两比较矩阵，经算术平均获得一级指标价值观所包含二级指标价值观的判断矩阵 $A_2 = (a_{ij})_{nn}$。

$$A_2 = \begin{bmatrix} 1 & 2.802 & 1.135 & 2.406 & 1.244 \\ 1.623 & 1 & 1.046 & 0.771 & 1.348 \\ 1.604 & 1.979 & 1 & 2.042 & 1.369 \\ 1.321 & 1.813 & 1.108 & 1 & 1.202 \\ 1.792 & 2.135 & 1.771 & 2.281 & 1 \end{bmatrix}$$

对获得判断矩阵 A_2，进行规范化处理，即 $\overline{a_{ij}} = \dfrac{a_{ij}}{\sum\limits_{k=1}^{5} a_{kj}}$，获得 $\overline{A_2}$。

$$\overline{A_2} = \begin{bmatrix} 0.136 & 0.288 & 0.187 & 0.283 & 0.202 \\ 0.221 & 0.103 & 0.173 & 0.091 & 0.219 \\ 0.219 & 0.203 & 0.165 & 0.240 & 0.222 \\ 0.180 & 0.186 & 0.183 & 0.118 & 0.195 \\ 0.244 & 0.219 & 0.292 & 0.268 & 0.162 \end{bmatrix}$$

计算 $\overline{w_i} = \sum\limits_{j=1}^{n} \overline{a_{ij}}$，$i = 1, 2, 3, 4, 5$，得到

$$\overline{w_i} = (1.097 \quad 0.806 \quad 1.049 \quad 0.862 \quad 1.186)$$

将 $\overline{w_i}$ 规范化，即 $w_i = \dfrac{\overline{w_i}}{\sum\limits_{i=1}^{5} \overline{w_i}}$ $i = 1, 2, 3, 4, 5$

获得权重 w_i，具体如下：

$$w_i = (0.219 \quad 0.161 \quad 0.210 \quad 0.172 \quad 0.237)$$

计算 $\lambda_{max} = \sum\limits_{i=1}^{n} \dfrac{\sum\limits_{j=1}^{n} a_{ij} \overline{w_j}}{\overline{w_i}}$，通过技术获得 $\lambda_{max} = 5.016$。

将 λ_{max} 代入公式计算得 C.I. = $(5.016 - 5)/4 = 0.004 < 0.1$，说明此判断矩阵接近于完全一致性，通过了矩阵一致性检验。

经查五阶平均随机一致性指标 R.I. = 1.12，将 C.I 和 R.I. 进行比较获得 C.R. = $0.004 < 0.1$，说明此该判断矩阵通过了随机一致性检验。

综上所述，判断矩阵具有可以接受的一致性，我国文化出口企业高管胜任力

二级指标价值观中的文化使命、文化包容、文化自信、以人为本、追求卓越的权重为 w_i =（0.219　0.161　0.210　0.172　0.237）。

4.2.3.2.3　意识

根据八位专家打分获得两两比较矩阵，经算术平均获得一级指标意识所包含二级指标的判断矩阵 $A_3 = (a_{ij})_{nn}$。

$$A_3 = \begin{bmatrix} 1 & 3.042 & 1.979 & 2.292 & 1.375 \\ 0.879 & 1 & 0.979 & 1.588 & 1.379 \\ 1.046 & 1.500 & 1 & 1.667 & 1.125 \\ 0.921 & 1.385 & 0.958 & 1 & 1.067 \\ 1.042 & 1.646 & 1.125 & 2.150 & 1 \end{bmatrix}$$

对获得判断矩阵 A_3，进行规范化处理，即 $\overline{a_{ij}} = \dfrac{a_{ij}}{\sum\limits_{k=1}^{5} a_{kj}}$，获得 $\overline{A_3}$。

$$\overline{A_3} = \begin{bmatrix} 0.205 & 0.355 & 0.328 & 0.264 & 0.231 \\ 0.180 & 0.117 & 0.162 & 0.183 & 0.232 \\ 0.214 & 0.175 & 0.166 & 0.192 & 0.189 \\ 0.188 & 0.162 & 0.159 & 0.115 & 0.179 \\ 0.213 & 0.192 & 0.186 & 0.247 & 0.168 \end{bmatrix}$$

计算 $\overline{w_i} = \sum\limits_{j=1}^{n} \overline{a_{ij}}$，$i = 1, 2, 3, 4, 5$，得到

$\overline{w_i}$ =（1.382　0.873　0.935　0.803　1.007）

将 $\overline{w_i}$ 规范化，即 $w_i = \dfrac{\overline{w_i}}{\sum\limits_{i=1}^{5} \overline{w_i}}$ $i = 1, 2, 3, 4, 5$

获得权重 w_i，具体如下：

w_i =（0.276　0.175　0.187　0.161　0.201）

计算 $\lambda_{max} = \sum\limits_{i=1}^{n} \dfrac{\sum\limits_{j=1}^{n} a_{ij} \overline{w_j}}{\overline{w_i}}$，通过技术获得 $\lambda_{max} = 5.018$。

将 λ_{max} 代入公式计算得 C.I. =（5.018 - 5）/4 = 0.004 < 0.1，说明此判断矩阵接近于完全一致性，通过了矩阵一致性检验。

经查五阶平均随机一致性指标 R.I. = 1.12，将 C.I 和 R.I. 进行比较获得

C. R. $=0.004 < 0.1$，说明此判断矩阵通过了随机一致性检验。

综合上述计算结果可知，该判断矩阵具有可以接受的一致性，我国文化出口企业高管胜任力二级指标意识中的全球化意识、本土化意识、竞争意识、合作意识、未来意识的权重为 $w_i =$ （0.276　0.175　0.187　0.161　0.201）。

4.2.3.2.4　素质

根据八位专家打分获得两两比较矩阵，经算术平均获得一级指标素质所包含二级指标的判断矩阵 $A_4 = (a_{ij})_{nn}$。

$$A_4 = \begin{bmatrix} 1 & 2.813 & 2.449 & 1.240 & 0.703 \\ 0.632 & 1 & 2.143 & 0.747 & 0.485 \\ 1.610 & 2.403 & 1 & 2.001 & 1.746 \\ 1.708 & 2.750 & 2.539 & 1 & 0.980 \\ 3.417 & 3.813 & 3.668 & 2.292 & 1 \end{bmatrix}$$

对获得判断矩阵 A_4，进行规范化处理，即 $\overline{a_{ij}} = \dfrac{a_{ij}}{\sum\limits_{k=1}^{5} a_{kj}}$，获得 $\overline{A_4}$。

$$\overline{A_4} = \begin{bmatrix} 0.120 & 0.220 & 0.208 & 0.170 & 0.143 \\ 0.076 & 0.078 & 0.182 & 0.103 & 0.099 \\ 0.192 & 0.188 & 0.085 & 0.275 & 0.355 \\ 0.204 & 0.215 & 0.215 & 0.137 & 0.199 \\ 0.408 & 0.298 & 0.311 & 0.315 & 0.203 \end{bmatrix}$$

计算 $\overline{w_i} = \sum\limits_{j=1}^{n} \overline{a_{ij}}$，$i = 1, 2, 3, 4, 5$，得到

$\overline{w_i} =$（0.861　0.537　1.095　0.971　1.536）

将 $\overline{w_i}$ 规范化，即 $w_i = \dfrac{\overline{w_i}}{\sum\limits_{i=1}^{5} \overline{w_i}}$ $i = 1, 2, 3, 4, 5$

获得权重 w_i，具体如下：

$w_i =$（0.172　0.107　0.219　0.194　0.307）

计算 $\lambda_{max} = \sum\limits_{i=1}^{n} \dfrac{\sum\limits_{j=1}^{n} a_{ij} \overline{w_j}}{\overline{w_i}}$，通过技术获得 $\lambda_{max} = 5.029$。

将 λ_{max} 代入公式计算得 C.I. = （5.029 – 5）/4 = 0.007 < 0.1，说明此判断矩阵通过了矩阵一致性检验。

经查五阶平均随机一致性指标 R.I. = 1.12，将 C.I 和 R.I. 进行比较获得 C.R. = 0.007 < 0.1，说明此判断矩阵通过了随机一致性检验。

综合上述计算结果可知，该判断矩阵具有可以接受的一致性，我国文化出口企业高管胜任力一级指标素质包含的文化素质、艺术素质、政治素质、学习素质、创新素质的权重为 w_i = （0.172　0.107　0.219　0.194　0.307）。

4.2.3.2.5　知识

根据八位专家打分获得两两比较矩阵，经算术平均获得一级指标知识所包含二级指标的判断矩阵 A_5 = $(a_{ij})_{nn}$。

$$A_5 = \begin{bmatrix} 1 & 1.104 & 0.833 & 0.596 & 1.104 & 0.458 \\ 1.250 & 1 & 1.750 & 0.656 & 0.750 & 1.073 \\ 1.875 & 0.854 & 1 & 0.650 & 0.729 & 0.813 \\ 3.063 & 2.313 & 2.438 & 1 & 1.500 & 1.542 \\ 1.479 & 1.938 & 1.625 & 0.938 & 1 & 1.188 \\ 2.500 & 1.854 & 1.813 & 1.021 & 1.000 & 1 \end{bmatrix}$$

对获得判断矩阵 A_5，进行规范化处理，即 $\overline{a_{ij}} = \dfrac{a_{ij}}{\sum\limits_{k=1}^{6} a_{kj}}$，获得 $\overline{A_5}$。

$$\overline{A_5} = \begin{bmatrix} 0.090 & 0.122 & 0.088 & 0.123 & 0.182 \\ 0.112 & 0.110 & 0.185 & 0.135 & 0.123 \\ 0.168 & 0.094 & 0.106 & 0.134 & 0.120 \\ 0.274 & 0.255 & 0.258 & 0.206 & 0.247 \\ 0.132 & 0.214 & 0.172 & 0.193 & 0.164 \\ 0.224 & 0.205 & 0.192 & 0.210 & 0.164 \end{bmatrix}$$

计算 $\overline{w_i} = \sum\limits_{j=1}^{n} \overline{a_{ij}}$，$i$ = 1，2，3，4，5，6，得到

$\overline{w_i}$ = （0.679　0.842　0.755　1.493　1.071　1.159）

将 $\overline{w_i}$ 规范化，即 $w_i = \dfrac{\overline{w_i}}{\sum\limits_{i=1}^{6} \overline{w_i}}$　i = 1，2，3，4，5，6

获得权重 w_i，具体如下：

$$w_i = (0.113 \quad 0.140 \quad 0.126 \quad 0.249 \quad 0.178 \quad 0.193)$$

计算 $\lambda_{max} = \sum_{i=1}^{n} \dfrac{\sum_{j=1}^{n} a_{ij} \overline{w_j}}{\overline{w_i}}$，通过技术获得 $\lambda_{max} = 6.019$。

将 λ_{max} 代入公式计算得 C.I. = (6.0035 − 6) / 5 = 0.004 < 0.1，说明此判断矩阵通过了矩阵一致性的检验。

经查六阶平均随机一致性指标 R.I. = 1.26，将 C.I 和 R.I. 进行比较获得 C.R. = 0.004 < 0.1，表明此判断矩阵通过了随机一致性的检验。

综合上述计算结果可知，该判断矩阵的一致性是可以接受的，我国文化出口企业高管胜任力一级指标知识所包含的二级指标管理知识、经营知识、文化产业知识、跨文化知识、国际商务知识、法律知识的权重依次为 w_i = (0.113 0.140 0.126 0.249 0.178 0.193)。

4.2.3.2.6 技能

根据八位专家打分获得两两比较矩阵，经算术平均获得一级指标技能所包含二级指标的判断矩阵 $A_6 = (a_{ij})_{nn}$。

$$A_6 = \begin{bmatrix} 1 & 2.792 & 3.375 & 3.292 & 1.625 & 3.500 \\ 0.828 & 1 & 1.875 & 1.875 & 0.792 & 2.813 \\ 0.471 & 0.885 & 1 & 1.094 & 0.775 & 0.604 \\ 0.654 & 0.698 & 1.375 & 1 & 0.854 & 0.875 \\ 0.781 & 1.500 & 3.000 & 2.250 & 1 & 2.542 \\ 0.325 & 1.213 & 1.875 & 1.438 & 0.750 & 1 \end{bmatrix}$$

对获得判断矩阵 A_6，进行规范化处理，即 $\overline{a_{ij}} = \dfrac{a_{ij}}{\sum_{k=1}^{6} a_{kj}}$，获得 $\overline{A_6}$。

$$\overline{A_6} = \begin{bmatrix} 0.246 & 0.345 & 0.270 & 0.301 & 0.280 & 0.309 \\ 0.204 & 0.124 & 0.150 & 0.171 & 0.137 & 0.248 \\ 0.116 & 0.109 & 0.080 & 0.100 & 0.134 & 0.053 \\ 0.161 & 0.086 & 0.110 & 0.091 & 0.147 & 0.077 \\ 0.192 & 0.185 & 0.240 & 0.206 & 0.173 & 0.224 \\ 0.080 & 0.150 & 0.150 & 0.131 & 0.129 & 0.088 \end{bmatrix}$$

计算 $\overline{w_i} = \sum_{j=1}^{n} \overline{a_{ij}}$，$i = 1, 2, 3, 4, 5, 6$，得到

$$\overline{w_i} = (1.751 \quad 1.034 \quad 0.592 \quad 0.673 \quad 1.220 \quad 0.729)$$

将 $\overline{w_i}$ 规范化，即 $w_i = \dfrac{\overline{w_i}}{\displaystyle\sum_{i=1}^{6} \overline{w_i}}$ $i = 1$，2，3，4，5，6

获得权重 w_i，具体如下：

$$w_i = (0.292 \quad 0.172 \quad 0.099 \quad 0.112 \quad 0.203 \quad 0.121)$$

计算 $\lambda_{\max} = \displaystyle\sum_{i=1}^{n} \dfrac{\displaystyle\sum_{j=1}^{n} a_{ij} \overline{w_j}}{\overline{w_i}}$，通过技术获得 $\lambda_{\max} = 6.066$。

将 $\lambda_{\max}$ 代入公式计算得 C. I. ＝ （6.066－6）/5＝0.013＜0.1，说明此判断矩阵通过了矩阵一致性检验。

经查六阶平均随机一致性指标 R. I. ＝1.26，将 C. I 和 R. I. 进行比较获得 C. R. ＝0.01＜0.1，表明此判断矩阵通过了随机一致性检验。

综合上述计算结果可知，该判断矩阵的一致性是可以接受的，我国文化出口企业高管胜任力一级指标知识所包含的二级指标即全球战略决策力、跨文化创意团队管理力、创意生产把控力、跨文化营销力、全球资源整合力、跨文化交际公关力的权重依次为 w_i ＝ （0.292　0.172　0.099　0.112　0.203　0.121）。

4.2.4　胜任力评价指标体系权重的结果

经过层次分析法测算获得的各级指标权重均通过了一致性检验，说明获得量化后指标体系是合理的、可行的。根据各级指标权重，再测算出三级指标的复合权重，最终获得我国文化出口企业高管胜任力评价指标体系（见表4.6）。

表 4－6　我国文化出口企业高管胜任力评价指标体系

一级指标	代码	权重	二级指标	代码	权重	复合权重
个性	C_1	0.135	冒险	C_{11}	0.248	0.0335
			好奇	C_{12}	0.269	0.0363
			灵活	C_{13}	0.221	0.0298
			敏感	C_{14}	0.136	0.0183
			坚韧	C_{15}	0.126	0.0170

一级指标	代码	权重	二级指标	代码	权重	复合权重
价值观	C_2	0.237	文化使命	C_{21}	0.219	0.0519
			文化包容	C_{22}	0.161	0.0382
			文化自信	C_{23}	0.210	0.0498
			以人为本	C_{24}	0.172	0.0408
			追求卓越	C_{25}	0.237	0.0562
意识	C_3	0.159	全球化意识	C_{31}	0.276	0.0439
			本土化意识	C_{32}	0.175	0.0278
			竞争意识	C_{33}	0.187	0.0297
			合作意识	C_{34}	0.161	0.0256
			未来意识	C_{35}	0.201	0.0320
素质	C_4	0.179	文化素质	C_{41}	0.172	0.0308
			艺术素质	C_{42}	0.107	0.0192
			政治素质	C_{43}	0.219	0.0392
			学习素质	C_{44}	0.194	0.0347
			创新素质	C_{45}	0.307	0.0550
知识	C_5	0.125	管理知识	C_{51}	0.113	0.0141
			运营知识	C_{52}	0.140	0.0175
			文化产业知识	C_{53}	0.126	0.0158
			跨文化知识	C_{54}	0.249	0.0311
			国际商务知识	C_{55}	0.178	0.0223
			法律知识	C_{56}	0.193	0.0241
技能	C_6	0.165	全球战略决策力	C_{61}	0.292	0.0482
			跨文化创意团队管理力	C_{62}	0.172	0.0284
			创新生产把控力	C_{63}	0.099	0.0163
			跨文化营销力	C_{64}	0.112	0.0185
			全球资源整合力	C_{65}	0.203	0.0335
			跨文化交际公关力	C_{66}	0.121	0.0200

资料来源：笔者制作。

在权重赋值结束后，笔者根据专家小组权重结果制作了一级指标、二级指标重要性饼状图，如图4.1至图4.7所示，并将权重结果反馈给谢尔菲小组的专家成员，征求他们关于指标权重结果的看法，下面将结合指标重要性饼状图阐述专家对文化出口企业高管胜任力指标重要性的诠释总结如下：

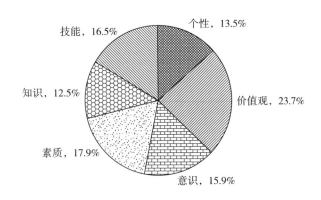

图4.1　一级指标重要性饼状图

资料来源：笔者制作。

4.2.4.1　价值观的重要性居于第一位

价值观是驱使我国文化出口企业高管工作的动力，会决定高管对于工作的投入程度。价值观回答了高管们遇到重大情况会"怎么做""怎么选择"的问题。文化出口企业高管的价值观重要性居于首位，因为文化产业兼具文化性和产业性，文化企业要兼顾经济效益和社会绩效，尤其是文化出口行业还肩负着中华文化"走出去"的历史使命，企业高管的价值观不能有任何偏离，否则将直接影响企业的发展，甚至会给企业带来损失（见图4.2）。

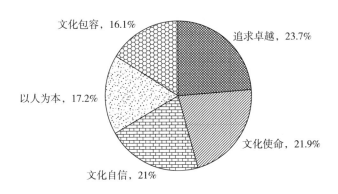

图4.2　价值观指标重要性饼状图

资料来源：笔者制作。

在价值观一级指标中，追求卓越的重要性居于第一位。文化产品和文化服务的一流品质是文化出口企业的生命线，优秀的文化出口企业高管都具有追求卓越的价值观，能带领企业创意团队在产品和服务上精益求精，不断突破既往的成绩；追求卓越的高管更倾向于自我激励，尽可能地发挥自身优势和特长，愿意付出全力为公司、为客户、为投资人创造更大的价值。追求卓越是我国文化出口企业高管产生高绩效行为的内在动力，能带来企业的高质量发展。

在价值观一级指标中，文化使命的重要性居于第二位。对文化的兴趣、对文化出口行业的热情、提升我国文化创意水平的责任感和传播中华文化的使命感促使我国文化出口企业高管对自己的工作充满激情、不知疲倦、勇敢向前。优秀的文化出口企业高管都具有继承、创新和传播中华文化的崇高理想，自觉思考如何让祖先的文化遗产滋养子孙后代，而不是单纯地注重组织和个人的经济利益。

在价值观一级指标中，文化自信的重要性居于第三位。深刻了解中国文化优势与劣势的高管具有强烈的文化自信，能"眼睛向内"，挖掘中国本土优秀文化资源，研究如何传承与创新传统文化，如何赋予传统文化以国际化、现代化的魅力。另外，文化自信是文化包容的基础，文化出口企业高管对民族文化有充分的自信才能有开放的胸襟兼容并包其他民族的文化。

在价值观一级指标中，以人为本的重要性居于第四位。"以人为本"的价值观促使高管在人力资源管理中秉持关爱员工的理念，在创意生产中倡导"以消费者为中心"的宗旨，在企业文化建设中倡导以满足人类幸福感为目标。高管"以人为本"的价值观有利于获得跨文化创意团队的信赖和支持，满足目的国消费者的文化需求，让全人类有获得感和幸福感。

在价值观一级指标中，文化包容的重要性居于第五位。文化出口企业面向的市场是多元文化市场，企业高管必须了解和尊重全球文化的多样性，不能仅以本民族的价值观和艺术表现手段来进行文化产品的生产，要寻找本国文化与贸易目的国文化中的共通之处、求同存异、兼容并包。此外，文化因交流而互鉴，因互鉴而繁荣，高管要积极学习跨国文化企业集团的先进经验，不断提升我国文化出口企业的国际竞争力。

4.2.4.2 素质的重要性居于第二位

素质是指为了完成工作任务所必须具备的一种基础性条件。素质具有主观能动性，可以培养、造就和提升；同时又具有稳定性，它的培养只能假以时日，逐步提升。因此在高管招聘与甄选中，素质这一基础性条件的权重较高（见图4.3）。

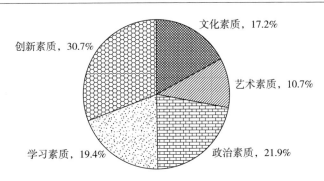

图 4.3　素质指标重要性饼状图

资料来源：笔者制作。

在素质一级指标中，创新素质的重要性居于第一位。文化产品的核心竞争力是其超越国界的创意，具有创新能力的企业才能生产出有创意的产品。企业的创新能力体现在创意、市场、管理的协同创新。当前国际文化贸易形势复杂而严峻，国际文化市场的变化日新月异，文化出口企业高管必须具备创新素质，不断引领文化出口企业进行产品创新、服务创新、技术创新、营销手段创新、管理方式创新等，以解决对外文化贸易中不断涌现的新问题。若是仍受旧经验的束缚，不求新求变，会阻碍文化出口企业效率的提高和效益的提升。

在素质一级指标中，政治素质的重要性居于第二位。中国的文化产品必然要体现中国价值观、中国精神，这是由文化产业的根本属性决定的。作为企业掌舵人的高管必须坚持社会主义核心价值观，在创意生产中严格把关创意内容和思想导向，在对外文化贸易中严格遵守国内外法律法规。高管的政治立场有问题，个人道德有缺失，法律意识淡薄，都会给文化出口企业造成不可弥补的损失。特别是在国有文化出口企业高管选拔与任用中，更应该把坚持清醒坚定的政治立场放在首要考察的位置。

在素质一级指标中，学习素质的重要性居于第三位。在世界范围内，科学技术快速更新，全球创意产品不断涌现，企业间的国际化合作与竞争日益频繁。高管在企业"走出去"的过程中越来越感觉自身知识和能力的匮乏，只有具备终生学习的意识、掌握科学学习方法，才能带领文化出口企业不断提升组织的国际竞争力。

在素质一级指标中，文化素质的重要性居于第四位。一个国家需要文化资源的积累，文化出口企业需要文化资本的集聚，企业高管需要具备深厚的文化素养。文化出口企业高管是创意生产的把关人，如果没有深厚的人文社会科学知识，他就不可能引领企业生产出高品质的文化创意产品。文化素质还体现在人的品德修养方面，一位崇德向善、正直友爱的高管能带出一支风气正、作风实的团队。

在素质一级指标中，艺术素质的重要性居于第五位。相对来说，高管的艺术素质不如以上其他素质重要。在文化出口企业中，创意型人力资源负责文化创意的具体生产过程，高管型人力资源负责创意价值鉴别和创意风险控制，企业需要高管具备艺术鉴赏、创意评估等方面的艺术素质，但是企业对高管的艺术实践能力要求不高，管理者在艺术素质方面可以"眼高手低"。对个别艺术要求较高的文化出口行业，可能高管艺术素质的重要性要高些。

4.2.4.3　技能的重要性居于第三位

文化产品贸易和文化服务贸易是我国国民经济的新业态，我国文化出口企业高管是我国文化贸易实践发展到一定阶段产生的，文化出口企业高管的岗位技能都是在最近十多年从业过程中不断打磨和提升的。高管是否拥有岗位技能，决定了他是否能引领企业在激烈的国际文化市场竞争中生存发展，但是与价值观的正确导向和素质的深厚基础相比，技能可以通过"干中学"来摸索，容易提升和发展，因此排名在价值观和素质的后面（见图4.4）。

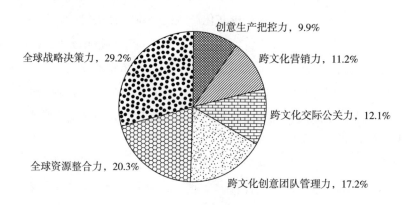

图4.4　技能指标重要性饼状图

资料来源：笔者制作。

在技能一级指标中，全球战略决策力的重要性居于第一位。战略决策是关系到企业全局和长远发展的重大问题，企业战略决策是高管最核心、最基本的任务。我国文化出口企业面临的国际经济、政治、文化环境复杂，有时需要高管在信息不充分、情况不明朗的时候做出快速而准确的决策，"有所为"与"有所不为"、"何时坚持"与"何时放弃"等重大决策往往能影响企业的生死存亡，从这个意义上讲，全球战略决策力是一个高管最宝贵的能力。

在技能一级指标中，全球资源整合力的重要性居于第二位。我国文化出口企业普遍规模小、实力弱，因此必须整合企业内外部资源以增强自身的国际竞争力。企业高管能否在全球范围协调创意、技术、人才、渠道等各种资源，为我所用，借力发展，能否在全球范围内通过银行贷款、国内外上市、发行债券等方式融资，决定了文化出口企业能否快速壮大和发展，因此这项能力的重要性仅次于全球战略决策力。

在技能一级指标中，跨文化创意团队管理力的重要性居于第三位。企业的用人问题是关键问题，高管重要的职责之一就是"选对人，用好人"。文化出口企业常常聘用不少外籍员工，企业团队具有多元文化背景；文化出口企业拥有大量的创意人才，他们个性鲜明、思想开放、崇尚创新和酷爱自由。外籍员工的管理和创意人才的管理具有独特性，文化出口企业高管需要采用更富有创新性的团队管理方式，来凝聚队伍、激励团队，为实现企业愿景而共同努力。

在技能一级指标中，跨文化交际公关力的重要性居于第四位。跨文化交际公关力包含跨文化交际能力和跨文化公关能力。文化出口企业高管具备良好的跨文化交际能力，有利于与目的国客户、合作伙伴建立个人友谊，有利于企业全球化战略目标的顺利实现；文化出口企业高管具备良好的跨文化公关力，有利于和目的国政府保持良好关系，在目的国公众心中树立良好企业形象，从而打通文化壁垒，冲破文化封锁。

在技能一级指标中，跨文化营销力的重要性居于第五位。文化产品和服务品质再高，也需要借助高管层设计适销对路的营销模式才能"走出去"。正是从这个意义上讲，文化出口企业高管必须具备超越国际的文化营销能力。文化产品和文化服务能否找到合适的目的国市场，能否建立目的国营销渠道和平台，能够针对目的国文化偏好展开跨文化营销活动，考验的是企业高管在跨文化营销方面的理念和能力。

在技能一级指标中，创意生产把控力的重要性居于第六位。文化出口企业高管并不直接参与文化产品与服务的具体生产环节，但却负责创意价值辨别、创意过程管理和创意风险控制等。在文化出口企业中，创意总监、艺术总监、设计总监等业务部门管理者是创意生产的第一责任人，因此董事长、总经理、CEO等职务的高管在创意生产过程中大多扮演监督者和辅佐者的角色，其创意生产把握力的要求不如创意总监的要求高。

4.2.4.4 意识的重要性居于第四位

意识是人对自身和外界事物做出相应的、合适的反应和有目的性的、能动的反应。高管的思维方式决定了他的行动方式，绩效平平的高管和绩效优秀的高管在思维方式上是有差别的，意识的差别决定了高管之间层次的差别，高管正确的思维方式能把企业引向光明，高管错误的思维方式能把企业带入歧途（见图4.5）。

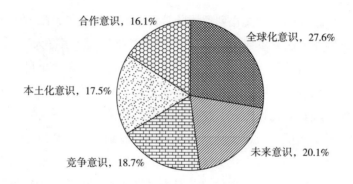

图4.5 意识指标重要性饼状图

资料来源：笔者制作。

在意识一级指标中，全球化意识的重要性居于第一位。相比于内向型文化企业的高管，文化出口企业高管的全球化意识特别突出，他们强烈地渴望参与国际文化市场的合作与竞争。高管的全球化意识体现在运营管理、创意生产把控和资源配置等方面，他们能准确判断文化产业的国际形势，具备文化产业的国际运作能力，带领跨文化创意团队生产出具有国际化水平的文化产品，带领企业进入国际文化市场。

在意识一级指标中，未来意识的重要性居于第二位。未来意识的重要性仅次于全球化意识，企业高管在进行企业战略决策、创意产品研发与生产、海外兼并收购时，要有着眼未来的思维。优秀的文化出口企业高管能预测到国际文化产业的发展趋势，对未来国际文化市场的机会和潜在的威胁做出前瞻性思考和规划，能发现客户潜在的、未来的文化需求，在今后的国际文化市场上占据优势地位。

在意识一级指标中，竞争意识的重要性居于第三位。无论是内向型文化企业还是外向型文化企业，竞争意识都是高管必须具备的。优秀的高管倾向于引领企业积极开展文化产品竞争、服务竞争、技术竞争、商业模式竞争、市场竞争，具有压倒或胜过同行企业的经营理念，才在国际文化市场的激励竞争中存活下来。

在意识一级指标中，本土化意识的重要性居于第四位。本土化意识是与全球化意识相生相伴的，全球化企业的高管必须要有本土化意识，但在时间先后上以全球化为先，本土化为后，即"全球化思维，本土化行动"（熊元斌，2003）。在文化产品、文化服务的生产过程中，高管需要用创意本土化的理念引领创意团队来降低文化折扣；在营销过程中，高管需要用营销团队本土化和营销手段本土化的理念指导营销团队扩大海外市场；在管理过程中，高管需要用人才本土化、管理方式本土化的意识去整合和管理团队，使全球各地的子公司、分支机构牢牢地扎根异国他乡，真正成为当地的本土化公司。

在意识一级指标中，合作意识的重要性居于第五位。目前文化产品与服务的生产、销售、消费都出现了跨国合作的趋势。我国文化企业要"出海远征"，必须壮大自身实力，高管具备合作意识，才能引领企业团结战略合作伙伴，顺利地走出国门；高管具备合作意识，才能积极联手外国文化企业以合资、合作的形式，共同研发新产品、新服务和新技术。此意识在文化出口企业高管意识中排名最后，原因在于规模大的文化出口企业实力相对雄厚，更多的是整合产业链上的相关企业，而规模小的文化出口企业因技术、资金、渠道等的限制，大企业与之合作的意向不强，高管具备全球化和本土化意识、未来意识和竞争意识，致力于壮大企业实力，才能赢得实力相当甚至实力雄厚的合作伙伴。

4.2.4.5　个性的重要性居于第五位

国外关于胜任力研究成果认为个性是区分绩效优秀者和绩效平平者的关键性因素之一，自信、勤勉、乐观、主动性等个性特质可以区分优秀高管与普通高管。本书的专家小组成员认为在中国传统文化价值观中，领导者必须把个性藏起来，正所谓"喜怒哀乐不行于色"。本书中的高管大多数是个性沉稳不张扬、善于思考不多言的人，具有好奇、冒险、灵活、坚韧、敏感的个性特质对文化出口企业高管来说更重要（见图4.6）。

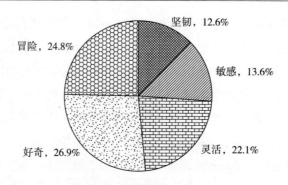

图 4.6　个性指标重要性饼状图

资料来源：笔者制作。

在个性一级指标中，好奇的个性特质重要性居于第一位。文化创意产业是以创造力为核心能力的产业，有好奇心的人愿意尝试新事物、创造新事物、拥抱新趋势，因而也更有创造力。好奇是文化出口企业高管的首要特质，好奇心驱使文化出口企业高管去学习文化产业发达国家的先进经验、领先技术、超凡创意，努力追赶与世界一流文化产品和文化服务的差距。

在个性一级指标中，冒险的个性特质重要性居于第二位。文化出口行业属于高风险行业，文化企业是否要开拓海外业务，去接触全新的未知市场，需要高管有足够的冒险精神去决策；文化企业的海外业务进入可持续发展时期，常常会遇到很多充满风险的新机遇，文化出口企业高管要敢于拍板、做决定。决策之后，就要毫无畏惧地克服困难，积极行动，并承担责任和风险。

在个性一级指标中，灵活的个性特质重要性居于第三位。文化出口企业高管需要具备跨文化交往的灵活度和涉外政治的灵活度，才能处理好与目的国消费者、客户、合作伙伴、政府等的关系。好奇的个性特征决定了高管对什么感兴趣，想探寻什么，冒险的个性特质决定了高管对感兴趣的事情敢于拍板、做决定，灵活的个性特征决定了高管在实现目标时能根据环境变化善用策略，度过危机。好奇、冒险、灵活三个特质共同决定高管的事业方向和事业高度。

在个性一级指标中，敏感的个性特质重要性居于第四位。不同国家的文化市场需求差别巨大，国际文化市场的变化更快，技术的发展速度迅猛，所以文化出口企业高管必须更加敏感，明确差异化的市场，捕捉潮流的变化，对新技术保持敏感。

在个性一级指标中，坚韧的个性特质重要性居于第五位。好奇的个性引领文化出口企业高管发现新趋势，冒险的个性推动文化出口企业高管大胆行动，灵活的个性使高管在跨国运营中能入乡随俗、随机应变，策略性地推进计划和目标，好奇、冒险、灵活的个性特质共同决定了文化出口企业高管行动的大方向。如果方向正确，坚韧的个性特质能够帮助他们克服重重障碍、忍受孤独、顶住压力，完成企业的战略目标；如果方向错误，坚韧的个性特质也没有用。

4.2.4.6　知识的重要性居于第六位

多元化复合型知识结构是高管发挥胜任力的强大后盾。但是相比于其他一级指标，知识比较容易改变和提升，加之文化出口行业的变化快、知识更新速度快，一名高管只要具备学习素质，保持知识结构的开放性，就能随时汲取新知，更新陈旧的知识体系和落后的思想观念，因而知识的重要性居于最后一位（见图4.7）。

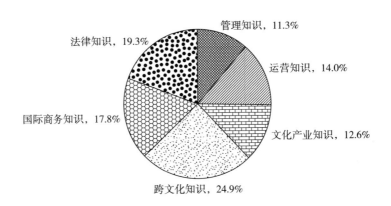

图4.7　知识指标重要性饼状图

资料来源：笔者制作。

在知识一级指标中，跨文化知识的重要性居于第一位。内向型文化企业高管只需要集中精力考虑一国的文化现象和文化需求，一国的市场形势、一种政治体制、一套法律体系，不必担心文化折扣和文化壁垒问题。而文化出口企业高管必须有开阔的国际视野，了解几种甚至十几种文化知识，根据文化背景的不同，因势利导进行国际化运营管理和跨文化市场营销。

在知识一级指标中，法律知识的重要性居于第二位。企业在任何国家都应该依法经营。不同国家有不同的法律，在某些国家不同州、不同地区的法律也不尽相同。文化出口企业高管需要了解贸易目的国的文化行业法律法规、文化贸易法规条例、目的国的税法、劳动法、海关法等知识，敏锐地察觉和回避法律风险，这对于文化出口企业特别重要。

在知识一级指标中，国际商务知识的重要性居于第三位。不同于内向型文化企业，文化出口企业高管要了解目的国政治、经济、商务环境，要了解国际投融资知识、国际贸易知识、涉外商务礼仪知识等，以便企业在海外进行全球化布局。

在知识一级指标中，经营知识的重要性居于第四位。高管需要具备产品运营知识、用户运营知识、活动运营知识以及目的国营销渠道运营知识、财务知识、金融知识等，以便文化出口企业创作精品、吸引客户、拓宽渠道平台、实现绩效目标，抢占国际市场。经营知识相比于管理知识更重要，因为文化出口企业要先实现盈利才能在国际市场中生存。

在知识一级指标中，文化产业知识的重要性居于第五位。优秀的文化出口企业高管都具备跨文化知识、法律知识、国际商务知识和经营知识。至于文化产业知识，他们掌握的深度和广度不同。有的文化出口企业高管是文化产业专业背景出身，有的则是其他非文化产业背景出身。鉴于国际文化贸易是我国新兴经济业态，现有的文化贸易知识也需要突破和更新，所以原先是否具备文化产业知识并不是头等重要的事情，文化产业知识可以在"干中学"，慢慢积累。

在知识一级指标中，管理知识的重要性居于第六位。文化出口企业高管要实现内部资源的合理调配，需要具有全球战略管理知识、跨文化管理知识、创意管理知识等。管理知识的重要性排名在后，不是因为它不重要，而是因为管理知识对于文化出口企业高管来说是通用的基本知识和必备知识。

4.3 胜任力模型的布局

在明确了我国文化出口企业高管胜任力指标的内涵、要点、行为等级分类、指标权重后，还需要分析各胜任力指标在模型中的作用，以及在众多胜任力中的位置，以便明确我国文化出口企业高管胜任力模型的布局。

目前企业在人力资源管理实践中，比较常见的情况是把胜任力的构成要素，即知识、技能、个性、价值观等进行合并，归纳为核心胜任力、通用胜任力、专业胜任力三大模块。①核心胜任力是企业的价值观、企业文化及企业需求的反映，应该在全体员工身上体现出来，比如全体员工被企业期待应该具备的某种品质、个性、价值观。核心胜任力可以选用二维的能力级别，即员工接受还是不接受某种价值观、品质等来判断。核心胜任力可以通过企业培训和文化建设活动来开发（王懿，2008）。②通用胜任力反映了企业和行业的通用知识和履行不同职能所必需的通用技能，是企业期望所有角色都具备的能力，但是对不同角色的员工来说，其重要程度和要求的级别不同。通用胜任力可以通过在职培训、工作经验积累来开发。③专业胜任力是在某个特定角色、工作岗位所需要的特殊胜任力，是与产品、服务、流程和技术应用相关的知识和能力，专业胜任力必须是明确的、可以衡量的，并与个人工作绩效相关。专业胜任力也可以通过在职培训和工作经验积累来开发。

根据以上分类方法，本书将我国文化出口企业高管胜任力模型分为核心胜任力、通用胜任力和专业胜任力三个模块。核心胜任力是文化出口企业高管应该具备的价值观，体现了我国文化出口企业的企业愿景、价值观、社会责任；通用胜任力是我国文化出口企业高管作为管理者角色，应该具备的基础素质、思维方式和个性特质，文化出口企业其他员工，如创意人员、营销人员等也具有上述通用胜任力，只是重要程度和要求的级别不同；专业胜任力是指文化出口企业高管应该具备的岗位知识与技能，这是文化出口企业高管区别于其他岗位员工的辨别性胜任力。我国文化出口企业高管胜任力模型布局如图4.8所示。

模型布局图中白色部分是我国文化出口企业高管应该具备的核心胜任力，位于胜任力模型的顶层，是企业对高管价值观方面的要求，占全部胜任力比重的23.7%，价值观所辖二级指标按照重要性从左到右降序排列，依次为：追求卓越、文化使命、文化自信、以人为本、文化包容。

模型布局图中灰色部分是我国文化出口企业高管专业胜任力，位于胜任力模型的中间层，包括了高管应该具备的专业知识和专业技能，占全部胜任力比重的29%。专业知识位于中间层的左侧，所辖二级指标按照重要性从上到下降序排列，依次为：跨文化知识、法律知识、国际商务知识、经营知识、文化产业知识、管理知识；专业技能位于中间层的右侧，所辖二级指标按照重要性从上到下降序排列，依次为：全球战略决策力、全球资源整合力、跨文化创意团队管理力、跨文化交际公关力、跨文化营销力、创意生产把控力。

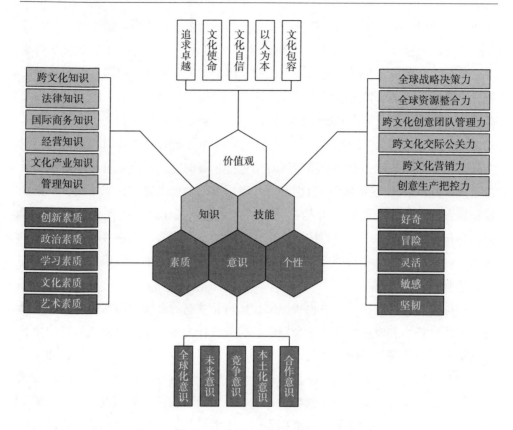

图 4.8　我国文化出口企业高管胜任力模型布局

资料来源：笔者制作。

　　模型布局图中深灰色部分是我国文化出口企业高管的通用胜任力，位于胜任力模型的底层，对是高管综合素质、思维方式和个性特质的要求，占全部胜任力比重的47.3%。素质位于底层的左侧，素质所辖二级指标按照重要性从上到下降序排列，依次为：创新素质、政治素质、学习素质、文化素质、艺术素质；意识位于底层的中间，意识所辖二级指标按照重要性从左向右降序排列，依次为全球化意识、未来意识、竞争意识、本土化意识、合作意识；个性位于底层的右侧，个性所辖二级指标按照重要性从上到下降序排序，依次为好奇、冒险、灵活、敏感、坚韧。

4.4　我国文化出口企业高管胜任力的独特之处

本书认为文化出口企业高管从本质上说属于文化企业高管，而文化企业高管又属于企业高管群体。他们之间的关系如图 4.9 所示。企业高管（大圆）是属，是上位概念；文化企业高管（中圆）是类，是下位概念；文化出口企业高管（小圆）是种，又隶属于文化企业高管。从图中我们可以看出文化出口企业高管是文化企业高管群体中的一小部分群体，隶属于企业高管范畴。

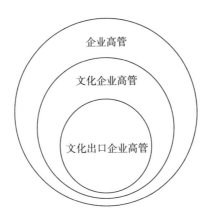

图 4.9　文化出口企业高管、文化企业高管、企业高管关系

资料来源：笔者制作。

我国文化出口企业高管和普通企业高管、文化企业高管在胜任力方面既有共性，又有差异，将我国文化出口企业高管胜任力与普通企业高管胜任力、文化企业高管胜任力做比较，可以加深和丰富我们已有的发现，更好地揭示我国文化出口企业高管胜任力的独特之处。

4.4.1　与普通企业高管胜任力的异同

本书查阅了非文化行业的普通企业高管胜任力相关的中英文文献，这些文献分别来自中国知网、维普期刊等中文全文数据库以及 Elsevier 英文全文数据库，这些文献的作者有 Boyatzis（1982）、Spencer（1993）、McClelland（1994）、Eg-bu. Chartes（1999）、Bueno 和 Tubbs（2004）等国外学者，以及仲理峰、时勘等（2002），王重鸣、陈民科（2002），柯翔、程德俊（2006），王大超、孙莉莉（2008）等国内学者。对上述学者关于普通企业高管胜任力指标进行梳理和归纳，然后对比本书得出的我国文化出口企业高管胜任力指标，笔者得出以下结论：

4.4.1.1　我国文化出口企业高管和普通企业高管胜任力的相同点

①在价值观方面，两者都具备追求卓越、以人为本的特征。高管都应该对产品和服务精益求精，不断挑战新的目标；还需要"以客户为中心"，关注客户需求、重视人才、留住人才。②在素质方面，两者都具有文化素质、学习素质、创新素质。高管普遍接受过良好的文化教育，具备学习意识，掌握科学学习方法，能不断成长和提升；普遍具备创新精神，在企业经营管理过程中善用创新思维，采取创新行动。③在技能方面，两者都具有战略决策力、资源整合力、团队管理力、交际公关力、市场营销力和生产把控能力。这些技能是企业高管的岗位通用技能。④在思维方式上，两者都拥有竞争意识、合作意识和未来意识。高管为了获得市场占有率和品牌美誉度，普遍重视开展产品、服务和技术等方面的竞争；在与同行企业竞争的同时，又具备合作共赢的理念，积极开展同业联盟和异业联盟，以获得"1＋1＞2"的效果；在处理短期利益和长期利益的关系上，倾向于长远导向。⑤在个性方面，两者具有冒险、灵活、坚韧、敏感的特征。企业高管普遍在战略决策方面富有冒险精神，在运营管理过程中能随机应变、善用策略、渡过难关，对商机、新技术、新趋势保持敏感。⑥在知识储备方面，两者都具备管理知识、经营知识和法律知识。这些知识都是企业高管的岗位通用知识。

4.4.1.2　我国文化出口企业高管与普通企业高管胜任力的不同点

①在价值观方面，文化出口企业高管的独特之处在于他们具有文化使命、文化自信、文化包容的特质，他们有继承、发扬和创新民族优秀文化的使命感，坚持文化自信的道路，能深刻洞察民族文化的优势与劣势，对于多元文化能求同存异、兼收并蓄。②在素质方面，相比于非文化行业的普通企业高管，文化出口企业高管普遍具备更高的文化素养，表现在对中国和世界其他民族的文学、历史、哲学等知识都有涉猎，在特定文化领域内有独到、深刻的见解；具备良好的艺术修养，表现在优秀的艺术鉴赏能力和艺术价值辨别力；具备良好的政治素质，表现在对国家的责任感、遵守国际法律法规、具备涉外政治能力。③在技能方面，创意产品的孵化、生产、流通、消费等具有特殊性，决定了文化出口企业高管还

具备创意生产把控力；创意人才的管理和多元文化团队的管理具有特殊性，决定了文化出口企业高管应该具备多元创意团队管理力，海外利益相关者关系的建立决定了文化出口企业高管应该具备跨文化交际公关力；企业海外战略目标的制定与实现需要文化出口企业高管具备全球战略决策力、全球资源整合力和跨文化营销力。④在思维方式方面，由于文化出口企业积极开拓国内、国外两个市场，所以其高管具备全球化意识，表现在创意的全球化，运营和管理方式的国际化；同时又具备本土化意识，在海外子公司和分支机构懂得利用本土化人才、开展适合目的国的本土化营销活动、对创意产品和服务进行本土化改造。⑤在个性方面，我国文化出口企业高管具备更加强烈的好奇心，更愿意尝试新事物、接受多样性、充满求知欲。⑥在知识方面，文化出口企业高管通晓文化产业内部各行业的知识，同时精通自身从事的文化行业相关知识；掌握中国文化知识、目的国文化知识和中外文化比较知识等，由于企业要开展海外业务，所以他们普遍具备国际商务知识，了解国际法知识，尤其是与国际文化贸易相关的法律法规。

综上所述，我国文化出口企业高管与普通企业高管胜任力的共同点源于企业经营管理的需要，差异性源于我国文化出口企业需要高管具备文化产业的国际化运作能力和企业的国际化经营管理能力。

4.4.2　与文化企业高管胜任力的异同

由于目前学界对我国文化企业高管胜任力研究非常罕见，本书以向勇（2011）对我国创意经理人的研究成果作为文化企业高管胜任力的代表性观点，再结合国内著名招聘网站"前程无忧"和"智联招聘"中的文化企业高管岗位要求，与本研究成果进行比较分析，具体比较结果如下：

4.4.2.1　我国文化出口企业高管和文化企业高管胜任力的相同点

①在价值观方面，两者都具备以文化使命、文化自信、以人为本和追求卓越的价值观，文化产业要彰显社会效益和经济效益的统一，不论是文化出口企业高管还是文化企业高管都要牢记文化使命，不忘初心，坚定文化自信，把为人民谋精神幸福为己任，打造文化精品。②在素质方面，两者都具备政治素质、文化素质、艺术素质、学习素质和创新素质，具备政治素质才能牢牢把握中国先进文化前进的方向，具备文化素质、艺术素质才能把控创意生产的过程，具备创新素质和学习素质才能带领企业在管理、运营、市场、创意等方面不断改进提升。③在技能方面，两者都具备创意生产把控力，能够辨别具有商业价值的创意，指导创

意团队面向市场进行文化生产，既追求创意的完美，又追求商业的盈利，达到文化价值和商业价值的双赢。④在意识方面，都具备竞争意识、合作意识和未来意识，两者都需要积极参与文化市场的竞争，同时又通过同业和异业的合作壮大实力，都需要认清文化产业发展的方向，不落后乃至引流潮流。⑤在个性方面，两者都具备好奇、冒险、灵活、敏感和坚韧的特征。好奇和冒险帮助高管确定事业的方向，灵活和敏感帮助高管顺应发展、把握潮流，坚韧帮助高管克服困难、完成企业战略目标。⑥在知识方面，两者都是文化产业从业者，具备文化产业知识；都是企业高层次经营管理人才，具备管理知识、经营知识和法律知识。

4.4.2.2 我国文化出口企业高管与文化企业高管胜任力的不同点

①在价值观方面，相比于内向型文化企业高管，我国文化出口企业高管的独特之处在于具有文化包容的价值观。他们不能简单地以本民族文化为中心，他们能认识到不同文化间的相似性和差异性，认可相似性，包容差异性，与来自不同文化背景的人群交流时，时刻保持包容态度。②在素质方面，文化出口企业高管有更高标准的政治素质、文化素质和创新素质，具体表现在政治素质方面，他们体现出强烈的涉外政治敏锐性，要做到在对外文化出口活动中坚持中国立场，不损害国家利益；在文化素质方面，他们掌握更多的跨文化知识，了解目的国的全方位信息，具有国际化的文化视野；在创新素质方面，由于要参与国际文化市场的竞争，他们对标的是国际一流技术、一流创意、一流商业模式，所以创新素质的要求更严、标准更高。③在技能方面，随着中国文化企业"走出去"，我国文化出口企业高管从一国企业管理者的角色变成了跨国企业管理者的角色，相比于内向型文化企业高管来说，他们应该具备全球视野下的战略决策力、资源整合力、交际公关力和文化营销力。④在意识方面，相比于内向型文化企业高管，我国文化出口企业高管必须具备全球化意识，才能把文化产品和服务推向世界，但"走出去"不等于"走进去"，他们同时还应该具备本土化意识，才能在目的国市场稳扎稳打。⑤在个性方面，我国文化出口企业高管的冒险精神普遍比内向型文化企业高管更强，开拓海外市场、参与国际文化市场的竞争、进行海外投资融资会面临更多的风险和挑战；我国文化出口企业高管还普遍具有跨文化敏感性，能敏锐地识别目的国的文化偏好和文化心理。⑥在知识方面，我国文化出口企业高管普遍具备国际化运营管理知识、国际法律法规知识、国际商务知识和跨文化知识，具体来说，文化出口企业高管需要掌握公司治理知识，对接企业经营管理的国际化标准，需要了解国际法以及目的国法律法规，具备国际贸易、国际投融

资和跨国经营活动相关的知识，具备与不同文化背景人们合作的知识。

综上所述，我国文化出口企业高管与文化企业高管胜任力的共同点源于文化产业运作和企业经营管理的需要，差异性源于我国文化出口企业需要高管具备文化产业的国际化运作能力和企业的国际化经营管理能力。

第5章 我国文化出口企业高管胜任力模型应用

任何理论研究的价值不仅在于让人们知道"是什么",还在于告诉人们"怎么做"。我国文化出口企业高管胜任力模型是从高绩效高管的工作实践、经验、感悟中提炼出来的,其价值不仅在于揭示高管高绩效背后的胜任力奥秘,更在于能应用于文化出口企业高管人力资源管理实践中,是基于胜任力模型的人力资源管理等各项环节得以顺利实施的技术保证,具体表现在:①该模型可应用于高管的招聘和选拔环节中,为我国文化出口企业提供高管岗位招聘与选拔的方案,可保证招聘、选拔过程的科学化和系统化,提高高管候选人甄选的精准度与成功率。②该模型可以应用于我国文化出口企业高管在职培训环节中,诊断高管胜任力的弱项和强项,有的放矢地突出培训重点,避免培训的盲目性和无效性。③该模型可以应用于我国文化出口企业高管绩效评估环节中,胜任力评价指标作为一种评估工具可以科学地衡量高管胜任力,在高管绩效评估中加入胜任力指标,能弥补以业绩为导向的传统绩效考核的片面性。④该模型可以应用于高管职业发展规划环节中,帮助高管明晰自身在个性、价值观、思维、素质、知识、技能等层面的不足,明确未来胜任力开发的方向和重点,为高管职业生涯发展提供了路径和方向。以上四种应用形象化的描述如图 5.1 所示。

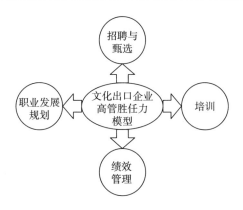

图 5.1　模型在人力资源管理中的应用

资料来源：笔者制作。

5.1　模型在文化出口企业高管招聘中的应用

5.1.1　基于胜任力模型的招聘特点

根据对我国文化出口企业的调研和对文化出口企业招聘启事的分析，笔者发现我国文化出口企业在高管的招聘与甄选环节中，仍然采用传统的选拔方式，大多数招聘与甄选只重视三类指标：①阅历类指标，如文化产业相关工作经验、研究生学历、专业背景以及海外经历；②知识类指标，如管理学、运营学、会计学等复合型知识结构；③技能类指标，如外语能力、审美力、谈判力、创意策划力、市场洞察力、海外公关等能力。以上三类指标考察的内容都属于外显性特征，比较容易衡量，容易发展和改进，文化出口企业高管的深层次、鉴别性的胜任力，比如个性、价值观、意识等，在招聘中未能得到应有的重视。

在招聘和甄选过程中应用我国文化出口企业高管胜任力模型，有如下优点：

（1）在高管的招聘环节，基于胜任力模型的招聘需求分析能精准地描述企业需要什么样的人，不需要什么样的人，招聘方和应聘者对岗位任职资格都做到心中有数；清晰的招聘评估内容和科学的评估方法能提高招聘的效率与信度。

（2）在高管候选人的甄选环节中，全面的考察指标、科学的方法、高效的流程能保证将具备特定个性、价值观、意识、知识和技能的优秀人才筛选出来，避免由于高管人选不当而导致企业战略决策的失败和人力成本的浪费。

5.1.2 应用的具体步骤

（1）通过职位分析确定招聘需求。在正式招聘与甄选之前，文化出口企业必须明确招聘岗位的职责和应聘人员应具备的胜任力。企业一方面结合下一步的战略方向、自身特点、管理需求，确定要招聘高管的胜任力需求，另一方面可以参考本书得出的文化出口企业高管胜任力模型，根据公司业务特点和岗位职责要求对高管胜任力模型进行调整和修改，细化胜任力指标的典型行为特征，并描述胜任力指标在工作中的具体行为表现。

（2）发布招聘广告。企业的招聘信息既要"对外"发布，广撒网会集企业外部人才，又要"对内"发布，不错过企业内部有竞争力的人选。

（3）确定面试名单。在对应聘者的资料进行初步筛选后，确定面试名单。初步筛选的标准主要考察应聘者是否有文化贸易的相关工作经验，是否具有专业背景，应聘者的受教育水平、外语能力、性格描述和未来事业计划等。

（4）面试甄选。可以由文化出口企业高管团队、人力资源部门负责人牵头组成；也可以适当借助外部力量，聘请胜任力测评领域的专家或聘请胜任力专业测评公司加入招聘面试小组中，总之要保证招聘评价人员的专业性。企业应提前做好招聘的准备工作，选好面试时间、场地、胜任力测试资料等；制定好考察指标及指标权重。要注意评估指标的内容与评估手段的匹配性，如价值观、意识等指标可以使用情景模拟测量，技能、素质等指标一般使用基于行为事件的面谈法，个性类指标一般使用心理测试，知识类指标可以用笔试或半结构化问答方式来测量。面试甄选过程不易拖沓冗长，应将主要精力聚焦于考察高管应聘者的核心胜任力，特别注意考察应聘者入职后难于开发和提升的个性、价值观、意识等指标。

5.1.3 实践案例分析

某大型动漫出口企业 Z，欲招聘一位副总经理，笔者建议企业 CEO 和人力资源部利用本书研究的文化出口企业高管胜任力模型进行招聘和甄选，并提供了基于模型的高管岗位胜任力评估表。企业在参考模型后更加明确了此次招聘对副总经理岗位候选人的胜任力要求、胜任力权重分配及评估方式（见表 5.1）。

表 5.1　Z 企业副总经理岗位胜任力评估

胜任力	权重	具体甄选内容及比重	评估方式
价值观	23.7%	文化使命（21.9%）、文化包容（16.1%）、文化自信（21%）、以人为本（17.2%）、追求卓越（23.7%）	情景模拟测试
素质	17.9%	文化素质（17.2%）、艺术素质（10.7%）、政治素质（21.9%）、学习素质（19.4%）、创新素质（30.7%）	基于行为事件的面谈法
技能	16.5%	全球战略决策力（29.2%）、跨文化创意团队管理力（17.2%）、创意生产把控力（9.9%）、全球资源整合力（20.3%）、跨文化交际力（12.1%）、跨文化营销力（11.2%）	基于行为事件的面谈法
意识	15.9%	全球化意识（27.6%）、本土化意识（17.5%）、竞争意识（18.7%）、合作意识（16.1%）、未来意识（20.1%）	情景模拟测试
个性	13.5%	冒险（24.8%）、好奇（26.9%）、灵活（22.1%）、敏感（13.6%）、坚韧（12.6%）	心理测试（自陈测试、16PF 测试）
知识	12.5%	管理知识（11.3%）、经营知识（14%）、文化产业知识（12.6%）、跨文化知识（24.9%）、国际商务知识（17.8%）、法律知识（19.3%）	半结构化问答

资料来源：笔者制作。

面试当天，企业组成了以董事长、CEO 和人力资源总监的评估小组，对通过资料初审的三位副总经理岗位候选人进行逐一面试。各项胜任力指标的评分标准为——较差（0~25 分），合格（26~50 分），良好（51~75 分），优秀（76~100 分）。三位候选人胜任力评估结果汇总如表 5.2 所示。

表 5.2　三位副总经理候选人胜任力评估结果汇总

候选人　　指标	个性	价值观	意识	素质	知识	技能	总分	等级
A	9.62	19.28	12.63	14.07	10.04	14.70	80.34	优秀
B	8.37	17.32	6.79	15.45	11.01	13.09	72.03	良好
C	9.98	17.78	10.04	13.11	10.90	14.12	75.93	良好

资料来源：笔者制作。

三位副总经理候选人中，候选人 A 的分数最高，面试表现优秀，因此予以录用，而其他两位候选人的面试表现良好，由于名额有限，此次暂不录用。

招聘结束后，企业人力资源部门给笔者的反馈是：利用我国文化出口企业高管胜任力模型，明确了高管岗位的招聘标准，借助心理测量与非心理测量等各种测试工具和评估手段，利用胜任力评估表给应聘者打分，相比于以往通过应聘者的阅历、资历、技能等指标来甄选，基于胜任力模型的招聘过程更客观，甄选更有目标性，面试结果更清晰，的确有利于选拔到最合适的高管，并表示今后的招聘工作会继续借鉴这种思路和流程。

5.2　模型在文化出口企业高管培训中的应用

5.2.1　基于胜任力模型培训的特点

传统的企业培训存在以下问题：①从培训需求看，传统的培训以工作分析为基础，人力资源部门不能完全了解受训人员已有胜任力与岗位需求匹配的情况，有时候对于培训内容存在主观判断，难以把握受训人员真正需要培训的内容。②从培训内容看，传统培训的重点在于知识和技能的传授，未能有效地关注与高绩效相关的价值观、思维方式、个性、动机等隐性素质的开发。③从培训效果评估看，传统培训效果评估以考察知识和技能为主，常以笔试的方式考察受训人员对知识的掌握情况，用自我评价法来评估受训人员对于技能的掌握情况，与工作绩效关联度不大。

基于胜任力模型的培训具有以下特点：①从培训需求看，基于胜任力的培训突出个性化和针对性，企业参照胜任力模型能诊断出高管胜任力的强项和弱项，直接针对胜任力短板进行培训，做到有的放矢，杜绝不合理和不实用的培训内容，节省了企业培训开支和高管的时间成本。②从培训内容看，文化出口企业高管想在职场上晋升到什么岗位，有相应的岗位胜任力模型可以参照，对照这些胜任力模型的要求，高管有针对性地参加相应的培训计划。基于胜任力模型的培训不但有传统的知识培训、技能培训模块，也有与个性、价值观、意识等隐性特质相关的模块。③从培训效果评估来看，基于胜任力的培训评估能反映受训高管培训前后在个性、态度、技能、知识等各层面的变化，与绩效关联度明显增大。

5.2.2　应用的具体步骤

（1）收集培训需求。文化出口企业高管胜任力培训的第一步是需求分析，没有针对性的培训，就等于浪费人力、物力、财力。在分析文化出口企业高管胜任力培训需求时，要注意从三个层面进行：一是了解文化出口企业有什么海外战略目标，了解文化出口企业在海外营销或运营过程中存在哪些问题、难点等；二是分析企业受训高管的工作任务、岗位职责，找出其工作任务和岗位职责需要具备的价值观、技能、意识、个性和知识等胜任力；三是对比受训高管在价值观、技能和知识等层面的胜任力与岗位理想胜任力模型之间的差异，找出其胜任力的强项和弱项，明确高管的个性化培训需求和培训重点。

（2）制订培训计划。根据培训目标、受训高管的胜任力现状，为受训高管量身打造培训课程。培训课程内容应该围绕高管个体培训需求、胜任力现状与岗位胜任力之间的差距展开，例如需要提高跨文化营销力，可设置品牌营销课程、文化体验空间、文化活动及展览策划课程等；需要提高跨文化创意团队管理力，可设置跨文化沟通课程、全球领导力课程、跨文化冲突管理课程等。

（3）实施培训。培训效果往往取决于培训内容与培训方式的匹配度，通常知识类胜任力开发可以采用区域学习法、讲座法、案例研究法等，个性、意识类胜任力开发可以采用心理测试法、体验法、模拟法、敏感性训练等，技能类胜任力开发可以采用角色扮演、行为修正法、导师督导法等，价值观类胜任力开发可以采用先进人物事例激发法、时事政治讲解法等。

（4）培训效果评估。培训的效果需要较长的时间才能显现出来，效果评估有以下几个衡量指标：第一，受训高管知识的增加，比如跨文化知识、金融知识可以通过书面测试体现出来。第二，受训高管价值观、个性、意识等的变化，比如跨文化敏感性、坚韧、文化自信、全球化意识等，可以通过心理测试、思维方式测试等自评估式调查问卷来评估。第三，高管培训前后技能的提升情况，比如跨文化交际公关力、全球资源整合力的提升，可以由上一级领导、同事和客户的观察评价得出；也可以使用本书构建的我国文化出口企业高管胜任力模型来测试，高管接受培训前后分别进行一次胜任力评估，受训前的胜任力评估结果与受训后的胜任力评估结果相比较，就可以知道培训是否有实质性效果。第四，组织绩效和个人业绩的变化，这是最重要的培训效果评价指标。如果受训高管的知识、技能和意识等都改变了，组织与个人的业绩却没有变化，也很难说培训效果是理想的。

5.2.3 实践案例分析

某大型出版集团 Q，多次获得国家级文化出口企业称号，其业务副总李某，研究生学历，工作 20 多年，现在主要负责海外图书出版与发行，有强烈的进取精神，主观上希望不断提升自身业务能力，在实现自我价值的同时，为集团创造更大价值。为了识别李总的胜任力现状与岗位理想胜任力之间的差距，笔者建议李总利用本书研究得出的"我国文化出口企业高管胜任力评估表"进行胜任力的自评估。

李总胜任力自评估的结果显示：当前岗位胜任力总分为 84 分，说明李总符合副总岗位基本要求。将李总当前胜任力柱状图与岗位理想胜任力柱状图进行对比，可以看出李总在个性、价值观、思维方式三个层面大致符合岗位理想胜任力要求，但是在另外三个层面出现了较为明显的短板：在知识层面，跨文化知识不足；在技能层面，跨文化交际公关力不足；在素质方面，艺术素质不足（见图 5.2）。

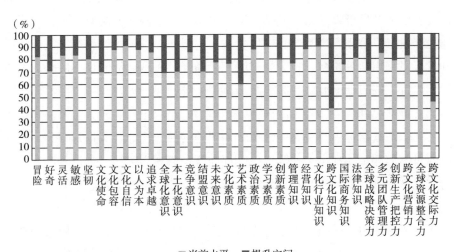

图 5.2　李总当前胜任力评估柱状图

资料来源：笔者制作。

由图 5.2 可知，李总目前最急需的培训项目及排名情况为：第一为跨文化知识培训，提升空间达 59.2%；第二为跨文化交际公关力培训，提升空间达 54%；第三为艺术素质，提升空间达 41%。

　　结合胜任力评估结果，笔者为李总设计了如下培训方案：

　　第一步，分析李总三项能力缺口的重要性和可塑性。根据三维培训需求分析模型和我国文化出口企业高管胜任力模型，跨文化知识的比重占高管全部知识比重的 24.9%，在知识结构比重中居首位，其重要性非常高，而且知识类胜任力的可塑性强，因此建议李总通过集中性、高强度的培训方法来提升跨文化知识；跨文化交际公关力的比重应占高管全部技能比重的 12.1%，在能力结构比重中居于中等地位，且技能类胜任力的可塑性较好，因此建议李总通过有针对性的集中培训来提高其跨文化交际公关技能；艺术素质的比重占高管全部素质比重的 10.7%，在高管素质类胜任力中排名末位，重要性低，且艺术素质的可塑性低，因此建议李总以自我学习、自我提升的方式来培养艺术素质。

　　第二步，为李总设计了跨文化知识、跨文化交际技能的培训课程，并提出了提升艺术素质的若干建议。跨文化知识培训的内容包括中国文化课程、西方文化课程、中西文化比较课程，培训方式为讲座法，聘请相关专业培训教师对李总进行面对面授课。跨文化交际技能培训的内容包括商务外语课程、跨文化沟通与理解课程、跨文化谈判课程、跨文化社交课程、跨文化公关课程，培训方式为讲座法、案例分析法、角色扮演法、文化敏感性训练、关键事件分析法、行为塑造法等，注重理论与实践的有机结合。提升艺术素质的建议主要有：在业余时间多阅读文学作品、听音乐会、观赏舞蹈与电影，欣赏绘画、雕塑与建筑艺术，增加自己的审美体验；在中国大学 MOOC 网络学习平台注册账号，利用碎片化时间学习艺术理论、艺术史、艺术鉴赏以及创意策划类课程，增加自己的艺术理论修养。以上培训项目为期三个月，鉴于李总工作繁忙，面授培训利用周五及周末休息时间，全部课程共计 36 天，216 课时。

　　第三步，培训期满进行培训效果评估。培训结束后，请李总填写"我国文化出口企业高管培训效果评估表"，请李总对培训方案的设计、培训内容与实际工作契合度、培训组织管理、培训师的水平等内容做出满意度评价，以便改进未来集团高管的培训内容与机制。在培训前李总已经填写过"我国文化出口企业高管胜任力评估表"，在培训结束后再进行一次同样内容的胜任力评估。两次评估结果进行比较，前后对比结果如图 5.3 所示：培训后李总跨文化知识明显提高，跨文化交际公关能力有中等程度提高，艺术素质有小幅提升。数据显示：本次给李总设计的一对一培训达到了比较理想的效果。

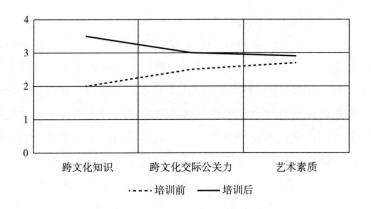

图5.3　李总培训前后单项胜任力对比

5.3　模型在文化出口企业高管绩效管理中的应用

5.3.1　基于胜任力模型的绩效管理特点

传统绩效管理的突出特点是考虑结果和业绩比较多，常见考核指标主要有利润率、销售额等。这种绩效管理方式的弊端是：①侧重对结果的考核，属于定量化评价，未考虑到有些绩效不是光凭个人努力就能达到的，忽视了个人的能力评价和主观能动性。②侧重对短期的考核，可能会导致高管片面追求可观的利润率和销售额而做出不利于企业长远发展的事情。

文化出口企业的绩效管理要考虑到文化出口行业的特殊性：一是文化贸易除了受国际文化市场的影响，还与文化距离密切相关，受文化例外政策的影响，受目的国政府的干预程度深，一旦外部环境不好、目的国政策有变化，外交关系恶化，文化出口企业的业绩就下滑。以业绩为主导的绩效管理无法体现高管个人的能力和努力的程度。二是文化出口企业不能急功近利，应以"中华文化走出去"的国家战略和企业的全球化布局为重，不能单纯追求短期的营业额和利润，企业为了探索市场、挑战竞争对手而增设或并购子公司，可能会造成暂时的财务亏损，短期内以投资收益率之类的业绩指标来考核高管不恰当，会影响高管的进取意识，造成工作上缩手缩脚。以上原因决定了以业绩和结果为导向的传统绩效管理方式不利于文化出口企业的长远发展。

建议我国文化出口企业应该引入基于胜任力模型的绩效管理方式。基于胜任力模型的绩效管理的优点主要有：①偏重能力和素质的评价，有利于激励高管发展个人综合能力，提高个人工作主动性，真正达到了通过绩效激励促进人力资源提升的目的；②重视对高管的长期评价，有利于培养高管的长远导向和未来意识，避免做出有损于国家利益、文化利益、企业长远目标的短期行为和短视决策；③在传统绩效指标中加入胜任力指标，有利于企业达成短期目标与长期目标的平衡，达成销售额、利润率、投资回报等客观性指标和国际影响力、创新度、口碑、团队成长等主观性指标之间的平衡，弥补了传统基于岗位、基于财务指标的高管绩效管理的缺点。

5.3.2 应用的具体方法

基于胜任力模型的文化出口企业高管绩效管理的具体方法如下：

（1）绩效计划。绩效计划是绩效管理的逻辑起点，文化出口企业绩效计划应本着兼顾经济效益指标和社会效益指标的原则，绩效计划不仅要分别设置企业和高管个人的绩效目标，还应设置传统绩效考核中没有的胜任力发展指标。目前很多非文化行业的企业都应用平衡计分卡来评估实际绩效指标，平衡计分卡摒弃传统单一的测评方法，从财务指标、内部业务流程指标、客户指标、学习和成长指标四个维度出发评价企业绩效，其中，学习成长类指标关系到企业是否具备关键战略内部流程必需的特殊能力，它的设置就为胜任力模型提供了应用场景，因为胜任力模型可以评价人员现有胜任力和理想胜任力之间的差距，识别人员的哪些胜任力最需要提升，可以把这些最需要提升的胜任力，设置到学习成长类指标中。文化出口企业与高管本人对绩效指标内容达成一致后，双方应该签署书面绩效考核表。基于胜任力模型的绩效考核表应包含胜任力指标名称、指标定义、指标权重、指标行为等级等内容。

（2）绩效执行。绩效执行过程包括人力资源部门观察绩效行为、记录绩效行为、存储绩效信息、审查绩效指标与维度、上级判断工作情况、上级与高管沟通绩效、绩效辅导七个环节。在绩效执行过程中，最为关键、难度最大的工作是绩效辅导。

（3）绩效评估。可以采用基于胜任力模型的 360 度评估方式，即自我评估、上级评估、下属评估、同级评估相结合。按照人力资源部门与被评估高管事先达成的胜任力绩效考核表，请评估责任人本着公平、公正、负责的态度对被评估高管进行胜任力评估，最后把结果以书面报告形式呈现出来。

（4）结果应用。获得文化出口企业高管胜任力评估结果后，可以通过分析考核结果，发现被评估高管当前胜任力与岗位理想胜任力之间的差距，寻找胜任力短板，为其提出绩效改进计划。高管胜任力绩效考核结果也可以作为其晋升、培训和薪酬管理的重要依据（李登印、李颖等，2014）。

5.3.3　实践案例分析

某游戏出口企业 C，之前聘请过的总经理能力与企业岗位要求不匹配，其主导的管理层培训体系耗费了大量资金和资源，却没能有效改进管理团队的整体竞争力，由于前任经理上任前已经与企业达成了年薪制的约定，所以前任经理离职时仍然从企业领走了高昂的薪酬。最近企业董事长聘用了孙某任公司总经理，并尝试采用引入基于胜任力模型的总经理绩效管理办法，目的在于提升企业中高层管理团队的管理能力。

首先，企业为总经理设立新的绩效计划。C 企业使用平衡计分卡技术，尝试从财务业绩、利益相关者、内部运营、学习与成长四个维度对总经理进行绩效管理。财务业绩指标包括营业收入、经济增加值、资产负债率等，利益相关者包括客户满意度、品牌影响力、市场占有率等，内部运营包括生产经营费用减少情况、新产品上市周期、制度流程建设情况等，学习与成长维度包括中高层管理团队任职资格达标率、团队建设、培训覆盖率及效果等（唐锦铨，2018）。企业与孙总约定绩效计划中财务业绩指标占比 35%，利益相关者指标占比 15%，内部运营指标占比 25%，学习与成长指标占比 25%。其中，学习和成长指标中"中高层管理团队任职资格达标率"是指总经理所辖五个管理岗位胜任力的达标率，约定在一个考核期内规定达标率应在 80% 以上。C 企业与孙某共同沟通绩效指标、绩效标准等绩效计划内容，经讨论修改最终形成总经理岗位绩效考核表，双方签字确认。

其次，新任总经理按照绩效考核的各个维度开展工作，促进文化产品内容创新和服务创新，关注利益相关者满意度，指导和监督直属部门，进行中高层管理团队的在职培训，提升高层管理团队的胜任力，努力为企业带来更好的效益。

一年之后，C 企业对总经理进行年终绩效评价。在学习与成长的指标考核中，评价"中高层管理团队任职资格达标率"就可以应用我国文化出口企业高管胜任力模型。C 企业高薪聘请总经理来工作，总经理领导下的管理团队胜任力有没有得到提升，任职资格达标率如何？由于本书的高管胜任力模型对高管的一级胜任力指标和二级胜任力指标都有较为明确的分级、较为清晰的描述，还提供了一套系统、量化的胜任力评价指标体系，所以 C 企业人力资源部门直接利用该评价指标体系，采用 360 度评估的方式，对总经理直接管辖的五位中高层管理人员进行胜任力评价，评价结果如表 5.3 所示。绩效评估规定胜任力得分为 80 分以上者为达标。

表 5.3　C 企业总经理所辖管理人员胜任力评价结果

胜任力 ＼ 岗位	副总经理	财务总监	人力资源总监	营销总监	艺术总监
胜任力评价	85	81	78	76	88
是否达标	是	是	否	否	是

所辖岗位管理团队达标率：60%

资料来源：笔者制作。

在年度绩效考核中，孙总所辖岗位人员达标率为 60%，因此孙总在学习与成长指标中"中高层管理团队任职资格达标率"的表现欠佳。C 企业再综合其他指标的达标率，利用"绩效考核总成绩 = 财务指标达标情况 ×35% + 社会大众达标情况 ×15% + 产品与服务达标情况 ×25% + 学习与成长达标情况 ×25%"的公式，从而得出总经理的年终绩效考核总成绩。

最后，根据平衡计分卡四个维度的考核情况，形成绩效考核报告。报告明确了总经理的绩效考核总分、各维度得分、各维度具体分析、突出的优势以及需要改进的方面，并提出绩效改进建议。

5.4 模型在文化出口企业高管职业 生涯规划中的应用

5.4.1 基于胜任力模型的职业生涯规划特点

近十多年来，文化出口企业开展海外业务，在海外设立或兼并子公司，常常需要把高管外派到目的国工作若干年。等其海外任务结束回国后，常常发现母公司并没有给自己预留合适的岗位或者安置的岗位与本人的设想差距较大，这导致高管困惑、失望、沮丧，甚至主动辞职，造成了高层次人力资源的浪费和流失，非常令人心痛。这种局面很大程度上源于文化出口企业没有做好高管的职业生涯规划，企业未能在高管外派之初就为其提供职业发展通道。

目前在文化出口企业里担任高管的人才未来可以发展到什么层次、什么职位，企业应该把发展远景明确地展现给高管，以减少文化出口企业高管的心理不安全感和对未来的不确定性。

将胜任力模型引入我国文化出口企业高管职业生涯规划中，有以下优点：一是基于胜任力模型的职业发展通道，使在岗高管明晰今后的发展路径，可以帮助其有计划、有步骤地解决自身职业发展的不足，为其指出未来胜任力提升的方向、重点和标准；二是为尚未晋升到高管岗位的中层、基层管理者或者其他非管理岗位的员工提供能力提升的指南，使他们明白要获得管理岗位的晋升或者转入管理岗位应该补充哪些知识、提升哪些技能、提高哪些素质、培养哪些意识等。我国文化出口企业高管胜任力模型中关于胜任力的指标、等级、行为标准等内容为企业高管后备人才提供了努力的方向。

5.4.2 应用的具体办法

（1）开辟职业发展通道。根据文化出口企业战略和组织架构建立高管职位体系，从纵向和横向建立起高管职业发展通道，比如创意总监可以朝着更高的职等、职级发展，晋升为副总经理、总经理等，也可以跨越职族、职类，调入其他部门任总监，全方位丰富自己的工作经验。

（2）建立岗位胜任力标准。文化出口企业对高管职业发展通道有了相对稳定的设置之后，还应对高管职业通道中每一个层级的胜任力指标进行归纳和提炼，形成符合企业自身实际情况的任职资格，如基础条件、专业成果条件以及胜任力标准。其中核心高管的岗位胜任力标准就可以借鉴本书得出的我国文化出口企业高管胜任力模型。

（3）任职资格评价与评定流程设计。结合文化出口企业的具体情况，采用多元化的高管任职资格评价方法，主要有评价中心法、360 度评估法、基于行为事件的面试法等。任职资格评定流程一般是高管个人先提出申请，人力资源部门资格审核，审核通过后提交企业职业资格评审委员会，然后对申请人进行能力面试，面试通过即可获得晋升（李登印、李颖等，2014）。

（4）反馈评估结果与制定发展方案。任职资格评审委员会及时与被评估高管会谈，将评估结果反馈给本人，促使其及时、准确、全面地了解自己的职业发展情况、胜任力的优势与不足，并帮助其制订个人发展计划，辅助其逐步实现职业理想。

5.4.3　实践案例分析

某艺术品制造公司 A 是一家地方民营文化出口企业，前营销总监王某，在海外子公司担任总经理职务，履职两年后回国。外派任务结束归来，王某认为自己过去两年在海外子公司贡献突出，自身的组织管理能力和海外市场拓展能力比外派前有很大提升，提出想晋升至总公司副总经理一职。

总经理接到王某的申请，认为王某可塑性较强，具备副总经理候选人的资格，但是某些方面还需要进一步提升，于是决定按职业通道发展的正常程序，对他进行基于文化出口企业高管胜任力模型的 360 度评估，判断他是否具备副总经理的岗位胜任力。360 度评估小组对王某进行岗位胜任力评估后发现：王某当前胜任力与公司副总经理岗位胜任力之间有差距，具体表现在技能层面和素质层面（见图 5.4 和图 5.5）。

从图 5.4 中可以看出：在技能层面，与副总经理的岗位胜任力需求相比，王某的全球战略决策力、全球资源整合力还未达到 4 级。

从图 5.5 中可以看出：在素质层面，与副总经理的岗位胜任力需求相比，王某的艺术素质还未达到 3 级。

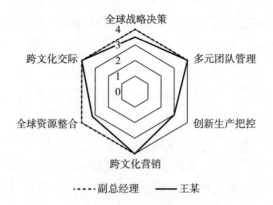

图 5.4　王某与目标岗位技能要求的差异

资料来源：笔者制作。

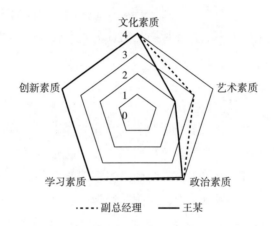

图 5.5　王某与目标岗位素质要求的差异

资料来源：笔者制作。

评估结果出炉后，评估组肯定了王某在价值观、意识、个性、知识等方面的专长和优势，同时也指出王某在技能和素质的某些方面还存在不足之处，认为王某如果要晋升到副总经理，需要进一步提升全球战略决策力和全球资源整合力，并注意培养个人艺术素质，评估组最后真诚地给王某提出适合他的个人职业发展计划（见表 5.4）。

王某看到个人胜任力评估报告和个人职业发展计划，一方面对自己需要提升的技能和素质有了直观、清晰的认知，从而明确了未来的努力方向；另一方面看到了自己在企业中有真实的上升空间和事业发展机会，于是安心工作，进入为期半年的调整、完善阶段。

表 5.4　王某的个人职业发展计划

发展项目	行动建议	资源支持
全球战略决策力	①追踪全球经济、金融的宏观趋势，关注全球文化市场的变化 ②在当前具体工作安排时，分析短期目标是否有利于实现长远战略规划，及时反思阶段性战略和长远性战略 ③观察、分析上级主管的决策	内部导师：公司总经理负责辅助决策指导、目标指导和方向把握
全球资源整合力	①组织各部门经理，对企业内部集中的和零散的资源进行全盘考虑，汇总各方意见，优化内部资源配置 ②开拓思路，综合运用借才、借市、借机、借势等手段，弥补企业自身资源不足的问题 ③寻找外部资源时，注意比较和筛选国内外合作伙伴，实现企业利益最大化	外部导师：聘请文化贸易行业智库专家负责提供全球资源整合领域的咨询
艺术素质	①培养审美趣味。多阅读经典文学作品、听音乐会、参观博物馆、观赏舞蹈与电影，欣赏绘画等，努力增加自己的审美体验 ②向优秀的艺术专业人士请教，听他们分析、讲解艺术作品，学习他们分析评价作品的思路、角度和标准	慕课：在线学习"双一流"高校开设的艺术鉴赏、文化艺术管理、中国艺术史、西方艺术史等课程

资料来源：笔者制作。

在接下来的日子里，王某有了工作上的困惑会向总经理和外部导师请教，而总经理、外部导师也经常性地给予王某工作指导与监督，协助王某按照他的职业生涯规划一步一步迈进。

第6章　我国文化出口企业高管胜任力开发措施

本章主要内容为我国文化出口企业高管胜任力开发路径与具体措施。高管是高层次管理人才，是人才中先进的、高层次的部分，高管胜任力开发可以借鉴人才学的研究成果。本章基于人才学理论中三个有代表性的观点，提出了我国文化出口企业高管胜任力开发的思路。

（1）"时势造就人才规律"。人才学认为人才总体发展运动规律是"时势造就人才"，正是特定历史时代背景造就了一定数量和质量的人才。本书认为正是全球迈入创意经济和全球经济一体化的时代背景，造就了我国文化出口企业高管人才的诞生，文化贸易短时期内快速发展决定了我国文化出口企业高管人才数量的稀缺和质量的不足。

（2）人才成长的"内外因作用说"。人才学认为内因在人才成长中起决定性作用，个人应该努力通过自主性理论学习和创造性实践活动来成才。本书认为我国文化出口企业高管必须重视自身作为胜任力开发的主体性作用，积极主动地"干中学"，努力从价值观、素养、技能、思维方式、个性、知识等层面自我加压、全方位提升能力与素质。

（3）"人才开发整体相关论"。人才学认为人才开发的主体是个体、家庭、学校和社会，人才的成长需要多方力量共同驱动，进行多层次、综合性开发。本书认为我国文化出口企业高管个体的开发是为实现自我价值而进行的开发，企业开发是为实现企业愿景和战略目标而进行的开发，学校开发是为了给社会培育合格人才而进行的开发，国家开发是为了引领高管人才成为国家文化贸易的领军型人才而进行的开发。四个开发主体共同推动我国文化出口企业高管胜任力的提升。

在人才学理论的启发下，本书提炼出我国文化出口企业高管胜任力四力驱动开发模型（见图6.1）。

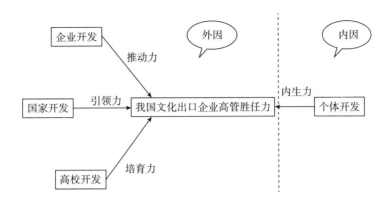

图6.1　我国文化出口企业高管胜任力四力驱动开发

资料来源：笔者制作。

　　如图6.1所示，我国文化出口企业高管胜任力开发有四个途径，发挥着四种不同力量：第一个途径是个体开发，高管是自身胜任力开发的主体，高管从自身价值观、素质、技能、意识、个性、知识方面进行的自我开发是胜任力开发的内生力。第二个途径是企业开发，企业是高管人力资源的使用者，也是高管胜任力开发的第一责任人，企业开发是高管胜任力开发的推动力。第三个途径是国家开发，国家对高管胜任力开发起着政策指导、方向引领和宏观调控的作用，是高管胜任力开发的引领力。第四个途径是高校开发，高校是高管后备人才的培育摇篮，文化出口企业未来的高管诞生于此，在岗的高管也需要借助高校的在职培训和继续教育来不断成长，高校开发是文化出口企业高管胜任力开发的培育力。

　　以上四个途径对我国文化出口企业高管胜任力的开发都起着重要作用。其中，个体开发是内因，起着决定性作用，决定了高管愿不愿意提升自己的能力与素质，以及是否切实采取措施提升胜任力，这是高管胜任力提升的根据；而企业开发、国家开发、高校开发必须通过个体开发起作用，它们是高管胜任力开发的必备条件和外因，企业、国家、高校的开发对高管的成长起着加速或延缓的作用。四个胜任力开发途径互相促进，缺一不可，共同驱动高管胜任力的开发。

　　下文拟从个人开发、企业开发、国家开发、高校开发四个途径探讨我国文化出口企业高管胜任力开发的具体措施。

6.1　个体层面的开发措施

高管本人是其胜任力开发的主体，个体开发是高管胜任力开发的内因，起决定性作用。人类个体的需求按照从低到高的层次分为生理的需要、安全的需要、情感和归属的需要、尊重的需要、自我实现的需要。对于高管来说，文化出口企业提供的薪酬福利普遍能满足他们低层次的需求，而尊重的需求和自我实现的需求是高管的主导性需求。高管个体层面的胜任力开发是高管个体生命拓展的内在需求，高管实现自身的理想抱负和人生价值的途径正是自我开发。高管对自身胜任力开发得越深入，个人对于企业和社会的价值也越大，个人自我满足和自身实现的程度也越高。因此，本书特别强调文化出口企业高管个体层面的胜任力开发，拟依据本书第四章的研究结果，从价值观、素质、技能、意识、个性、知识六个高管胜任力一级指标入手，提出个体层面的高管胜任力开发措施。

6.1.1　树立适合企业需求的价值观

根据本书构建的胜任力模型，我国文化出口企业高管应该具备的价值观特征主要有文化使命、文化包容、文化自信、以人为本和追求卓越。高管价值观决定高管的行为，价值观能预测高管在遇到问题时怎么选择。文化出口企业高管具备适合企业需求的价值观，有利于引领企业全体员工形成正确的价值观。树立适合企业需求的价值观可以从以下几个方面入手：

6.1.1.1　牢记文化使命，继承发扬民族文化

首先，文化出口企业高管要保持对文化的热情。对文化的好奇、对文化事业的激情、对文化出口行业的兴趣，这是文化出口企业高管永不枯竭的工作元动力。日本著名企业家稻盛和夫在其著作中曾多次提到热情对于事业的重要性，他在著作《京瓷哲学：人生与经营的原点》一书中说："成就事业的关键，比才能和能力更为重要的就是当事人的热情、激情和执着。"他在著作《活法》一书中说："如果你拥有热情，便几乎所向无敌了。"高管对文化有兴趣，就会对文化事业有激情；对文化事业有激情，就会对工作充满干劲。有事业激情的高管能发挥积极性、主动性、创造性，即使工作中充满困难和荆棘，也乐此不疲，此外，

有事业热情的高管还能点燃下属的热情，打造一支充满活力、不忘初心的团队。

其次，文化出口企业高管要牢记文化使命。2016 年召开的中央全面深化改革领导小组第二十九次会议指出，要"增强中华文化亲和力、感染力、吸引力、竞争力，向世界阐释推介更多具有中国特色、体现中国精神、蕴藏中国智慧的优秀文化，提高国家文化软实力"（张恒军等，2016）。中华文化"走出去"的主体力量是文化出口企业，文化出口企业不但肩负着与国外大型文化企业竞争的历史使命，还肩负着传播中国文化的中国观点、中国力量的历史使命，如果文化出口企业高管具备传播中华文化的使命感和提升中国软实力的责任感，他就会心怀全局、立足高远；如果文化出口企业高管没有牢记文化使命，没有"以天下为己任"的崇高境界，他在处理问题时，很容易出现偏差，带来损失。所以，文化出口企业高管要牢记文化使命，心怀文化责任感和国家使命感，不但自身树立传播民族文化的事业追求，还要以自身的责任感、使命感去感染团队的每一个成员，为提升国家文化软实力共同奋斗，为中华民族谋复兴，这是文化工作者的初心和使命。

最后，文化出口企业高管要以实际行动发扬民族文化。高管要把文化使命感化为实实在在的行动，在工作中努力做到：带头反对低俗下流、崇洋媚外、丑化中国、羡富炫富、攀比享受等反文化、伪文化的思想倾向；引导企业生产和销售体现中国悠久历史和深厚文化的产品，生产和销售反映当代中国人自尊、自信、自强精神的产品，生产与销售树立富强、民主、文明中国形象的文化产品；积极利用和自主打造全球文化贸易平台，探索减少"文化折扣"的新途径，力争在世界范围内扩大中华文化的影响力、感染力和美誉度，切实维护国家文化安全。

6.1.1.2 树立文化包容心态，求同存异兼收并蓄

首先，文化出口企业高管要克服民族优越感，去除文化偏见。其实我们大多数人都有不同程度的文化偏见，或者以貌取人，或者性别歧视，或者以为所有美国人都是一种处事方式的文化刻板印象等。文化出口企业高管可以进行文化刻板印象的心理测试，外国心理学家、社会学家、管理学家们已经设计了众多的与文化偏见相关的测验和量表，可供人们探索自己内心隐秘的文化观念。文化出口企业高管在测试之后会发现自身存在的、以前却不曾了解的文化偏见，认真审视测试的结果，在和外国员工、客户、合作伙伴相处时，注意摆脱旧有的思维模式和文化偏见，多观察、多交流，做出正确的判断和决策。

其次，理解文化的多样性与复杂性，求同存异。中国人自古就追求"和而不

同"，注重"和"，又不否定差异，尊重多样性，与多元文化和谐相处。在世界经济一体化的背景下，面向全球进行文化生产与销售的企业高管必须尊重文化多样性。2018 年时尚奢侈品牌 Dolce & Gabbana 发布了涉嫌歧视中国传统文化的广告，引起了中国消费者的不满，其商品在国内被多个零售商下架。也许是深以为戒，2019 年另一时尚奢侈品牌 CHANEL 宣布公司增设一个前所未有的高管职位——多样性与包容性高管，目的是"为了提高公司内部的包容性和多样性，避免出现任何因性别、种族、宗教或性取向等原因而冒犯消费者的失礼行为"。①这两个正反面案例启示我们：文化出口企业面向的是广阔的海外市场，企业高管必须了解和尊重全球文化的多样性，求同存异，在生产、设计、销售、服务等各个发展环节，与各国消费者进行友好沟通，不能冒犯某国家特定的人群，不能在无意中伤害某个民族的文化感情。

最后，学习世界各民族文化的优秀成果，为我所用。在世界上，美国、英国、德国、法国、澳大利亚、韩国、日本等国家的文化产业都非常发达，长期在国际文化贸易中居于优势地位；美国的华特迪士尼公司、时代华纳、维亚康姆，日本的索尼音乐娱乐公司、任天堂游戏公司，法国的环球唱片公司、哈瓦斯集团，英国的维珍集团、路透集团，德国的贝塔斯曼集团，澳大利亚的新闻集团等超级文化集团实力雄厚，长期占据国际文化市场的绝大部分版图。这些国家的先进技术、文化产业政策、人才培养政策、创意孵化做法等值得我们去研究，这些超级文化企业的商业模式、管理方式、运营方式、销售与服务的经验值得我们去学习。建议我国文化出口企业高管注意收集、归类、存储国际知名文化企业的资料，研究国际知名文化企业的最新动态和战略变化，分析它们在国际化运营管理的经验、做法，定期和各工作部门经理交流学习与研究的成果，尝试结合本企业情况引进、消化国外先进的理念和做法，在企业内部因地制宜地做出改革。

6.1.1.3　增强文化自信，践行民族文化

首先，要深刻了解中国文化的优势。深刻了解中国文化的优势，才能增加文化出口企业高管的文化自信，才能激发高管的文化创造力，通过对外文化贸易活动传播中国精神、中国价值。中国传统文化中有很多优秀的精神遗产在当今时代对全人类仍具有普遍性的指导意义，比如"天下主义"强调以礼乐教化、文化

---

① 加琳玮. CHANEL 任命首个多样性与包容性高管　这是什么神职位？［EB/OL］. 新浪网，ht-tp：//fashion. sina. com. cn/s/fo/2019 - 07 - 18/0946/doc - ihytcerm4445721. shtml, 2019 - 07 - 18.

引导、道德协调的方式，处理人与人、民族与民族乃至国与国的关系；"和合精神"强调自然、社会、人、心灵乃至不同文明的相互合作与融合；中华文化注重人格修养，倡导格物致知，正心诚意，修身齐家，然后治国平天下的人生路径，有利于克服现代社会中人们追求外在成功，导致人格异化的现象（罗能生，2006）。此外，中国传统管理智慧对当代文化企业的国际化管理实践也有重要启示意义，比如道家启示我们走"道法自然"的发展之路，打造"无为而治"的领导机制，实施"上善若水"的柔性化管理；兵家的"五事""七计"有利于培养领导者的战略思维，"知己知彼"有利于企业高管根据竞争对手的信息进行企业战略决策，"择人任势"的用人观有利于人才竞争和激发士气（唐立波，2018）。了解中国文化的优势有利于我国文化出口企业高管增强文化自信，践行民族文化。

其次，要做到对中华文化的局限有深刻了解。文化出口企业高管在坚持文化自信的同时，不能一味推崇本国传统文化，也需要看到中华传统文化中很多不符合时代的因素：如因人因事采取不同的特殊态度，而不是强调遵守普遍一致的原则；又如过于强调群体的价值，对个人的自由和价值重视不够；再如重价值理性轻工具理性，重内在修为轻外在开拓，重人治和权术，轻制度管理与运作规范等，这些中国传统思维方式和行事风格与现代企业国际化经营管理格格不入。我国文化出口企业高管还应该在全球化企业管理的视野下，充分重视中国高管普遍存在的问题。派思咨询公司（2015）在研究了美国 500 强企业 CEO 后发现，仅有 15% 企业的 CEO 为外籍或外裔，500 强企业里的中国高管胜任力不足主要体现在：缺乏思辨能力、个人影响力弱、注重对上级的服从、不善于表达观点（张璐晶，2015）。了解中国文化的局限性，为践行民族文化的高管提供了自我反思的向度。

最后，还要落实到行动上，深入挖掘本民族文化精髓，对中华文化遗产进行保护、传承和再创造。我国的文化资源丰富，从自然生态景观到文物遗迹，从神话传说到历史故事，从文学作品到艺术珍宝……是我国文化出口企业取之不尽、用之不竭的创意源泉。然而我们经常能看到这些文化资源被外国文化企业抢先开发，如美国好莱坞利用中国传统文化资源制作了动画片《花木兰》《功夫熊猫》，日本游戏公司抢先注册"西游记""水浒传""三国演义"的商标……此类性质的事件时有发生。2017 年党的十九大把传统文化中的人文精神、先进理念、道德规范提炼出来，倡导我们进行科学的继承、创造性的转换、创造性的发展。我国文化出口企业高管要响应党的号召，在寻找文化资源方面，要"眼光向内"，引领员工挖掘中国传统文化资源，在继承传统文化的基础上注入当代文化元素，不断创新文化的内容和形式，做好传统文化遗产的保护、传承和再创造。

6.1.1.4　追求人类幸福，以人为本

首先，要树立"以客户为中心"的观念。文化产品的市场价值与客户需求的满足程度、客户的认可程度密切相关，因此文化出口企业高管应该在企业内部倡导"以客户为中心"生产，而不是以"自我为中心"进行生产，要倡导创意团队时刻思考目的国客户需要什么内容，应该如何用新的形式表达创意，怎么使目的国客户消费从而实现盈利；更重要的是研究客户潜在的和未来的消费需求，不断研发新的文化产品，不断超越客户的期望，给他们带来惊喜。文化出口企业高管可以经常邀请海外重要客户见面，倾听他们对于企业、对于产品和服务的意见与建议，并及时采纳有建设性的意见与建议，对客户的需求做出迅速反应，使客户满意就能给文化出口企业带来更大的利益。

其次，要树立关爱员工的观念。当代社会人们的价值观发生变化，追求自我价值的实现，希望平衡工作与生活的关系，重视休闲、度假和家人共度时光。文化出口企业中的创意员工更加崇尚个性、自由、开放，更加追求生活情趣，价值取向趋于多元化，是否能为文化创意人才打造人性化的工作环境很重要；此外，文化出口企业中的外籍员工，在文化背景、价值观、生活理念、传统习俗等方面都与中国员工不同，是否尊重和理解外籍员工已经成为企业吸引和留住人才的手段。创意人才和外籍员工的特殊性决定了文化出口企业高管在工作中必须"以人为本"，考虑创意人才和跨文化创意团队的特殊性，做到理解人性，尊重人情，促进管理方式的人性化，比如打造充满创意的工作空间，给员工弹性工作时间，允许员工带生病的孩子上班，邀请员工家属参加企业年终聚会，邀请部门经理喝咖啡聊天等，多理解员工疾苦，多尊重下属要求，就能营造愉快、和谐、向上的跨文化创意团队的工作氛围。

最后，要关注全人类的精神福祉。文化产品与人类精神文明发展息息相关，每个文化产品都蕴藏着独特的文化价值，文化产品所蕴含的思想、知识、精神、情趣等，被全球消费者购买、实现它的市场价值后，最终会作用于人类的思想观念，影响人类的行为方式。我国文化出口企业高管要有造福全人类的善念，树立为全人类谋求精神幸福的目标，引领文化出口企业创造出真、善、美和谐统一的产品和服务，用优秀的文化产品、文化服务促进全人类认识世界、探求真理的欲

求，激活全人类弃恶扬善、自爱爱人、利乐众生的理想，为人类社会精神发展做出贡献，为最终实现更真、更善、更美的世界而奋斗。

6.1.1.5　注重产品和服务的品质，追求卓越

文化产品和文化服务的一流品质是文化出口企业的生命线。追求卓越的价值观是高管带领文化出口企业不断创新、高质量发展的动力，文化出口企业高管培养追求卓越的价值观可以从以下几个方面入手：

首先，不断引领员工提升文化产品和服务的品质。在国际文化市场上，新的文化产品和服务不断涌现，层出不穷，文化出口企业创意的优化、服务的提升、科技的进步是永无止境的。文化出口企业高管要激励员工，不断提升产品和服务的文化价值，号召员工时刻思考如何在文化产品的思想性、艺术性、创新性、审美性等方面更进一步；号召员工时刻思考如何在文化服务的先进性、和谐性、人性化等方面更进一步；号召员工时刻思考如何运用移动互联、大数据、云计算、人工智能等新科技使跨文化营销活动开展得更加顺利。高管追求卓越，提倡精益求精，推动员工改进现有的产品、服务、技术，假以时日，必能为企业创造辉煌成就。

其次，不断树立有挑战性的目标。一个志存高远的高管必定引领企业不断追逐梦想。文化出口企业进军国际市场，有不同发展阶段，从初级阶段的文化产品出口、服务贸易，到成长阶段的国内外合作研发、委托国际代理，再到高级阶段的兼并控股、直接投资、建立本土化公司，一步步向跨国文化集团的目标发展。当文化企业处于国内生产阶段时，产品和服务走红国内市场，高管应该树立进军国际市场的目标；当文化企业处于国际化阶段时，产品和服务开始出口，高管应该树立跨国经营的目标，谋求海外资产的收购和海外子公司的建立；当文化企业处于跨国经营阶段，高管应该树立国内经营组织和国际经营组织一体化的目标。一位有雄心壮志的高管会带领文化出口企业一步一个台阶地前行，不断地为企业制定富有挑战性的目标，攻克一个又一个的难题，达成目标。

6.1.2　全方位提升五种必备素质

根据本书构建的胜任力模型，我国文化出口企业绩效标杆型高管应具有文化素质、艺术素质、政治素质、学习素质和创新素质。个体的素质影响了其认识世界和改造世界的能力，个体素质的高低与个体成就的高低关系密切。素质的培养非一朝一夕之功，文化出口企业高管的素质需要在日常工作和生活中逐步提升。

6.1.2.1 提升文化素质的措施

首先，广泛学习人文社会科学类的知识。建议文化出口企业高管补充提升文学、历史、哲学、社会学等知识。①了解本国历史和世界历史，尤其要熟悉自己国家历史，如果对自己国家的历史都没有深入地了解，则无法使中华文化屹立于世界文化之林。②了解世界上有典型性、代表性的哲学体系，如中国哲学、古希腊哲学、德国等西方国家哲学。③了解世界主要宗教体系，如佛教、基督教、伊斯兰教等。

其次，促进知识的融会贯通，形成独特的知识结构。文化出口企业高管应该打造知识结构的"宽口径"和"厚基础"，形成复合型知识结构，这需要将所学习的各类知识融会贯通，方法有：其一，由点到面，由某一学科的知识向外辐射，进而掌握与该学科相关的其他知识；其二，由面到点，从四面八方对某对象进行集中的观察和思考，形成对知识的聚焦力；其三，发现知识之间的关系和关节点，建立网络化、立体化的知识结构（薛永武，2008）。

6.1.2.2 提升艺术素质的措施

首先，多参加艺术审美实践活动可以逐步提升艺术素质。文学、音乐、舞蹈、诗歌、绘画、雕塑、建筑、电影等各种艺术形式都有相通性，苏轼在《东坡题跋·书摩诘〈蓝田烟雨图〉》中曾曰"诗中有画""画中有诗"，元代书画家赵孟頫赞同"书画同源"的说法，英国古戏剧家德莱顿说过"舞蹈是诗歌的脚步"，以上艺术家的观点表明——各种艺术形式虽然运用的物质媒介不同，但艺术的原理都相通。文化出口企业高管可以多阅读文学作品、吟诵诗歌、聆听音乐、观赏舞蹈与电影，欣赏绘画、雕塑与建筑艺术，努力增加自己的审美体验。艺术审美实践在短时间内能激发人们的灵感、放松和愉悦精神，如果能持之以恒地参加审美实践活动，久而久之就能培养文化出口企业高管对艺术的感知、感受和感动的能力，最终达到提升艺术修养的目的。歌德曾说过："一个人应该，至少是每天都要听一支动人的歌，读一首好诗，看一幅美的画，并且如果有可能，还要说上几句明智的话（理查德·加纳罗、特尔玛·阿特休勒，2007）"艺术审美实践活动需要长期坚持，假以时日，必能提高艺术修养。

其次，多结交艺术界的朋友。在参加画展、摄影展、博物馆展览等艺术活动时，主动结识艺术从业者，就对方擅长的领域多向其请教，探索有价值的合作领域，获得有启发的观点见解。艺术本来就不高深莫测，文化企业高管和艺术之间就差几个有趣的艺术界朋友。艺术界朋友的个性、人生态度、生活理念、艺术观点、艺术风格等都对文化出口企业高管产生或多或少的影响，让高管离时尚和潮流更进一步。

6.1.2.3　提升政治素质的措施

第一，要牢记作为文化工作者的国家责任。一国文化产业必然要体现一国政治、经济、文化、执政党的意识形态等。世界上没有哪一个国家在发展本国文化产业的时候，会损害本国的政治利益、经济利益、文化利益。"既然是中国文化产业，就要有中国的立场，中国的利益，中国的观点，中国的价值观"（张国祚，2014）。这是由文化产业的根本属性决定的。中国的文化产业必然要为建设有中国特色的社会主义文化服务，必然要弘扬社会主义核心价值观。文化出口企业的高管是一个企业的领头人，应该牢记作为文化工作者的国家责任，坚持社会主义道路、坚持社会主义核心价值观。在创意生产把控中，严格把关内容，拒绝生产价值观动摇、价值迷失、思想空洞的文化作品，不销售和传播缺乏民族文化认同与文化自信、弱化社会主流价值观的文化产品，带头反对文化企业关注短期目标和眼前效益的做法，牢牢把握社会主义先进文化前进的方向。

第二，要遵守国内外的法律法规条例。文化出口企业高管有法律意识和法制观念，遵守中国和目的国的公司法、合同法、税法、会计法、仲裁条例、劳动法、金融法、贸易法、外汇法、海关法等，我国关于新闻出版、版权、文化、文物、广播电视电影、互联网等文化领域的法律法规有近 50 部；遵守文化行业法规条例及文化贸易法规；遵循国际商务、国际文化贸易的惯例。

6.1.2.4　提升学习素质的措施

首先，文化出口企业高管要提升学习意识。时代变化了，思维必然革新，思维革新之路就是学习，只有学习才能跟上时代的变化。树立终生学习的观念是提升自身学习素质的前提条件。综观全球，现代管理方式也一直在不断发展，唯有不断地学习，才能适应国际文化产业管理的发展要求；现代科技在一直不断发展，数字化、互联网、云计算、大数据等技术极大突破了行业的限制框架，深刻改变了以往的文化产品和文化服务，唯有不断地学习，才能跟上新技术的趋势；文化出口企业高管面向的是多元文化的世界市场，遇到的是全新的消费者、陌生的竞争者和未曾打过交道的合作者，唯有不断地学习，在实践中探索，才能带领企业在全新的外部环境下生存，在关键时刻抓住机遇实现跨越式发展。因此建议文化出口企业高管树立终身学习的观念，并且号召全体员工不断学习、不断提升、不断创新。

其次，文化出口企业高管要掌握科学的学习路径。科学的学习路径很多，这里列举三种有效的方法：

第一，向他人学习。①向世界优秀企业家、高管取经。跟高水平的高管交流，有醍醐灌顶的感觉。每个管理者的思维都暂时形成了一个稳定的闭环结构，能自圆其说，自觉没有问题，但是当比你更优秀的高管跟你交流时，你会瞬间被拉到更高的层次上，有种即刻开悟的感觉。这也正是巴菲特的午餐拍卖受到企业家追捧的原因。②高层管理者应该向失败的人和事学习。高层管理者要善于反思某些公司和品牌是如何倒下的？如何死去的？而不仅是幸存者和幸运儿是如何成功的，前者比后者更有借鉴意义。③经常求教各行业专家。关于法律、金融、贸易等专业问题，可以咨询相关专业的专家；开发哪个国家、地区的市场，就要请教哪个国家和地区土生土长的专家。

第二，多观察、多提问、多反思。①"多观察"指文化出口企业高管可以利用去目的国出差的机会，敞开心扉，释放好奇，迈开脚，到当地文化市场实地考察；花时间了解目的国的电影院、剧院、博物馆、旅游胜地等的信息，关注文学、电影、戏剧、音乐等的最新走向。②"多提问"指问自己或者问别人，比如当地最热门的演出是什么？最畅销的书籍有哪些？目的国商店里的文化产品摆放的习惯是什么？哪些文化营销举措对于当地人是起作用的？③"多反思"指学会透过表面现象看本质，文化出口企业高管可以凭借自己所见所闻，推断目的国人民重视什么价值与观念？他们关心什么？他们如何进行思考？什么是他们的判断标准？如果对目的国市场的表面情况习焉不察、不去思考和分析，就很难找到未来的发展趋势，很难理解未来年轻人的文化需求以及他们接受的文化传播方式。

第三，边实践边学习。把学到的知识运用到工作中，在实践中学习，知行合一。"贝尼斯定理"认为：个体的成长70%来自工作中的学习，20%来自向他人学习，10%来自参加正式的培训。同样道理，文化出口企业高管的工作历练对他们能力素质的提升是最有帮助的，跨国业务所需的能力实际上大部分是在实践中不断总结和提高的。为了在实践中不断提升工作技能，笔者建议高管积极尝试以下几种方式：①干中学。高管要把"干中学"作为一种习惯，在文化出口企业走向国际市场的过程，高管每谈一笔项目，每解决一个矛盾，每结识一个合作商，都是学习的过程，都是知识积累的过程，高管知识积累到一定程度后，其思维、认知都会发生变化，从而大大提升创新素质。②在新的实践中总结经验与教训。高层管理者常常善于利用已有的国内管理经验，但事实上国内的管理经验大部分移植不出去，文化出口企业高管需要知道：文化情景变化了，管理者的常规经验、管理方式、管理风格等都需要调整。在跨文化的情景中，文化出口企业高管如果只用原有经验处事，而不在新环境下总结规律，就会犯经验主义的错误。文化出口企业高管要结合新的实践活动，勤于工作经验与教训，谨慎使用自己国内的管理经验，不要总想着把自己本国的管理经验复制出去（陈春花，2017）。

6.1.2.5　提升创新素质的措施

首先，培养创新精神。国际文化市场瞬息万变，新的创意产品和文化服务此起彼伏，新的科学技术层出不穷。文化出口企业只有不断地创新才能立于不败之地。胡惠林（2000）指出："我们在文化创新的源头，出现了一种能力转移，本来的文化创造变成了对西方文化话语系统和价值观念的主动复制和传播。言必称'现代主义'和'后现代主义'，已经成为中国文化界的一种新的思想僵化和文化僵化，正是这种新的思想僵化和文化僵化，造成了当下中国文化原创能力的深层弱化，使中国文化的现代化失去了文化原创的应有动力。"创意能力是文化企业的核心竞争力，文化出口企业的核心竞争力是超越国际的创意能力。文化产业的创新需要艺术、市场、技术三者的协同创新，文化出口企业高管应该培养创新精神，学习西方但不抄袭西方，消化吸收，重在突破创新，不落窠臼，突破庸常，引领企业创新商业模式、创新技术、创新营销手段、创新产品和服务的设计。

其次，善用创新思维。文化出口企业高管虽然不直接进行创意文化的生产，但是他们负责控制和把握创意工作的分配、创意价值判断、创意后期指导等环节，所以必须善用创新思维。文化产业的创新思维主要有逻辑思维、形象思维、直觉思维、联想思维、灵感思维、求异思维、逆向思维、发散思维、聚合思维等，综合利用这些思维方式可以提高文化出口企业高管的创意生产把控能力。另外，创新思维常在环境变化时闪现，变化工作性质或者工作环境都能改变高管的认知方式，改变他们看待问题的视角，有利于创新思维的闪现。变化工作性质指文化出口企业高管走出舒适区，承担与以往不同的、更有挑战性的工作；变化工作环境指文化出口企业高管主动申请到不同文化环境中工作和进修，增加海外旅居的经验、海外留学的经验、在跨文化团队工作的经验。

最后，采取创新的行动。创新的行为主要有孵化创意和推出创新成果。一方面，文化出口企业高管要注重孵化创意，利用头脑风暴、跨业脑力激荡、创意孵化小组等方式去开启团队的创意心智模式，促进创意成果诞生；另一方面，文化出口企业高管在企业获得创意和技术方面的重大突破时，应该不惧怕颠覆以往的创意成果和技术成果，判断和选择合适时机来推出创新成果，大胆革新产品和服务，实现"创意孵化—创意生产—创意测试—创意迭代—再测试—再迭代"的往复循环、螺旋上升的创意发展。有时我们有创新的能力，却不敢推出创新的结果，比如柯达公司在 1900 ~ 1999 年拥有 19576 项专利，是世界上最早发明数码相机技术的公司，但是胶卷市场的巨大利润让他们不敢推出新的产品，结果被德国莱卡破译了数码技术，柯达公司的业务一败涂地，于 2012 年宣布破产保护。这个教训告诉我们，"出新"很重要，大胆"推陈出新"更重要，我国文化出口企业高管不能再重蹈柯达公司高管的覆辙。

6.1.3 提升六种工作技能

根据本书研究的文化出口企业高管胜任力模型，我国文化出口企业高管应该具备全球战略决策力、跨文化创意团队管理力、创意生产把控力、文化营销力、全球资源整合力和跨文化交际公关力。这些技能是高管岗位应该具备的、具体的、专门的工作能力，也是相对容易改善和提升的能力。

6.1.3.1 全球战略决策力的提升方法

首先，关注国际新闻动态，作为全球战略决策的依据。文化出口企业高管应该关注全球政治、经济、文化、科技、财经类新闻，文化出口企业面对的市场是全球化市场，目的国经济情况和汇率的变化、目的国国内政治冲突、在野党和执政党的更替、文化的保守派和激进派的意见相左、目的国的外交政策以及对外文化政策都会对文化出口企业带来影响。文化出口企业高管应该注意收集目的国文化、政治、经济环境的信息，这是文化出口企业高管决策和行动的依据。另外，还要注意多渠道获取国际新闻动态，全方位、立体化地解读某个新闻事件。新闻报道的不同意识形态和政治立场，导致相同事件有不同版本解读。文化出口企业高管在面对涉及企业重大决策时，应该多角度收集新闻、消息、数据作为依据，透过现象看本质。

其次，应该关注文化产业国际发展趋势。文化出口企业高管要保持国际领先的行业视野，经常浏览国际文化贸易网站，查询目的国消费者文化需求等，并整理出自己的档案，提炼出自己的观点。除了业务所在的目的国之外，其他国家的文化动态、科技的发展、新业态的诞生也可波及目的国，最终给全世界带来新气象，因此，文化出口企业高管平时要注意积累可靠的信息，不断更新对文化产业趋势的看法，考虑主流文化的变迁、文化风潮的趋势、科技发展的动态、国际热点文化新闻事件等。

最后，应该掌握管理学中关于战略分析与制定的方法。比如 SWOT 分析法就是企业战略制定的常用方法。文化出口企业高管应该客观分析企业自身的人才、管理水平、技术水平、资金等条件；分析企业内在和外在的环境，分析企业面临的国际竞争对手、文化贸易行业竞争的情况、同类文化产品和服务的市场状况，在综合分析企业的优势、劣势、机会、威胁之后，找出最适合自己的发展路径，科学地制定企业的全球发展战略（欧阳友权，2007）。用于战略分析与制定的其他工具还有狩猎模型、八何分析法（6W2H 模型）等。这些工具不仅具有学术价值，更有利于文化出口企业高管理清思路，从全局角度来分析和制定战略，具有很强的实践价值。

6.1.3.2 跨文化创意团队管理力的提升方法

首先，把企业愿景和员工的愿景融合起来。Jim Kouzes 和 Barry Posner 在他们合作编著的 *A Leader's Legacy* 中指出：员工更关心自己在领导描绘的愿景中的位置。只有领导的愿景顾及了员工的渴望时，领导的规划才能被员工接受（艾德·科恩，2009）。当今世界员工对企业的忠诚度一再下降，文化出口企业高管应懂得把企业愿景同每个员工的愿景结合起来，要让共同的愿景和共同的利益在员工心中扎根，去激发和点燃他们的热情，让他们各司其职，共同达成企业愿景。文化出口企业高管应努力掌握具体方法，在编制企业未来商业战略时，切实将企业愿景和员工愿景结合，高管可以利用管理学中的 HCD 模型将企业愿景逐层化解为部门愿景，最终落实到个人的能力、意愿和目标。

其次，根据创意人才的特点选择创新性的激励方式和管理方式。文化出口企业高管管理的是创意型人力资源，创意人才的管理具有特殊性。创意人才从个性上看，追求自由、自我和创新，创意人才不但注重福利和薪酬待遇，还注重自己的创意是否得到认可，能从创意活动中获得自我满足感和成就感，文化出口企业高管要善于打造激发创意人才热情和动力的机制；创意人才从作用来看，既为社会创造文化价值，又为企业创造经济价值，他们出于对文化艺术的热爱和创意效果的追求，有时可能存在脱离市场的个人文化偏好，文化出口企业高管既要给创意人才充足的创意自由和想象空间，又要指导创意人才面向市场来进行创意生产。

再次，根据不同文化的价值观选择合适的管理和激励方式。一方面，文化深深地影响管理者如何领导和员工如何接受领导，中国领导坚决果断的作风可能被中国员工欣赏，但在某些国家员工看来就是专制独裁、不倾听下属意见的表现；另一方面，不同文化背景的人们有着不同的价值观，这导致跨文化创意团队成员的精神需求差异大，对于某些国家的人们来说，身份地位的提升、薪酬福利的增加是比较奏效的激励方式；对于某些国家的人来说，工作成就、成长空间、弹性工作时间等激励方式更具吸引力。文化出口企业高管应该根据不同文化的价值观调整领导方式和激励方式，灵活运用薪酬、弹性工作时间、海外工作机会、海外研修等物质激励、精神激励方式，提升团队整体战斗力。

最后，热心培养下属，帮助下属把工作做得尽善尽美。文化出口企业高管在日常工作中要以提升下属胜任力为目标，文化出口企业高管要善于指导下属，把复杂难懂的知识变成浅显易懂的知识，普及给员工，还要积极参与企业员工培训，把自己的所见所闻、所思所想整理成培训内容，分享给员工。真正优秀的文化出口企业高管都非常注重人才的培养，乐于成为员工的启发者、教授者和指导者，体现了高管甘愿成就他人的美化品格，也会提升在员工中的影响力和领导力，员工会积极配合高管的工作，以更好的工作成绩回报企业。其实，培养员工、教授下属的过程也是高管提升自身胜任力的过程，正如日语中有句话"教是第二次学"。

6.1.3.3 创意生产把控力的提升方法

首先，要掌握创意鉴别能力。文化出口企业高管要会辨别文化产品、服务、项目的文化价值和商业价值。在文化价值方面，要辨别员工提出的创意背后是否隐藏着深刻、厚重的思想内涵和价值判断；要判断员工提出的创意在艺术处理、艺术表现方面是否达到国际化的水准；要衡量一个创意是否给人以美的熏陶和审美的快感；要衡量一个文化产品是否给人以欢乐、有趣的精神体验，能缓解繁忙的工作和生活带给人的精神压力；在社会价值方面，要判断创意是否体现出中华民族文化的精髓，能增加中华文化的国际影响力、感染力和美誉度；在商业价值方面，要衡量一个创意的问世是否能被消费者认可、喜爱、追捧，为企业带来利润。

其次，文化出口高管要积极探索激发员工创意的机制。企业创新要依赖全体员工的智慧，建议文化出口企业高管在企业内部建立两种机制：①建立跨业、跨界、跨岗位的脑力激荡机制。有时那些看起来与创意项目没有关系的员工也许会为企业的创新项目提供新视角、新思路。台湾艺术陶瓷法蓝瓷的创始人、海畅集团董事长陈立恒在媒体访谈栏目中曾讲到他会把做陶瓷、合成树脂、木器、金属的工艺师们聚集在一起，在研发室共同探讨创新创意的问题，在跨业、跨界的脑力激荡下，企业研发出前所未有的材料和创新的技术。②建立培育创意萌芽的机制。百度公司有孵化创意的"黑客马拉松"比赛，公司员工有新创意可以向公司提出，并讲明计划做的事情和预期的业务目标。公司组织特别小组对员工的创意申请进行评估，评估通过的话，公司会组建十人团队进行创意尝试。① 文化出口企业同时在国内和海外开疆拓土，完美的创意也许就在大陆和海外分公司的某个员工处诞生。只有建立激发员工创意的机制，才能为企业获得源源不断的创意。

最后，文化出口企业高管要促进创意内容优化。优秀的文化创意可以获得数倍、十几倍、几十倍、数百倍的利润增值。创意内容的优化是无止境的，高管应把创意内容优化作为企业创意团队的工作理念和信条，激励创意团队每天都要思考如何优化创意，争取"明天的创意比今天好，明年的创意比今年好"；与此同时企业经营又讲求效率，所以在时间、财力、人力限定的情况下，高管要敦促创意团队在有限的条件下优化创意，赶在恰当的时间点推出自己的创意产品和服务。在新创意需要的商业环境没形成之前，企业可以不断优化创意内容，在新创意具备的商业条件成熟后，要抢先推出创意，否则布局太晚，竞争激烈，企业会失去竞争优势。

6.1.3.4　跨文化营销力的提升方法

首先，重视对海外国市场调研。①科学定位市场需求。一个文化企业的产品和服务不可能满足世界各国人民的文化需求。文化出口企业要调研各国消费者的价值追求、文化消费观、文化心理、文化情调等，根据他们的爱好、情趣、品位，选择内容合适的文化产品出口。②了解目的国人们对商品包装、设计元素的偏好和禁忌，出口的文化产品在包装、设计方面要结合当地的文化约定。不同国家或地区对于颜色的喜好是不同的，红色在中国代表喜庆，而在阿拉伯国家却表示晦气；不同国家或地区对于某些符号的感受不同，如在中国香港、中国台湾和韩国等地三角形状代表不吉利，忌讳在包装上使用三角形状的图案；不同国家对于数字的含义有不同约定，泰国人和中国人一样喜欢 9，但泰国人讨厌 6，荷兰人认为 4 很喜庆，而中国人认为 4 不吉利。

其次，要有意识地利用各种文化营销手段来协助跨文化营销。①借助文化评

---

① 时青靖. 百度：让人才脱颖而出［EB/OL］. www. hbrchina. org. ，2018－11－02.

论员的推介来实现跨文化营销。文化产品的消费取决于人们的品位，而品位是可以被引导的。在文化产业内部，有专门的一群人，比如评论家、鉴赏家、专栏编辑、学者等，他们的工作就是负责文化产品和服务的评定，给主观的创意产品赋予客观的创意价值，经他们推介的文化产品和文化服务很容易确立声誉，引起消费热潮（伊丽莎白·科瑞德，2010）。②综合运用体验营销、事件营销、特色营销、饥饿营销、病毒营销等手段。如澳大利亚昆士兰旅游局为了推介大堡礁这一旅游景点，奇思妙想出寻找守岛员的招聘启事，启事称大堡礁守岛员是"世界上最好的工作"，并利用招聘启事暗中对大堡礁的景色、环境做了宣传，成为经典的事件营销案例。

最后，重视利用和搭建国际文化贸易平台和渠道。①积极利用国际文化贸易平台。为了进一步扩大海外市场，文化出口企业高管要积极利用德国法兰克福国际书展、意大利博洛尼亚国际书展等国际图书交易平台，积极利用戛纳国际电影节、柏林国际电影节等电影交易平台，积极利用瑞士巴塞尔国际艺术博览会、法国巴黎国际当代艺术博览会等艺术交易平台。②积极构建企业自己的营销渠道。文化出口企业在"走出去"的过程中，光有好的内容创意，却没有自己的营销渠道和传播渠道，就会受制于人，没有话语权和主动权，必须不惜资金下大力量建立自己的全球营销网络和渠道。法蓝瓷创始人、台湾海畅集团董事长陈立恒鉴于对国际市场的了解和多年营销经验的积累，非常重视搭建自己的营销网络，先后在世界各地布局了6000多个销售据点，其他同行的海外销售渠道难以与其媲美，因此法蓝瓷的销售收入有一半以上来自海外市场。

6.1.3.5　全球资源整合力的提升方法

在中国文化出口企业中，民营企业占据了半壁江山，民营企业大多存在资金短缺、规模小、实力弱的问题，文化出口企业要想获得持续性发展，高管必须提高全球资源整合力。

首先，要盘点、重组企业内部资源。高管需明确企业拥有什么资源，缺什么资源，可以用来交换什么资源。高管应将集中和零散的企业内部资源全盘考虑，统一使用人力、资金、技术、管理资源等。

其次，借力企业外部资源。还应学会整合外部资源，善于借力发展。任何单一文化企业的力量都是有限的，文化出口企业高管要在全球范围内汇集和协调人力资源、技术、创意、资本、渠道等各种资源，汇集众人之力，为我所用。我国文化出口重点企业中影集团在拍摄《功夫梦》时，就巧妙地借助美国本土明星及幕后团队、先进的数字技术、十多年前的剧本，再凭借中国传统文化元素和中国明星成龙的出色表演获得了巨大的商业成功，该影片的票房收入占当年中国影片票房收入的67%，成为中外合拍电影史上的里程碑之作。中影集团善于整合资源，提升了影片的国际竞争力，实现了企业利益最大化（北京第二外国语学院国家文化发展国际战略研究院，2014）。

最后，积极在全球范围内进行国际资本运作。展望全球，实力强、规模大的国际知名文化企业都在通过投资并购等方式，强上加强，联合打造巨型企业集团。当前，不少国内文化企业的资金实力和运营管理能力日渐成熟，在文化投资方面有两种可采取的方式：一是国际合资，开展国际合资也是降低文化折扣度的一种重要方式。在研发新产品、出口文化服务时与国外企业进行合作，有利于借助国外文化企业的影响力快速融入目的国市场。二是直接对外投资或是重组并购国外文化企业，此方式可以较快地实现文化企业产业链的发展。文化出口企业高管必须探索加强企业间优势互补的横向重组之路，探索加强与产业相关的上游和下游企业间的纵向重组之路。

6.1.3.6　跨文化交际力的提升方法

跨文化交际公关力在文化出口企业高管胜任力结构中属于重要的核心技能。中国是关系社会，其实国外也是一样，有了关系，有了渠道，很多事情才会开展得如鱼得水。跨文化交际公关力能帮助文化出口企业高管建立国际商务关系网。跨文化交际攻关力的提升，有以下几种途径：

其一，精通英语和掌握目的国语言。英文是世界通用语言，如果做不到精通，也要能应付日常对话。除了英语，文化出口企业高管也应该有选择性地学习西班牙语、德语、法语等语言，因为"一带一路"的诸多国家，很多过去是殖民地国家，大多都使用这些语言。只有掌握目的国语言，才能理解语言背后隐藏的文化因素。掌握目的国语言的高管能淋漓尽致地表达自己的想法，真诚坦率地与他人沟通，让目的国人民感觉他是"自己人"。掌握外语，顺畅沟通，这是实现跨文化管理的基础。

其二，掌握跨文化理解与沟通的技巧。文化出口企业高管可以参加跨文化理解与沟通的课程学习，或者找一个跨文化教练指导自己，以便更快地掌握跨文化理解与沟通的技巧。跨文化理解与沟通的技巧有：①开诚布公地交流。文化出口企业高管应该尽可能减少内心隐秘地带，开诚布公地进行跨文化交流，当他们这样做时，外国合作商、客户、员工也会慢慢打开心扉。态度越是真诚，越容易让异国人民产生好印象，越不易产生跨文化交流的误会。②善于倾听。沟通意味着恰当地表达自己的观点，更重要的是倾听对方的观点。文化出口企业高管要放弃固执，认真尊重他人的感情和价值，多询问目的国员工和客户意见和建议。工作场合的倾听是一种途径，私下场合邀请员工小聚，到家中或是餐馆吃饭聊天也是一种途径，以上方法都可以了解企业利益相关者的真实想法。③尽量面对面交流。由于文化的差异，跨文化沟通的难度远胜于一国同胞之间的交流，所以建议文化出口企业高管进行跨文化沟通时，优先选择面对面沟通的方式，如若地理条件不允许，则选择视频会议和国际长途电话的方式，效果最差的方式属于电子邮件，因为连对方的表情和语气都看不到，很多重要的交流信息都被屏蔽掉了，造成信息解读不全。

其三，熟知跨文化公关的策略。文化出口企业高管最好具备外交官般的跨文化公关能力。在国际营销过程中，为了搞好与目的国公众的关系，获得消费者的好感，高管应该采用巧妙的跨文化公关策略和手段。跨文化公关的策略和手段主要有：①在目的国开展社会公益活动，如赞助目的国的教育事业、为目的国的基础设施建设和公共事业捐款。②举办目的国民众参与度高的活动，如举办新产品推介会、新技术介绍会、产品展览会、纪念活动、庆典活动等。③开展危机公关活动，避免因突发事件和意外矛盾使文化出口企业形象受损或品牌美誉度降低。④开展政治公关，冲破目的国的文化贸易保护屏障，加强与目的国政府官员的联系，促使当地政府制定有利于本企业的政策（罗能生，2006）。

其四，在全球范围内拓展人脉圈。文化出口企业高管拥有广泛的社交圈，可以为企业赢得更多机会与资源。拓展人脉圈的几种办法是：①积极参与全球文化行业协会、行业年会、行业展览会，利用会议时机主动结识国外的合作商和客户，积极推介项目、洽谈业务、交流观点。如每年一度的 TED 大会（Technology Entertainment Design）会集了众多科学家、文学家、设计师、音乐家等各行精英，大家共同分享自己在创意、科技、文化等领域的思考，建议文化出口企业高管去参与此类会议。②加入全球知名社交网络、网上社区、论坛等，如在 Facebook 和 Twitter 发布动态和心情，与其他国家的同行网上互动交流；在 YouTube 里上传企业的宣传资料、剧透新产品、浏览其他企业的视频资料。③在 LinkedIn（领英）等全球职业社交网站上注册账号，联络世界各地的供应商、合作伙伴甚至顾客，还可以网罗各国优秀人才为我所用。④和国外合作伙伴互相介绍更多的朋友给对方认识，分享朋友的关系，分享自己的人脉，可以让已有的关系和人脉达到成倍的增值。

6.1.4　培养适合企业需求的思维方式

根据本书构建的胜任力模型，我国优秀的文化出口企业高管在思维方式都具有全球化意识、本土化意识、竞争意识、合作意识和未来意识。高管的思维方式决定他的言行，高管的言行影响绩效的高低和工作的成败。广大的文化出口企业高管应该向绩效标杆型高管学习，树立适合企业需求的思维方式，淘汰头脑中落后的思维定式。

6.1.4.1　培养全球化意识

面对世界经济一体化的趋势，文化出口企业高管必须具备全球化意识，拥有国际化视野，放眼全球市场。

首先，树立人才的全球化意识。文化出口企业要想在创意经济时代获得竞争优势，必须建立一个遍及全球的人才网络。企业高管应实施人才的全球化战略，在全球范围内招揽创意人才、技术人才、营销人才、渠道人才、管理人才等为母公司所用。

其次，树立资源配置的全球化意识。文化出口企业高管需知仅靠一个企业的资源是无法获得成功的，在经济一体化和文化全球化的时代，国际化分工与合作趋势越来越明显，通过分工和合作，交换已有资源，借助外部资源，实现市场调研、产品研发、制作、发行、售后服务、资本运作、品牌经营等方面全面升级。

再次，树立创意与设计的全球化意识。世界文化市场日益成为一个共同市场，世界各地的人们都渴望得到流行的文化产品和服务，拥有国际化的时尚生活方式。文化出口企业高管关注国际文化创意产业的发展趋势，并引导企业员工努力降低文化折扣，尽量做到创意与设计的国际化思维、全球化表达。

最后，树立企业文化的全球化意识。企业原有文化可以在全球不同的价值体系中被接受，这是每一个文化出口企业高管必须考虑的问题，高管应该从全球化的背景来审视企业文化，尽量使企业文化能被不同价值观体系的国家接受，尽量在多元文化融合中寻找新的共同认可的价值观，以便引领跨文化团队的价值观，从而指导和约束跨文化团队的行为。

6.1.4.2　树立本土化意识

全球化意识和本土化意识是相伴而生的，是一对辩证统一的范畴。树立全球化意识的高管才能带领企业积极地突破地域局限，将本民族的文化产品和服务推向世界；但是"走出去"不等于"走进去"，树立本土化意识的高管才能主动地适应目的国当地的情况，做到生产、营销、管理、运营的本地化，才能真正在目的国落地扎根，本土化意识是为了实践全球化战略而采取的策略与战术。

首先，要树立人才的本土化意识。人才本土化是国际人力资源管理实践发展的新趋势，中高层管理者的本土化使企业在技术研发、产品创新、管理体制等方面能很快地适应目的国国情。例如万达花费31亿美元收购拥有347家影院、5426块屏幕的北美第二大院线集团AMC时，实行的是本土化人才策略，吞并后万达集团只派过去一个联络员，新公司的管理层一切还是原班人马，一切都没有发生变化，仅仅是发生了最深刻的变化——东家的变化。另一个人才本土化比较折中的做法是雇用接受海外教育的中国毕业生和具备丰富职场经验的海外华人，他们对中国公司的管理思想有较好的贯彻，又能理解目的国的行为方式和管理方法。

其次，要树立管理的本土化意识。文化差异对企业形象和管理风格产生重大影响。一方面，文化差异决定了人们对企业形象的认知。在有的文化中，能解决就业问题、为社会做贡献的企业就是好企业；在有的文化中，能盈利、带来经济繁荣的企业就是好企业。另一方面，文化差异深深地影响人们对于领导风格的理解。同一种管理理念和管理风格在中国能得到员工的认可和推崇，到了另一个国家却可能面目可憎，引起员工的反感。因此，文化出口企业高管务必反思已有的管理理念和管理风格，理解目的国文化的主流价值观，理解跨文化创意团队成员行为背后的逻辑，调整已有的管理风格，打造良好的企业形象。

再次，要树立创意的本土化意识。创意全球化并不代表文化企业销往各个国家的产品和服务没有国别的差异。世界各地的人们共同追求真善美，但是每个国家人民的思维方式、价值观、情感需求等不同，所以高管要引领企业在文化产品、文化服务方面，重视文化差异，应采取措施迎合目的国市场需求，尽最大力量降低文化折扣。降低文化折扣，绝不意味着进行表面化的本土化改造，而是进行深层次的从内而外的改造。

最后，要树立营销的本土化意识。文化出口企业高管要懂得利用目的国本土化人才来组建营销团队，与目的国营销商、广告商加强合作，扩大海外营销渠道，采取适合对目的国人民的文化营销策略和文化营销手段，根据目的国人们的需求进行产品和活动宣传、包装设计、广告促销等。中国科幻小说《三体》近几年在全世界走红，其专业化的海外营销推广起了重要作用，中国教育图书进出口公司在《三体》正式出版前，推出《三体》的官方网站，并在 Twitter 和 Face-book 上运营期项目官方账号，线下宣传使小说在出版前就吸引了大批读者。

6.1.4.3　强化竞争意识

首先，要增强技术竞争意识。新技术是文化产业发生变动的原因之一，移动互联、云计算、大数据、人工智能等技术的产生和普及，必然对文化贸易行业产生深远影响。一方面，文化出口企业高管要引领企业追踪国际文化产业最先进的技术发展动态，发现技术方面的差距，及时和知识产权拥有方取得联系，尝试了解新技术、采用新技术；另一方面，更为重要的是，要引领企业自力更生，主动出击，加快自主研发新技术、掌握技术先机、拥有自主知识产权，占据同行业技术领域的国际领先地位。没有技术竞争意识，在技术方面就会受制于人，难以获得独立性、持续性发展。

其次，要增强产品与服务的竞争意识。一方面，文化出口企业高管在监督创意生产部门在创意内容、产品设计、服务水平等方面要不断比照同行企业，及时发现差距，实时采取措施进行提高。另一方面，更为重要的是，要树立文化产品与服务的领先意识，不仅能着眼当下，满足目的国客户的文化需求，提供超越目的国顾客期望的超值服务，又能放眼未来，为满足客户未来的文化需求做准备，利用文化观念引导消费者的需求，制造趋势，引导潮流。

最后，要增强商业模式的竞争意识。在国际文化贸易激烈竞争的时代，文化企业之间的竞争有时候不是某个产品、某个业务，而是某种商业模式，是一种让各种形式的文化内容顺利地找到目的国受众，从而实现消费的商业模式。没有一种好的商业模式，不管企业的资产有多大，名气有多大，也必定走向衰亡。文化出口企业高管必须不断探索商业模式，为企业找到更先进、更实用、更长久的商业模式。

6.1.4.4　树立合作意识

目前，国外大型文化企业一方面互相展开激烈竞争，体现了大型企业强烈的竞争意识，一些实力不足的企业常常被收购和兼并；另一方面又互相联合，通过分工和合作增加自身实力、共同分担风险，体现了大型企业浓厚的合作意识。我国文化出口企业高管应该从华特迪士尼、时代华纳、维亚康姆等国际大型文化企业的发展过程中得到启示，树立合作意识，通过企业之间的同业联盟和异业联盟方式来整合资源、壮大实力，在国际文化贸易的博弈中取胜。

首先，要树立同业合作意识。有格局的文化出口企业高管会意识到相同业态的文化企业不仅存在竞争关系，也存在合作关系，寻找同行企业进行合作，组成联盟，可以增强专业实力，在国际文化产业竞争中占据有力位置。目前，我国多数文化出口企业都是单打独斗，力量分散，互相竞争，缺乏同业联盟意识，未能形成合力共谋海外发展，因此具有强大国际市场运作能力的大型文化企业集团较少。在国家政策引导下，2017 年华谊兄弟、爱奇艺以及华策影视等 10 家中国影视企业联合成立中国电视剧（网络剧）出口联盟，同行联合，抱团出海，联合议价，联合推广，大大提升了中国电影的出口规模。① 同年中国国际电视总公司发起成立了"影视文化进出口企业协作体"，现今已有 50 多家企业加入，这种专业化的渠道和营销模式的建立，有利于传播中国优秀的影视作品，有利于实现中国影视文化的"走出去"。

其次，要树立异业合作意识，文化出口企业高管要积极促使企业与其他非文化行业的企业组成商业联盟，彼此相对独立，专业分工明确，形成极高的国际竞争力。韩国电影之所以已经形成一个完整的上下游产业链，原因在于韩国电影公司的高管具有强烈的异业合作意识，韩国电影的上游、下游企业精诚合作，共筑战略联盟关系。我国动漫产业曾于 2009 年提出了"大动漫"的理念，这是基于传统意义的动漫产业概念基础上提出的全新理念，主张以创意为核心，把动漫延伸至制作动画电影、网络游戏、舞台剧、主题公园等成千上万种动漫衍生产品，以动画和漫画为表现形式，将动漫的技术渗透到出版、艺术、科技、传媒、影视、旅游、医疗、制造、教育等众多行业，达到动漫产业同其他产业相互合作、共生共进的完美生态系统。② 文化出口企业高管要立足本行业和本企业，思考如何通过异业合作增强自身竞争力。

6.1.4.5　培育未来意识

美国人类学家玛格丽特·米德提出了"前喻文化"，她提出我们都要向年轻人学习，因为正是年轻人构成了未来。前喻文化是一种反向的学习，随着时代的快速发展，文化产业的未来发展趋势更多地来自年轻人的生活方式和文化需求。因此，培育未来意识应该先从了解年轻人、向年轻人学习开始。

首先，高管善于了解年轻人。高管要倾听年轻人的想法、了解年轻人的爱

---

① 中华人民共和国国家新闻出版广电总局. 中国电视剧（网络剧）出口联盟正式成立［EB/OL］. 国家新闻出版署，http://www.gapp.gov.cn/sapprft/contents/6582/356883.shtml，2017－12－28.

② 大动漫时代下异业联盟：文化强国支撑六大战略［EB/OL］. 人民网，http://comic.people.com.cn/GB/16014565.html，2011－10－25.

好、体验年轻人的生活方式，探索年轻人的文化需求、文化心理和文化偏好。互联网巨头马化腾曾说过："年轻人在互联网上喜欢的东西我越来越看不懂，这是我最大的担忧。"作为文化产业的从业者，文化出口企业高管应该与企业里的年轻人交流，从年轻人的视角看企业文化，看文化产业的发展，征求他们对于企业生产与管理的意见与建议。千万不要用自己这一代人的想法、感受、偏好和生活方式作为判断依据。了解年轻人将为高管带来新鲜的见闻和重要的启示，不了解年轻人将为高管带来决策的危机。

其次，高管应该善于向年轻人学习。高管要与时俱进，紧跟潮流，善于向年轻人学习，学习他们的技能和心态。比起中老年人，年轻人更容易了解和掌握新兴技术和新鲜事物，他们能玩转 Facebook 和 Twitter，会熟练地使用抖音和美图秀秀，会 P 图和制作微视频；比起中老年人，年轻人具有"初生牛犊不怕虎"的心态和仿佛永不枯竭的热情，他们敢于尝试，敢于探索，敢于打破传统。如果文化出口企业高管能俯下身段，向年轻人学习，就会欣喜地发现年轻人是那么身怀绝技，那么富有创意。

最后，文化出口企业高管要对企业未来的规划、经营方式做出科学预见。对于企业未来的预见能力和规划能力是一项至关重要的素质。关于未来的规划和预见要清晰得像一幅图画，对未来的目标勾勒地越清晰，脚下的路该如何走也就越清楚。对于企业未来的规划确定之后，文化出口企业高管要善于以未来反观现在，假设自己站在遥远的未来去审视当下，要经常问自己——未来国际文化市场变化的趋势和潮流是什么？这些变化对于世界各地的人们将意味着什么？这些变化真的发生将对文化出口企业产生何种影响？如果未来就是我所预期的那样，我们企业眼下该如何调整或改革？

6.1.5　优化自身个性

胜任力的冰山模型理论认为，一个人能力素质的核心是隐藏在冰山之下的动机和个性特质，个性特质与高绩效行为密切相关。个性因素中先天的成分居多，很难通过后天的培训得到提升和发展，因此建议我国文化出口企业在高管的招聘选拔工作中，重视对个性的测量与评估，坚决把不具备好奇、敏感、灵活、冒险等个性特征的应聘者拒之门外。已经在高管岗位上、又不具备文化出口企业高管理想个性特征的人，可以通过以下方法优化自身个性：

6.1.5.1　培养对新事物和异国文化的好奇心

首先，文化出口企业高管要培养对新生事物的好奇心。创意经济时代，文化产业的发展日新月异，新的业态、新的商业模式、新的技术、新的创意层出不穷，一般企业的高管尚且要与时俱进，努力了解新生事物，文化出口企业的高管管理的是一群能创造新观念、新创意、新技术的创意人才，他们更应该积极地探索新事物，即使是与自己以往经验完全不同甚至颠覆惯常的事物，也要积极地去体验感受，并从中得到乐趣。好奇心引领文化出口企业高管发现新趋势，驱使他们去了解文化产业发达国家先进的经验、领先的技术和超凡的创意，努力发现自身的不足，努力追赶与世界一流文化产品和文化服务的差距，带领企业赶超国际知名文化企业。

其次，文化出口企业高管要培养对异国文化的好奇心。世界是开放性、多元化的，文化出口企业高管要走出去，欣赏世界风光、了解异域文化、品尝异国美食、见识不同国家的风俗习惯，在对外交往的过程中，享受和外国人一起工作、交流的乐趣，享受和陌生人结识的新鲜感，只要他们在异国的土地上睁开双眼，迈开双腿，敞开心扉去感受，另一扇文化之门将会打开，异质文化与自身文化的碰撞必会为文化出口企业高管带来新的知识、新的创意、新的思路。外国商业伙伴会认为中国的高管尊重和欣赏他们的文化，中国文化企业的高管是愿意尝试和新鲜有趣的群体。

6.1.5.2　提升跨文化交往和涉外政治的灵活度

首先，文化出口企业高管要注意提升跨文化交往的灵活度。不同的场合下，人们适宜聊天的话题不同，高管要思考在工作场所适合聊什么话题，在离开办公室后的应酬场合该聊什么话题；在不同文化背景下，人们在请求、赞美、道歉、批评时的礼貌级别和直接程度也不同，高管应根据员工的文化背景灵活地调整言语交际的方式；在不同文化习俗里，人际间的安全距离、身体接触的尺度、姿势和手势的含义、目光对视的时长也有不同约定（邵春燕，2016），高管应该根据不同文化习俗灵活地调整非言语交际行为。总之，跨文化交往需要灵活的特质，文化出口企业高管在对外交往中，需要判断什么时候该坚持中国特色，什么时候该入乡随俗，创造性地做自己，灵活地处事，尊重异国风俗并不意味着过分追随和迎合，因为我们毕竟是中国人。

其次，文化出口企业高管要注意提升涉外政治的灵活度。中国文化出口企业高管的性格、价值观、处事方式就是中国企业形象的代表，是外国人认知中国的一扇窗口。文化出口企业高管在对外交往中要保持政治敏感度，巧妙地回避政治冲突和意识形态的冲突，讲究传播中华文化的切入点和策略。文化出口企业高管在对外交往中不必形式直白地强调中国经济的崛起、中国文化的悠久历史、中国哲学的博大精深等，因为这对于某些国家的政府来说并不喜闻乐见；中国文化出口企业高管尊重目的国人民的文化风俗，尊重目的国人民信奉的行为准则，关心跨文化创意团队成员的利益与兴趣，这些做法都有利于塑造中国文化企业的正面形象；文化出口企业高管引领跨文化创意团队，探索世界文化市场的需求，满足世界人民的文化需求和精神需求，这本身就是在传播中国文化。

6.1.5.3　训练对技术、商机、跨文化的敏感度

首先，要提升对新技术的敏感。文化产业是创意、科技与产业的融合，文化出口企业高管要关注新科技、新创意，提升对新技术的敏感度。建议我国文化出口企业高管留意同行企业或其他行业出现的新技术，多参加新技术的发布会、新产品演示会、积极参加技术领域的研讨会，每当有新技术、新创意出现时，尽量做早期体验者、早期学习者、早期采用者。同时，不迷信国外的新技术、新创意，带领企业尽量独立自主地研发。

其次，要提升商业敏感性。商业敏感是基于多年学习和工作经验积累而成的直觉。商业敏感对于高管来说至关重要，而文化出口企业高管的商业敏感应比一般企业高管更强烈。因为国际文化市场的变化更快，不同国家的文化市场差别巨大，必须明确差异化的市场，抓住机遇，捕捉商机。那么文化产业的商机在哪里？陈少峰（2008）曾在中国文化产业新年国际论坛上指出，文化产业的内在特性决定了文化产业的商机，文化产业特性及产业链延长中、产业与市场变动中、生活方式变化中都蕴含着商机，政策、政府和城市发展，消费者本身的变化，技术变动，其他的产业需求促生也带来了商机，文化出口企业高管要具备全局观念，善于抓住商机。①

最后，要提升跨文化敏感度。建议文化出口企业高管利用业余时间观看反映跨文化冲突的电影，一方面可以缓解白天的工作压力，另一方面可以寓教于乐，在潜移默化中提升跨文化敏感性与文化包容度，如果看的是原版外文电影，还能同时提升外语的听力和口语水平。下面推荐一些反映中外文化冲突的经典影视作

---

① 陈少峰. 从文化产业内在特性看商机与商业模式［Z］. 中国文化产业新年国际论坛，北京大学，2008－01－06.

品，中国出品的电影有：《刮痧》《推手》《喜福会》《喜宴》《面子》《孙子从美国来》《北京人在纽约》；外国出品的电影有：反映美日文化冲突的《迷失东京》，反映美印文化冲突的《世界是平的》，反映美国与东欧文化冲突的《幸福终点站》，反映新加坡文化特征的《小孩不笨》，反映美国、日本、墨西哥、摩洛哥四国文化现象的《通天塔》，反映印度第二代移民在美国寻求文化认同的《名字的故事》。

6.1.5.4 通过体能训练，打造坚韧的品格

坚韧的品质能够帮助文化出口企业高管克服重重障碍，忍受孤独、顶住压力，完成企业的国际化战略目标。如何打造坚韧的品格？高管需要坚持体能锻炼，磨炼意志，达到优化个性的目的。能够打造坚韧品格的体能训练主要有长跑、器械训练、游泳、武术、跆拳道等。笔者在和文化企业高管交流时，曾经有位高管谈到他业余时间喜欢练习武术。他感到在训练场上和对手搏击与在国际市场上和竞争对手较量是相通的，都需要坚韧不拔的品质。美国西点军校培养人才的手段之一也是进行体能训练，通过体能训练激发的学员身体潜能，从而培养坚韧不拔的品质和进取拼搏的精神。

体能训练的另一个显而易见的好处就是使文化出口企业高管精力充沛，体能满格，有足够的精力和体力去适应高强度的脑力劳动和高频率的国际商务出行。无论多么优秀的文化出口企业高管，如果他体能和精力不足的话，连正常水平也难发挥出来。因此，强烈建议文化出口企业高管在工作之余，能养成体能训练的习惯，磨炼意志、管理健康。

6.1.5.5 培养适度的冒险精神

文化出口企业高管要意识到文化出口行业本身就是一项充满冒险的事业。文化产品出口到海外，受到目的国文化、政治、经济等多种因素影响，其精神价值受公众认可度的制约而变得不可预知和把握，正是从这个意义来讲文化出口行业是高风险的产业，任何文化产品都可能获得意想不到的收益，也可能遭受重大的挫败。文化出口企业高管在日常工作中一方面既要有风险意识，能预估风险、明确风险的容忍度，不做无谓的冒险；另一方面要敢于拍板、做决策，毫无畏惧地克服困难，积极行动，并承担责任和风险。建议文化出口企业高管通过以下方式来培养适度的冒险精神：

首先，采取将冒险视为一种实验的心理策略。文化企业是否要向海外业务扩展，要不要探寻海外市场，是否要抓住风险与机遇同在的新商业机会……未曾尝

试过的事物常意味着风险，但是不尝试新事物常常更危险。文化出口企业高管不妨将尝试行为的最坏结果想明白，如果能承受失败的最坏结果，就将冒险作为一场验真或验伪的实验，大胆地开展。不管尝试的结果最终如何，都能收获有益经验或反面教训，都是一种收获。

其次，在日常生活中挑战自我。尝试一些平时自己比较惧怕的游戏，如过山车、摩天轮、攀岩，或者当众唱歌跳舞等，在日常生活中就勇于挑战自我，勇于尝试以往觉得十分尴尬的事情，经历过之后就会多一份冒险精神（Giudice & Ireland，2015）。玩冒险类电子游戏也是不错的选择，冒险类电子游戏往往是从完成某项任务或揭开某个谜底来展开故事情节，游戏者可以控制角色，从而参与游戏结果的走向，极富挑战性和互动性。中国的、日本的、美国的冒险游戏都是不错的选择。文化出口企业高管玩真实的游戏或者电子游戏，既能锻炼冒险精神，又能休闲娱乐，还能从玩家的角度研究不同国家游戏的艺术风格和创意内容设计，可谓"一举三得"。

最后，看一些富有冒险精神的艺术作品。每个高管都有自己的性格特点，根据高管不同的个性，选择合适的审美对象，可以对个性起到调节作用，促进个性的和谐发展。缺乏冒险精神的高管可以在日常审美活动中，通过相辅相成的审美方法，观看富有冒险精神的艺术作品来优化个性。比如观看好莱坞电影《重见天日》《荒岛余生》《极地重生》《127 小时》等，看类似主题的电影会在不知不觉中被主人公的冒险精神所感染。又如阅读冒险小说如《鲁滨孙漂流记》《费恩历险记》《汤姆索亚历险记》《消失的地平线》等，这类小说反映了主人公非同寻常的经历，故事中剑拔弩张的瞬间、离奇的遭遇与机缘、惊险的冲突与情节等，都能给阅读者以心灵的震撼，可有效地激发高管心中潜在的冒险意识。

6.1.6　努力打造复合型知识结构

知识经济时代，知识更新的速度日新月异。文化出口企业高管不能满足于已有知识，应求知上进，博览群书，努力打造复合型知识结构。

6.1.6.1　学习经营管理类书籍

①战略管理书籍。学习如何为企业制定战略、实施战略和评估战略。掌握利益相关者分析、竞争者分析、价值链分析等战略分析工具，掌握 SWOT、波士顿矩阵等战略制定与选择工具。文化出口企业在世界各地的分公司运营模式是统一化还是在世界各地有不同的特色？如果认为目的国不同，运营模式也应该因地制

宜，那么在统一化的运营模式基础上，怎么变？变多少？这些问题的解答都需要战略管理学的知识和方法。②运营管理类书籍。运营管理学是一门对运营过程进行计划、组织、实施和控制的学问，与产品生产和服务密切相关。文化出口产品和服务的设计、技术的选择、工作系统设计、分公司选址规划、协调世界各地分公司的运转，合理地利用和规划企业资源等，都需要运营管理学知识。③组织行为学类书籍。学习和研究创意团队在心理和行为的独特性，尊重不同文化中明文规定的法律法规或者约定俗成的习惯做法，提高对创意团队、多元团队成员的引导、激励和控制的能力，打造一支有战斗力的团队。④知识管理类书籍。在经济全球化和知识经济时代，企业管理发生了"第五代管理"，即知识管理。文化出口企业高管学习此类书籍，研究如何在文化企业内对知识的积累、创造和应用，学习如何鼓励员工在创意生产过程中，积累知识、总结知识。

6.1.6.2　学习国际商务类书籍

①全球经济学类书籍。文化出口企业高管需要了解全球经济的总体情况和发展趋势，了解主要贸易对象国的文化环境、政治环境和经济环境。②国际贸易知识类书籍。文化出口企业高管要了解国际文化贸易规则和惯例、中国对外文化贸易的法律和法规等知识。③国际金融学类书籍。文化企业高管要关注目的国与中国的汇率变动情况，能看懂海外公司的财务报告，随时掌握负债及盈利的情况；要了解如何改变文化出口企业的组织结构和管理流程，以便通过海外上市的方式筹集企业发展所需的资金，了解金融机构提供融资的习惯操作，知晓股权债务等问题（艾德·科恩，2009）。此外，推荐文化出口企业高管阅读国家商务部2018版《对外投资合作国别（地区）指南》，该指南覆盖了170多个国家和地区，较详细地介绍了这些国家和地区的基本情况、经济形势、政策法规、投资机遇和风险等，为我国文化出口企业开展对外投资和对外合作提供了丰富的基础信息。文化出口企业高管应该关注商务部指南中业务相关国家和地区的信息，紧跟国内外投资环境的变化形势。[1]

6.1.6.3　学习创意与文化产业类书籍

①创新学类书籍。创新学类书籍很多，有的讲述商业模式的创新，有的讲述创新思维的培养与应用，有的讲述创意内容和服务的创新，这些书籍都有利于文化出口企业高管转变思维方式，培养创新素质。②文化产业书籍。阅读宏观视角

---

[1]　2018版《对外投资合作国别（地区）指南》发布［N］．经济日报，2019 – 01 – 30.

撰写的文化产业书籍，了解文化产业宏观发展和国际文化贸易趋势走向；阅读微观视角撰写的文化产业书籍，精通本行业知识及发展动态；阅读最新的文化产业书籍，了解最新的专业术语，紧跟国际文化产业发展的潮流。

6.1.6.4 学习文化类书籍

①本国文化类书籍。阅读关于介绍和分析中国人的衣、食、住、行等物质文化类书籍，阅读中国艺术、科学、宗教、制度、礼仪、风俗等精神文化类书籍，阅读中国哲学、意识、观念等深层文化类书籍。②目的国文化类书籍。根据本企业业务范围，有针对性地阅读介绍目的国的物质文化、精神文化和深层文化的书籍。③跨文化类书籍。阅读关于跨文化传播学、跨文化交际学、跨文化心理学等书籍，了解学界关于六大文化体系的学说、十大文化维度的理论等。④价值论哲学书籍。了解商品的价值具有关系属性，主体需求变了，客体价值也变了。国内消费者认为有价值的，外国消费者未必认为有价值。

6.1.6.5 学习法律类书籍

①中国法律。阅读介绍中国的公司法、合同法、税法、会计法、劳动法、金融法、贸易法、外汇法、海关法的书籍。②目的国法律政策。阅读介绍目的国公司法、合同法、税法、会计法、仲裁条例、劳动法、金融法、贸易法、外汇法、海关法等书籍。另外，不但要知晓这些法律法规，还应该对比中国与其他国家法律法规之间的差别，学会利用目的国法律中对本企业有利的政策法规。③文化行业法规条例及文化贸易法规。阅读本行业所涉及的法律法规，特别应该关注"一带一路"沿线国家的文化法律法规、文化政策等知识。

6.2 企业层面的胜任力开发措施

文化出口企业是高管人力资源的使用者，也是主要投资者，文化出口企业应肩负起提升高管胜任力的责任。文化出口企业必须意识到开发高管胜任力的必要性和重要性，将其作为人力资源开发与管理的重点之一，采取措施切实开发高管胜任力。企业对于高管胜任力的开发，有利于企业快速高效地运转，节约运营成本，提高经营绩效，规避决策风险，扩展多元文化市场，实现国际化战略目标。

企业层面对高管胜任力的开发，可以从优化高管招聘与甄选制度、优化高管在职培训制度、优化高管绩效评估和优化高管激励机制四个路径入手。

6.2.1 优化高管招聘与甄选制度

6.2.1.1 把胜任力纳入高管招聘和晋升的考查指标

文化产品卖出去，文化服务走出去，文化资本投出去，都要求文化出口企业高管必须具备特定的胜任力，比如跨文化团队管理力、跨文化交际公关力、跨文化营销力、全球资源整合力等。文化企业的国际业务越多，遇到的问题越频繁，对高管的胜任力要求也就越高。

对于企业总经理、副总经理、营销总监、创意总监、财务总监等高管的招聘和晋升，必须把胜任力的考核纳入评估指标中，应聘者和晋升者要符合文化出口企业高管的胜任力模型。由于处于胜任力冰山模型下层的个性、价值观、意识等属于隐形胜任力，更不容易改变和提升，所以文化出口企业对高管的个性、价值观、意识等隐形胜任力的甄选应该更严格，坚持选拔具有好奇、敏感、冒险、坚韧、灵活个性特质的人，坚持选拔具有文化使命、文化包容、文化自信、以人为本、追求卓越的价值观的人，坚持选拔具有全球化意识、本土化意识、竞争意识、合作意识和未来意识的人，把不符合隐形胜任力特征的高管应聘者拒之门外，一定会为企业节约成千上万的费用。西点军校的毕业生之所以优秀，既有学院培养体制、培训理念的因素，也与学生入学前严格的筛选机制有关。同样道理，打造一支能打胜仗的高管团队需要严把高管甄选这一关。

6.2.1.2 招聘专员掌握胜任力模型的理论与应用实务

文化出口企业的人力资源部门负责高管岗位的职责分析、招聘与甄选、绩效评估和职业发展规划，他们应该熟悉企业高管胜任力模型及评价指标、掌握胜任力测评的工具和方法、胜任力的开发路径与方法等。除了人力资源部门，有人事任命权的管理层也应通过自学、培训等途径掌握基于胜任力模型的招聘与选拔实务，提升甄选合格人才的精准度和效率。知名电子商务公司亚马逊拥有一批经过认证的极富专业性的高标准招聘专员。他们本身在某一部门工作，也负责评估和否决其他部门的候选人。只有人力资源部门和招聘专员自身是合格的面试官和裁判，才能精准地为企业选拔出所需要的高层次人才（克劳迪奥·费尔南德斯－阿劳斯，2014）。

建议文化出口企业人力资源部门及招聘专员学习胜任力模型的理论知识、掌握胜任力评估实务，为企业筛选出最合适的高管应聘者，并能够对企业管理层进行胜任力培训，为企业培养好最具战斗力的高管团队。本书提出的文化出口企业高管胜任力素质是从 12 位优秀文化出口企业高管的胜任力访谈中总结出来的，他们来自影视、媒体、出版、音乐、出版等行业，因此素质指标比较全面，为文化出口企业高管的招聘和甄选提供了可以借鉴的工具。但是该模型对于胜任力指标的定义、要点及行为分级并不是僵化的，企业应该根据各自不同的业务特点、经营现状、经营目标等，将抽象化、理论化的胜任力模型转化为具体的、有效的、实用的胜任力模型。

目前国内有不少管理咨询公司都开设基于胜任力的企业人力资源素质建模课程和培训，文化出口企业可以选派招聘专员参加类似课程和培训，学习胜任力建模的实操技术，再结合本书的研究成果细化、具体化本企业的胜任力模型；此外，市场上有不少辅助企业进行胜任力测评的工具，例如在心理学测评领域的佼佼者盖洛浦优势 2.0，测试个性、动机、价值观、情商等的 TBO 大一人格测评，擅长测试领导力的北森 FLA 系统等。文化出口企业人力资源部门要与时俱进，积极学习和借鉴国内外先进的人力资源胜任力测评系统。作为企业的招聘专员，没有掌握胜任力模型的理论与实务，就贸然去评估应聘者的能力素质，是不负责任的做法，会影响文化出口企业在用人方面的正确抉择。

6.2.2　优化高管在职培训制度

文化出口企业要建立科学的、系统的高管在职培训制度，应该设立专项资金用于高管在职培训，每年预留出用于高管培训的物力和人力，不断优化培训制度，提升高管在职培训的效率。

6.2.2.1　设立企业培训学院、高管委托培训制度或高管海外进修计划

有条件的文化出口企业可以成立专属的企业大学或培训中心，投入资金和人力，开发适合本企业高管胜任力提升的培训项目。我国大型文化企业百度、阿里巴巴等都有自己专属的大学或培训中心。阿里巴巴为未来十年企业国际化业务发展而培养和储备商业领袖，设立了阿里巴巴全球领导力学院，学院招募在全球各地的阿里巴巴员工到中国，学习中国业务、企业文化和汉语，受训者未来将在世界各地建立、维护与当地零售商的合作伙伴关系，帮助阿里巴巴推进未来十年的海外市场目标。

没有条件的文化出口企业可以设立高管定向委托培训的制度，可以委托国内高校的管理学院、商学院，面向高管开设侧重文化贸易的 MBA 课程和跨文化领

导力课程。比如印度萨蒂扬公司为了扩展公司各级管理者的跨文化商务能力，与该国大学联合开设为期28周的培训项目，项目使用哈佛大学的课程案例、实践材料和在线学习手段。参与培训的高管结业时还需接受水平考察，达到合格标准的人可以得到公司颁发的"跨国业务领导能力证书"（艾德·科恩，2009）。文化出口企业还可以借助社会专业培训机构的服务，比如国内现在有不少专业的管理咨询公司，为企业量身定制高管的培训。文化出口企业如果定期把母公司和子公司的高管聚集起来，聘请管理咨询公司来帮助做培训，设计培训课程，介绍外国先进经验，结合企业情况答疑解惑，对在岗高管的胜任力开发会有很大帮助。

文化出口企业还可以让有外派任务的高管提前参加海外研究生计划或者进修计划，以便其顺利开展海外战略布局和运营管理。笔者在教学工作中，接触过若干年龄为30~40岁的来华留学生，他们都是大型跨国公司的高管，公司让他们暂时放下手头的工作，来华学习汉语，观察中国社会状况，体验中国风土人情，积累商业人脉资源。留学期间，他们并不承担母国公司工作任务，但却享有正常工作时的薪酬和优渥的福利，甚至在华留学的学费、房租、交通费等也由母国公司支付。公司不惜重金派遣员工来到中国学习和考察，其目的在于提升员工的胜任力，以顺利实现公司海外经营战略。这种做法值得我国文化出口企业学习。

6.2.2.2 将胜任力模型引入高管培训机制

文化出口企业应将高管胜任力培训视为长期的、制度化的系统工程，从识别培训需求、明确能力差距、制定培训方案、实施培训到评估培训效果等各个环节都要精心设计。

首先，企业要识别文化出口企业高管的个性化培训需求。文化出口企业高管的出身和行业背景不同，有的是中国本土培养起来的人才，有的是海外归来的高才生，有的原来就从事管理工作，有的原来从事的是创意工作或者技术工作，每位高管的长项和短板不同，和高管理想胜任力模型相比的差距也不同，必须识别高管个体胜任力的差异，有针对性地开展培训。

其次，企业要明确高管胜任力差距。建议企业将本书研究的文化出口企业高管胜任力模型引入培训实践中，组织人力资源部门通过胜任力建模方法获得企业适用的一系列高管胜任力模型，按照模型对高管进行胜任力评估，根据胜任力评估结果确定某个高管需要提升哪方面的胜任力，按照高管现有胜任力与理想水平的差距，排列出其胜任力提升的优先次序。

再次，在培训方案的制定上，要创新高管胜任力的培训内容和方式。在培训内容方面，管理学、领导学、创新学、技术等一直在发展，高管培训的内容必须紧跟时代潮流，把最先进的行业动态和产业经营模式、管理模式带给高管，启发他们的工作思路；在培训方式方面，更新知识类的培训适合使用讲授式、研究式的教学方法，提升技能的培训适合使用案例式、模拟式教学方法，转变思维方式的培训应该采取体验式、研讨式教学方法（孙源远、周学伟，2016）。

此外，在培训实施过程中，应提高培训实施过程的灵活性、多样性和高效性。文化出口行业高管负担的经营管理责任重大，难以抽出大量时间参加脱产培训，所以只能采取在职培训的办法；即使是在职培训，也存在培训时间过度挤压工作时间的问题，所以务必提高文化出口企业高管培训的时效性和灵活性，十天半个月的企业内训更现实，面授培训可以和在线学习有机结合，充分利用高管的碎片化时间学习。

最后，培训结束后必须进行培训效果评估。只培训而不测试是无效的，培训要有反馈和效果评估，没有效果的培训只能给企业带来时间和金钱的损失。测量高管培训的效果要设计科学的评估内容、采取有效的评估工具。从培训评估内容看，主要了解受训人对培训组织的满意度，如对培训场地、课堂服务支持、课后辅导等；了解培训对受训高管工作的帮助程度，如内容是否与实践结合、是否有新的收获、是否学到了有效的管理工具；了解受训高管对培训讲师的满意度，如授课是否生动、主题是否突出；了解受训高管对课程的满意度，如课程结构是否合理、内容是否实用、目标是否清晰等。从评估培训效果的工具看，笔者建议采用 360 度评估法来测量高管培训前后的胜任力变化，以此达到以培训提升胜任力，提高个人绩效的目的。

6.2.2.3　激发高管参与培训的积极性

文化出口企业高管参与培训的原因有很多种，如高管现有胜任力与企业未来发展需求不匹配，高管岗位绩效计划和实际绩效结果有差距，企业内部高管转岗或晋升，新加入企业的高管快速适应企业环境……培训原因不同，参与培训的积极性也不尽相同。当文化出口企业的领导层认为某位高管需要在职培训时，有的高管心态开放，乐意被塑造，面对企业向自己提出的意见与问题，愿意提升和整改，不会听到改进意见就不服气或气馁；有的高管感觉企业提出的问题是针对他个人挑毛病，或感觉自己已经胜任工作，不需要提升能力；有的高管认为培训虽重要但不紧急，处理手头上的工作更重要，参加培训一拖再拖。因此，激发高管参与在职培训的积极性非常重要。

被要求参加培训和主动参加培训，培训效果是不同的。高管参加企业培训，动机分为外部动机和内部动机。外部动机更多考虑职场机会与经济收益，一般的高管都具备事业野心，拥有外部动机。但如果文化出口企业高管只拥有外部动机，只重视追求职位、绩效、薪酬福利，他会很快筋疲力尽。只有拥有内部动机，即对传播中华文化的使命感、对国家文化安全的责任感、对文化事业的热爱，才能让文化出口企业高管在各种困难和逆境中永葆初心，坚持到底。所以建议文化出口企业高管培训加入内部动机激励的环节，高管如果同时拥有内部和外部动机，不仅会提高培训效率、提高个人绩效，还会赋予他们持久的工作动力，培训的效果会大不一样。

6.2.3 优化高管绩效管理制度

6.2.3.1 设计科学的高管绩效考核指标

文化出口企业高管的绩效考核指标不能照搬一般企业，需要专门研究和精心设计，究其原因在于文化出口企业受目的国政府的干预和各国文化政策的影响大，一旦外部环境不好、政策有所变化，文化出口企业高管的业绩就下滑；而且企业为了在全球化战略布局而发起的兼并、收购会导致营业额和利润在一定时期内下滑；处于企业人力资源顶层的高管团队难以简单地用经济指标来衡量其绩效，应采用整个企业的战略目标完成情况和下属工作成长等指标来进行综合衡量。

首先，要科学地设置绩效指标。目前很多企业都应用平衡计分卡来评价实际绩效，平衡计分卡技术从多个维度出发评价企业业绩。文化出口企业高管的考核评价指标除了财务指标外，还应增加利益相关者指标、内部运营指标、学习和成长指标等非财务指标。其中，财务业绩指标可以包括营业收入、经济增加值等，利益相关者指标包括客户满意度、品牌国际影响力、国际市场占有率等，内部运营指标包括创新投入占营业收入比、制度流程建设情况等（唐锦铨，2018），学习与成长指标包括员工培训效果、高管所辖团队胜任力提升度、产品服务创新度等。多维度的绩效考核指标对文化出口企业高管胜任力提升起到激励和导向等作用。

其次，要科学地设置关键指标和非关键指标的比重。高管在任职期间既要负责改善企业的生产运营管理，提高企业绩效，又要负责满足国际文化市场的需求，提高企业知识资本存量和人力资源创新度。企业设定高管绩效考核指标中各维度的比重具有导向性，起到高管行动指挥棒的作用。财务业绩指标和内部运营指标与文化出口企业的经济效益相关，利益相关者指标与企业的社会效益相关，学习与成长指标与企业内部的人力资本、知识资本提升相关，企业一定要兼顾经济效益和社会效益，不能过分偏重财务指标和内部运营指标；另外，企业还要重视内部人力资源创新能力的提高，人力资源才是保证企业基业长青的第一生产力。

6.2.3.2　高管绩效评估的责任者多元化

文化出口企业高管工作的复杂程度高，绩效考核指标多维度化，只凭借企业人力资源部门和直属领导观察、掌握、评价其绩效的方法已经远远不够，高管绩效评估的责任者必须多元化，从不同群体的视角综合衡量高管的绩效水平。

除了财务指标可以凭借客观的营业收入、经济增加值来衡量，其他维度的指标必须将绩效评估的责任人扩大到国内外客户、下属、合作商等。利益相关者指标的评估要联系国内外客户和合作商的评价结果，内部运营指标的评估要联系高管业务相关部门经理的评价结果，学习与成长指标的评估要联系高管所辖中层管理者和下属的评价结果。高管的直接上级对高管的评价结果比较全面和综合，可以加大在绩效评估中的权重。高管的自我评价结果可以用于绩效反馈阶段的前期，帮助高管反思自我评价与他人评价的差异所在。由此可见，文化出口企业高管的绩效评估责任者应该多元化，以便以客观的、全方位的视角来审视高管的绩效，为高管绩效反馈奠定扎实、有效的基础。

6.2.3.3　把高管绩效反馈和辅导放在更突出位置上

一旦文化出口企业高管的绩效评估结果出来后，接下来就要进入绩效反馈阶段，把绩效结果反馈给高管，以便他们改进工作，纠正偏差。没有反馈的绩效考核，全无用处。高管绩效反馈的责任人常常是高管的直接领导或人力资源总监。高管绩效反馈责任人约谈高管，先肯定高管过去一个时期内的有效业绩，赞扬其胜任力的长项，然后把重点放在帮助高管分析和寻找不良绩效产生的原因和解决之道上，放在现有胜任力与理想胜任力差距的弥补方法上。

高管绩效辅导其实是比绩效反馈更重要的环节，绩效评估的目的就在于通过发现问题、分析问题来解决问题，高管绩效辅导员必须是企业高管层的绩效标杆人物，是在多年运营和管理的工作实践中，获得了丰富知识和经验的人，他们应该是乐于分享、乐于培养他人的教练员和指导员，能耐心细致地帮助需要绩效辅导的高管。由于实际管理工作复杂，隐秘的思维方式、本能的商业直觉等难以用语言表达，总是与具体工作情境相联系，所以接受绩效辅导的高管可以通过观察和模仿绩效辅导员的方法来改善绩效。

接受绩效辅导的高管在绩效辅导员的帮助下，通过体验、领悟、模仿等途径，迅速提升胜任力，这才是绩效考核的真正目标所在。为了把绩效辅导工作做得更好，每个文化出口企业都应该设立绩效辅导员奖励制度，给绩效辅导员支付薪酬补贴或者颁给名誉证书，增加他们对于培养人才的积极性和主动性，提升他们的地位和荣誉感。有大批责任心强的绩效辅导员，绩效考核工作就会圆满顺利地完成。

6.2.4　优化高管激励机制

激励机制可以满足高管的内在需要，调动他们的工作积极性。激励可以分为物质激励和精神激励。物质激励集中体现在高管薪酬制度上，精神激励主要体现在满足高管对权力和成就感的需求上。文化出口企业可以打造留住高管的激励机制，满足高管物质需求和精神需求，达到事业留人、感情留人的目的。

6.2.4.1　改革薪酬制度满足高管的物质需求

国内 500 强企业中，很多高管薪酬结构主要包括基本工资、绩效工资、长期激励三个部分。基本工资比较固定，所占比例小，仅为文化出口企业高管提供稳定的生活保障。绩效工资基于企业短期效益，高管的决策、计划、组织、控制等行为很大程度上决定了企业的效益，他们应该分享企业短期效益的成果。但是上述基本工资、绩效工资都属于短期激励手段，并不是留住高管的主要因素，而股权激励属于中长期激励手段，它能赋予高管企业股东的身份，达到个人资产与企业的资产同步增值，完成从高级打工者向企业股东的转变，能更好地调动高管的积极性、主动性和创造性。

国际上很多大型文化企业都采用股权激励来吸引核心高管层，比如美国迪士尼公司于 2018 年提交给美国证券交易委员会的一份文件显示：该公司高管薪酬结由三部分组成——基本薪资、基于绩效的现金奖励和年度股权奖金，前者占比较低，后两者占比极高。其中，绩效的现金奖励与公司财务业绩挂钩，以公司股票价格来决定股权奖励。以公司 CEO 鲍勃·伊格尔 2018 年的年薪为例分析，鲍勃·伊格尔 2018 年的总薪酬中，基本薪金的占比仅约 10%，约 90% 的部分与公司的业绩、迪士尼的股票表现直接挂钩。①

目前我国某些上市国有文化企业已形成混合所有制股权结构，对于中高层管

---

① 迪士尼 CEO 一年赚多少钱？2018 年有 6565 万美元［N］．三文娱，2018－01－15.

理者普遍采用年薪制的激励方式，但绝大多数未实施经营者和高管持股的股权激励制度，极少一部分企业采用股权激励的方式，但是未能有效地利用股权激励来留住高管，股权激励措施不完善，缺乏规范的股份转让机制、股份退出机制，股权激励的效果不显著（徐文明，2016）。笔者建议文化出口企业根据自己的实际情况，因地制宜地采取不同的激励制度：已经上市的文化出口企业可以对高管采取期权激励和股票增值权激励的方式；未上市的文化出口企业可以采取"虚拟股票"的方法激励高管，被激励的高管可以不出资却享受公司价值的增长；新设的文化出口企业可以在成立之初就允许高管出资持有股权。[1] 通过股权激励的方式，文化出口企业的发展和高管个人的发展共生共荣，做到了企业愿景与个人愿景的协调一致，避免了高管的短期行为和跳槽流失给企业带来损失。

6.2.4.2 通过平台激励满足高管自我实现的需求

对于文化出口企业高管来说，企业提供的丰厚薪酬和优渥福利极大满足了他们较高层次的物质需求，当物质激励达到一定水平的时候，它对高管的激励程度开始衰减，此时，权力的需求和自我实现的需求成为高管这一高层次人才的主导性需求。

权力的需求体现为高管需要更高的职位、更多的决策权、管理更多的部门和下属。美国心理学家麦克莱兰就曾提出：权力需求对于管理人员来说是最重要的，高管对寻求领导者地位、施加影响和控制他人有极大的兴趣。但是文化出口企业高管职位在一个公司总是有限的，总经理、副总经理、财务总监、创意总监这种岗位的数量极其有限，导致许多优秀的高管感觉事业发展缺乏上升空间。

自我实现的需求体现在高管希望获得企业所有者、股东和其他高管的认可，能够发挥个人潜能、能够实现个人理想抱负等。权力的满足和自我实现是决定高管职场幸福感和获得感的关键。

爱奇艺的创始人、CEO 龚宇曾经担任搜狐的副总裁、高级副总裁、首席运营官，在谈到当年为什么从搜狐高管的职位上离开时说："太没劲了""想干自己愿意干的事情""在搜狐不管你多高的职位，Charles（张朝阳）是决策人嘛，这是最核心的一个问题"。[2] 从这段话中我们可以看出促使文化企业高管辞职的主

---

① 郭全中．推进国有文化企业股权激励制度改革　打造利益共同体［EB/OL］．人民网，http：//media. people. com. cn/n/2014/0717/c386880 - 25295709. html，2014 - 07 - 17.

② 遇见大咖——龚宇［Z］. CCTV - 2 财经频道，2018 - 10 - 20.

要原因在于他想获得自主决策权、想实现自己对文化产业的构想和设计，搜狐没有满足龚宇发挥工作自主性和创造性的平台，导致他倍感压抑、无聊、离开，决意寻找新的发展平台。

这个案例告诉我们：文化出口企业应该意识到高管属于高层次人才，工资、福、股权、分红等物质激励已经难以满足高管内心的精神需求，而企业内部高管的晋升空间又偏于狭窄，所以应该了解高管的个人职业目标、技能、个性、知识等情况，让他们拥有充分的领导权和决策权，比如给他们提供一个相对独立的平台，或者提供一个能实现个人理想抱负的新项目，或者"因人设岗"，提供一个全新的高管岗位，满足权力的需求和自我实现的需求。国际高级咨询师克劳迪奥·费尔南德斯-阿劳斯（2014）面向全球823位高管做了调查，请他们回顾自己的职业生涯，以期探索到底是什么激发了高管的潜力，结果显示：71%的人提到了接受激发潜能的拓展任务。而独立的平台、新的项目、新的岗位从本质上讲都是属于激发高管潜能的拓展任务，富有挑战性的工作任务既可以加速高管职业成长，又可以帮助留住高管。

6.2.4.3 加强情感激励满足高管的情感需求

高管是文化出口企业的顶尖人才，他们对自己在企业中的地位是相当自信的，也希望受到与其他管理层不同的特殊待遇，这种特殊待遇跟物质需求无关，而与情感需求有关。美国多伦多大学罗特曼管理学院的教授 Roger L. Martin 有着15年的人力资源管理经验，他曾撰文指出：每位顶尖人才都认为自己是一个独特的个体，如果企业只是把他们视为某一类别人群中的一员，那么顶尖人才的内心深处会感到不悦；如果企业把他们视为独特、有价值的个体，那么顶尖人才的内心会感到浓浓的暖意（Roger L. Martin，2017）。

通过情感激励满足高管的具体措施有：其一，举行颁奖仪式。比如有高管从海外分公司任职期满回国，文化出口企业可以为他举行欢迎仪式，请他分享海外工作的心得体会，授予奖状、奖杯等有纪念意义的奖品；有高管带领团队获得了国家文化出口项目的称号，完成了企业的全球化战略布局，突破了年终业绩指标等，那么企业应该为高管及团队举行庆功会，庆功会的规模不在大小，关键在于取得成绩后要及时地在情感上激励高管的斗志。其二，授予名誉头衔。比如对于做出突出贡献的高管授予"先进个人""优秀高管"等称号；对于自觉地将自己的知识、智慧、创意奉献给团队成员的高管，对于积极从事员工的绩效辅导工作、帮助下属成长的高管授予"员工导师""超级教练"等称号。通过情感激励，让高管成为企业上下人人尊重、人人爱戴的对象，让高管在企业中获得满满的归属感和尊重感。

6.3 国家层面的胜任力开发措施

文化影响力作为国家的软实力已经日益成为世界各国关注的一项国际核心竞争力。文化产业既展示了一个国家的文化形象，也为一个国家带来低能耗、高附加值的经济红利。文化产业是知识密集型新兴产业，有资料显示：文化企业增加一个普通劳动力，可以增加 1∶1.5 的经济效果；增加一个技术人才，可以增加 1∶2.5 的经济效果，增加一个创意经营管理人才，可以增加 1∶6 甚至更高的经济效果。因此，国家作为人才的投资主体之一，应该加大对高层次文化产业经营管理人才的投资，从而大大提升我国文化贸易的国际竞争力。

国家层面的文化出口企业高管胜任力开发主要通过制定国家政策、编制人才发展规划、组织文化贸易经营管理人才参加对外交流等途径来进行。

6.3.1 制定文化贸易高级经营管理人才的优惠政策

近年来，国家把"中华文化走出去"作为国家战略，先后出台了有关"走出去"的若干政策文件，主要有：中共中央办公厅、国务院办公厅颁布的《关于进一步加强和改进文化产品和服务出口工作的意见》，国务院办公厅转发财政部等部门的《关于鼓励和支持文化产品和服务出口的若干政策》，商务部、外交部、文化部、国家广电总局、新闻出版总署、国务院新闻办公室颁布的《文化产品和服务出口指导目录》，商务部、文化部、国家新闻出版广电总局、中国进出口银行颁布的《关于金融支持文化出口的指导意见》，商务部等十部委颁布的《关于进一步推进国家文化出口重点企业和项目目录相关工作的指导意见》《关于加快发展对外文化贸易的意见》等（李怀亮，2015）。这些政策文件对我国文化贸易的发展起到了极大的推动作用，但是涉及文化贸易经营管理人才开发的政策和指导意见非常少。本书建议国家今后围绕以下几个方面加强文化贸易经营管理人才的开发：

6.3.1.1　制定文化贸易经营管理人才的培训经费补贴政策

建议国家加大对文化出口企业高管培训的重视程度，对高层次经营管理人才实施培训经费补贴政策。

首先，面向文化出口企业，制定高管培训经费补贴政策。为了促进我国人力资源质量的提升，我国曾于 2006 年下发了《关于企业职工教育经费提取与使用管理的意见》，意见规定企业应该按工资总额的一定比例提取职工教育培训费用，一般企业按职工工资总额 1.5% 提取教育培训经费，对于职工技术要求高、培训任务重、经济效益好的企业，可按 2.5% 提取。

鉴于文化企业是知识密集型、科技密集型、以创意为主导的企业，建议国家制定相关政策，监督文化企业必须每年按工资总额的 3% 甚至更高比例提取教育培训经费，用于提升员工的素质和能力，不得挪作他用。对于文化出口企业高管培训费用实施国家经费补贴政策，国家给予相同比例的经费匹配，形成政府、文化出口企业、个人共同投资高管培训的制度。该项培训经费补贴制度可以诱导企业对国家文化贸易高层次管理人才的进行投资，防止企业急功近利，只知道"两眼向外"，四处花高薪挖高管，而不"眼睛向内"，踏踏实实地通过培训提升现有管理队伍的胜任力。

其次，面向高校和科研院所，制定高层次文化贸易经营管理人才的培训经费补贴政策。国家应鼓励以国际文化贸易和文化产业管理专业见长的高校以及高校的国家文化产业研究中心，积极开展文化贸易高级管理人才在职培训班，根据开班的规模和培训效果，并给予资金支持。此外，国家还应鼓励高校、科研院所在科研方面加大对文化贸易高级管理人才培养与开发的研究，在国家级、省部级等科研项目立项指南中增加这一类课题，引导广大科研工作者关注和研究这一富有实践意义的课题。

6.3.1.2　制定吸引高层次文化贸易经营管理人才的流动与迁移的政策

首先，制定吸引国外高层次管理人才流动与迁移的政策。为了吸引国外文化产业高级管理人才，协助他们办理工作类居留许可证，工作满一定期限后，对于计划定居中国的文化产业高层次管理人才，为其合法移民、申领永久居留证提供方便，为其合法居留提供便利条件和优惠政策，争取高端经营管理人才为我国文化产业服务。

文化创意、文化产业管理、国际文化贸易等相关专业的留学归国毕业生具有国际化视野和先进的文化产业理念，是推动我国文化贸易发展的重要新生力量。

目前不少国家文化出口企业的高管都有海外留学的经历。目前海外留学生看到了祖国发展的广阔机遇，回国就业、创业的意愿越来越强烈。国家要出台相关政策吸引留学生回国在文化产业领域里干出一番事业，把在国外学习到的先进文化产业经营管理理念带回祖国、回报社会。建议国家和地方政府为文化创意、国际文化贸易、文化产业管理专业的海归毕业生安家费，帮助他们落户，解决医疗、子女教育等实际问题；对于有创业意向的海归毕业生，可给予一定金额的创业启动经费资助或低息贷款，可优先安排他们进入地方的留学人员创业园、文化产业创意园等，开展创业计划。

其次，制定文化贸易经营管理人才从东部向西部流动与迁移的人才优惠政策。根据统计资料显示，我国文化出口重点企业和文化出口重点项目的地域性特征很明显，东部省份文化出口企业和项目多，而西部省份文化出口企业和项目较少，在文化出口额方面呈现"东高西低"的局面。在文化贸易进口总额方面，以 2017 年为例，东部地区文化产品出口占我国文化产品出口总额的比重、文化服务出口占我国文化服务出口总额的比重均超过九成（孟妮，2018），而西部地区占比不足一成。我国文化贸易发展的区域分布不一致是我国文化贸易存在地区发展不平衡的缩影。

为了尽快改善这一局面，建议西部省份出台吸引其他省份、特别是文化贸易发达的东部省份的高层次文化贸易人才的优惠政策，以增强西部地区文化贸易人才聚集的吸引力。在吸引人才方面，四川省的做法应该成为其他西部地区的榜样。四川省委组织部于 2017 年明确提出，到 2020 年，面向国（境）外和省外发达地区，重点支持引进 1000 名左右能够突破关键技术、发展新兴产业、引领创新发展的高层次人才和 100 个左右高层次创新创业团队，这其中应该包括文化产业经营管理人才。四川省政府在资金资助、税收减免、职务职称、薪酬待遇、落户、住房、医疗保险、配偶安置、子女入学等各个方面对境外、省外的高层次人才实行优惠政策。由此可以看出四川省委对引进高层次人才的重视程度。

6.3.2　编制与实施文化贸易经营管理人才培养计划

6.3.2.1　编制文化贸易经营管理人才胜任力开发规划

建议国家编制文化贸易经营管理人才的年度培训计划、中期培训计划和长期培训计划。按照国际国际化、市场化、专业化的要求，不断增强文化出口企业高管的国际竞争力，力争培养一大批能够引领中国文化企业跻身世界 500 强的高管。文化贸易高级管理人才的培养是个长期的、深耕细作的工作。

6.3.2.2　建立国家级文化贸易高级经营管理人才培训基地

建议国家整合国内文化产业、文化贸易专业的教育资源，支持一批在对外贸易领域富有丰富教学经验和科研能力的高校，比如北京大学、复旦大学、对外经济贸易大学、中央财经大学、首都经济贸易大学等，在这些高校设立了国家文化贸易高管人才培训基地。培训基地要会集精通国际文化贸易、对外文化投融资、跨文化管理等领域的专家、学者、企业家，组成文化出口企业高管培训的讲师团，专门针对文化出口企业高管设计培训课程，展开培训教学研究，紧跟文化贸易行业动态。

人才培训基地要优化培训内容，注意突破常规，求真务实，紧密围绕文化出口企业急需解决的难点和重点来培训。培训分为宏观层面的培训和微观层面的培训。宏观层面的培训重点有：国家文化贸易政策解读，国家扶持资金申请以及政策扶持的门槛，我国文化贸易的发展形势，当前国际形势发展与国家文化安全，国外大型文化企业的发展动态、管理运营经验等。微观层面的培训内容有："中华文化走出去"的方法和路径、文化出口项目申报、知识产权保护、海外投融资、海关通关、涉外商务礼仪等。

6.3.2.3　督促政府部门和高校合力落实规划

建议国家委托商务部、文化与旅游部等相关部门联系全国高校知名文化产业专家学者，地方政府责成文化广电旅游局联系地方高校，定期举办文化出口企业高管培训班，提高我国文化产业国际经营管理人才的综合素质和业务水平。据悉，北京市文资办和市政府外办自 2015 年就开始联合举办一年一届的"对外文化贸易骨干人才培训班"，面向驻京中央文化企业、北京市属及民营文化企业主要负责人展开培训。2019 年在文化和旅游部的支持下，北京大学文化产业研究院开展了"文化企业高层管理者创意领导力研究与探索项目"，该项目为纯公益项目，旨在探索文化企业高管领导者如何适应未来市场发展，提升国际创意领导力。在未来，我们呼吁由国家牵头、各部委连动、地方政府组织的针对文化出口企业高管的培训全面展开，深入贯彻落实国家关于"中华文化走出去"的决策部署，推动文化贸易高层次经营管理人才的培养。

6.3.2.4　制订文化出口企业高管奖励计划

建议国家通过精神激励的方式激发文化出口企业高管的工作积极性和潜力。

可以设立对外文化交流奖，设立"中华文化走出去"高管奖励制度。例如中央政府举行促进"中华文化走出去"的企业高管年度总结会与表彰会，对在文化出口领域表现突出的企业和高管给予表彰和奖励；各级地方政府为了鼓励地方文化出口企业的发展，可以奖励有突出贡献的高管，比如对于获得"国家文化出口重点企业"称号的公司高管进行表彰。总之，不论是中央政府还是地方政府要营造良好的社会氛围，引导媒体报道我国文化出口企业高管的成长经历，为有志于从事对外文化贸易行业的青年树立模范榜样，使文化出口企业的人才成为令人向往的群体，使文化出口企业高管成为令人尊敬的领导者。

6.3.3　组织文化贸易经营管理人才参加对外交流活动

2017 年国家发改委、外交部、商务部联合发布《"一带一路"文化贸易拓展计划》（2016—2020 年），计划指出政府要扶持骨干文化企业与"一带一路"沿线国家的文化企业开展项目合作，开展 1000 人次文化贸易职业经理人、创意策划人和经营管理人才的交流互访。① 这一计划的落实必将大大提升我国文化出口企业高级管理人才的胜任力。这一计划结束其历史使命后，期待国家尽快出台新一轮促进"一带一路"文化贸易拓展的行动方案，特别要加强我国高层次文化贸易经营管理人才开发的相关内容。

文化出口企业高管作为文化贸易经营管理人才，积极参加对外交流活动，有两个好处：一来可以提升高管的跨文化交际公关力、跨文化营销力、全球战略决策力等国际化经营管理能力；二来可以和国外优秀的文化企业交流产业链合作、商业模式与产品创新等问题，寻求战略合作、技术合作等机会。政府支持文化出口企业高管参加海外交流活动的形式有三种：一是国内高管"走出去"看看。国家商务部、文化部可以组织文化出口企业高管海外参观访问活动，为文化出口企业增加对外交流与发展的机会，多了解对外文化贸易信息；文化出口企业高管也要努力创造机会，到外国大型跨国文化集团去参观、考察、交流。二是建议国家留学管理部门选拔有发展潜力的文化出口企业高管到国外著名院校、培训机构和知名文化企业参加强化培训，把国外的先进管理经验、运作经验带回国内。三是把国外文化企业高管"请进来"传授经验、互相交流。以国际文化产业年会的形式邀请外国文化企业高管、外国文化产业专家学者来中国，与我国

---

① 文化部关于印发《文化部"一带一路"文化发展行动计划（2016—2020）》的通知［Z］. 中华人民共和国国务院公报，2017 - 08 - 10.

文化出口企业高管共同探索最新的国际文化贸易的发展趋势、中外合作的方式等问题。

6.4 高校层面的胜任力开发措施

文化出口企业高管属于文化产业国际化经营管理人才。未来随着国家"一带一路"倡议的实施和对外文化贸易的迅猛发展，有越来越多的文化企业走出国门，发展对外文化出口业务，文化产业国际经营管理人才必有井喷式需求。高校是文化出口企业高管后备人才孕育的摇篮，也是文化出口企业高管在职学习的加油站。高校在文化出口企业高管胜任力开发中起着重要作用。

目前，我国高校在工商管理一级学科下开设文化产业管理专业，在应用经济学一级学科下开设国际文化贸易专业。学文化产业管理专业的学生很少接触国际文化贸易课程，学国际文化贸易的学生很少学习经营管理和文化创意类课程，这种局面不利于培养文化贸易经营管理类后备人才。高校应该通过打造国际化特色鲜明的文化产业管理专业建设、加强国际文化贸易专业建设、增加与文化出口企业产学研互动、提升专业师资队伍素质等途径来推动文化出口企业高管和高管后备人才能力与素质的提升。

6.4.1 突出国际化特色的文化产业管理专业建设

截至目前，全国已经有212所高校开设了文化产业管理的本科专业，这些高校有的是传媒类院校，有的是艺术类院校，有的是财经类院校，有的是综合性院校，它们的专业建设各有各的特点，但是突出国际化特色的文化产业管理专业并不多。笔者建议国内开设文化产业管理专业的高校明确自身办学特色，结合自身办学条件，发展一批以文化产业国际化管理为特色和品牌的高校和专业，紧密围绕外向型文化企业的人才需求，加大实验、实践教学的比重，课程设置突出国际视野和加强能力导向。

6.4.1.1 人才培养与外向型文化企业人才需求接轨

中国海洋大学国家文化产业研究中心曾对全国18所高校部分教师进行问卷调查，在"你认为我国高校对文化产业人才的培养是否能够满足文化产业的需要"

一题中，认为"能满足需要"的只占 2.78%，认为"基本能满足需要"的占 8.33%，认为"不能满足需要"的占 44.44%，认为"与文化产业对人才的需求脱节"的占 45.83%。本书曾向部分文化出口企业高管询问高校文化产业管理专业毕业生是否符合企业需求，得到的答案也是否定的，高校文化产业管理专业的毕业生到了文化出口企业后，很难适应企业要求，很多知识和技能都需要从头学起。如此看来，高校文化产业管理专业的人才培养在总体上未能与文化企业发展的实际需求接轨，文化产业管理专业建设已经到了必须重新思考、大刀阔斧改革的时刻。

笔者建议突出国际化特色的文化产业管理专业应建立文化出口企业人才需求的反馈机制，高校的教学决策部门应该设立调研小组，每年进行一次文化贸易人才需求的企业深入调研，深入文化出口企业认真听取企业对人才能力素质的渴求与期待，并把企业对人才培养的建议、人才缺口等信息记录下来，形成文化产业管理人才培养的企业反馈档案，并将其作为高校调整专业培养方案和教学内容的参考，经常根据反馈意见改进文化贸易人才培养方案，努力实现高校文化产业管理人才培养与文化贸易企业发展需求、与海外就业岗位需求的有效对接。

本书研究的文化出口企业高管胜任力模型揭示了在"中华文化走出去"的时代背景下，文化出口企业对高层次经营管理人才能力素质的要求与期待，也可以为高校调整人才培养方案和教学改革提供参考和借鉴，培养学生正确的价值观和思维方式，优化其个性，提升其素质，增长其知识，训练其技能，实现高校文化产业管理人才培养与文化出口企业高管岗位需求的有效对接。

6.4.1.2　加大实验教学和实践教学的比重

文化产业管理专业本科教育应该以培养应用型人才为目标，高校应改变目前本科教学偏理论、轻实践的倾向。

第一，加强实验教学的比重。为了切实提升学生的文化产业管理能力，建议高校文化产业管理专业提升课程的实践性和应用性，合理地使用教学沙盘软件等教辅工具。四川师范大学和四川大学的教师合作研发了用于文化项目管理课程实训环节的"文化项目管理沙盘"，用于人力资源管理课程实训环节的"人力资源管理沙盘"等系列软件，弥补了在校生无法体验文化企业真实管理任务的缺憾。

第二，加强实践教学的比重。高校文化产业管理专业应选取灵活多样的实践教学方式，本书推荐三种实用性高、效果好的办法：第一种是田野调查法。高校把教学场所从教室扩展到更广阔的社会课堂，教师带领学生调查营利性文化组织的项目、活动等，带领学生考察本地文化遗产的保护与开发，研究本地非营利性文化机构的运营和管理。第二种是企业诊断式教学方式，教师带领学生深入文化出口企业，采用定性与定量结合的方法，诊断企业存在的问题，尝试提出合理化建议。第三种是案例探究式教学方式，教师利用文化营销案例、创意策划案例、文化企业经营管理案例、经纪人实务案例等来引导学生分析事件、现象背后的深层规律，总结经验和教训，发掘意义和价值（王光文，2014）。

6.4.1.3　课程设置突出国际视野

文化出口企业所需要的管理人才需要通晓文化产业内各门类知识，并在某一个文化产业的行业内有专长，能够达到国际领先水平，还需要关注和把握文化产业的国际发展趋势，具备文化产业的国际化运作能力，了解世界各国民族的文化需求与心理，总之，文化出口企业高管是典型的具有国际视野的复合型经营管理人才。因此，本书建议：突出国际化特色的高校文化产业管理专业在课程设置上要突出国际视野。除了开设管理学概论、组织行为学、人力资源管理等管理学课程，文化产业经济学、宏观经济学等经济类课程，美学概论、艺术基础、哲学、历史等文化艺术类课程，还应该开设一些具有国际化视野的课程，如国际金融类、国际文化贸易、外国文化政策与法规、国际文化投融资、国际商务、跨文化管理学、"一带一路"国家文化专题、国别文化学、中西方哲学等。课程设置具有国际化视野，才能培养出具有国际视野的文化产业管理人才。

6.4.1.4　课程设置加强"能力导向"

文化出口企业高管需要具备"文化创意＋文化贸易＋经营管理"三项基础能力，企业的用人需求就是高校的人才培养方向。基于本书研究的我国文化出口企业高管胜任力模型，本书建议突出国际化特色的文化产业管理专业加强课程设置的"能力导向"，在课程设置上围绕企业所需人才的胜任力模型展开，不同的胜任力模块对应不同的课程类型和课程安排。

具体来说，为提高跨文化创意团队管理力，可以设置跨文化管理、人力资源管理、组织管理学等课程；为提高创意生产把控力，可以设置文化项目策划、文化项目可行性分析、创意设计、艺术学概论等课程；为提高全球资源整合力，可以设置国际投融资、国际文化资源获取、国际金融等课程；为提高跨文化营销能力，可以设置跨文化营销学、文化营销学、跨文化传播学等课程；为了提高跨文化交际公关力，可以设置跨文化交际、公共关系学、涉外商务礼仪等课程。

结合上文的四条建议，笔者提出了一个突出国际特色、注重"能力导向"、强化实践教学的文化产业管理专业课程设置建议（见表6.1）。

表6.1　突出国际化特色的文化产业管理专业课程设置

能力模块	课程类型	具体课程
个性	心理辅导	人格塑造、个性辅导、情感辅导等
意识	专题讲座	国际政治形势专题、国际经济形势专题、国际文化产业发展专题等
价值观	通识理论课程	新时代文化建设思想、中国特色社会主义理论与实践、自然辩证法等
知识	通识理论课程 专业理论课程	英语、文化产业概论、跨文化管理、文化产品设计与控制、文化项目管理、国际投融资、跨文化营销、跨文化传播、国际商务等
技能	专业实践课程 专业实验课程	文化项目管理沙盘、文化企业及项目调研、田野考察、创意实验、创新创业实践、文化企业虚拟经营

资料来源：笔者制作。

从表6.1中可以看出，该课程设置建议具有三个特点：首先，加大对学生价值观、意识、个性的培养，这与2018年教育部提出的"教育系统履行好立德树人的根本任务"的精神一致，培养未来中国文化产业国际化经营管理人才，必须把树立科学价值观、优化思维方式、塑造个性三项教育工作摆首要位置上。其次，把培养技能和传授知识的地位并列起来，同等重视，有利于改变以往文化产业管理专业"重理论、轻实践"的教学模式，在技能模块下对应非常丰富的实践、实验课程，促使学生将理论知识及时转化为实践技能，为未来适应社会需要打下良好基础。再次，举办国际政治、经济、文化的发展历史与趋势等专题讲座，从宏观层面开拓学生的国际视野；开设跨文化营销、跨文化传播、国际商务及投融资等专业课程，从微观层面帮助学生了解和掌握文化产业国际化经营管理的知识和技能，体现出鲜明的国际化特色教育理念。

6.4.2　加强国际文化贸易的专业建设

国家于2014年颁布了《关于加快发展对外文化贸易的意见》，发展对外文化贸易已经成为国家发展的战略部署，成百上千的文化出口企业在拓展国际业务的过程中急需国际文化贸易人才。高校国际文化贸易专业是集国际贸易、经济学、文化学、传播学于一体的跨学科交叉性专业。目前高校受国际文化贸易专业设置和招生规模的影响，无法培养大批文化出口企业急需的国际文化贸易人才。另外，国际文化贸易的学科专业地位仍不明确、国际文化贸易专业的交叉学科特色有待加强、国际文化贸易专业的实践性不足，针对以上种种问题，笔者对国际文化贸易专业的建议提出如下建议：

6.4.2.1　加强以培养国家文化贸易基础人才为目标的本科教育

首先，尽快明确国际文化贸易专业的学科定位。由于国际文化贸易的专业性强，在全国2500所普通高等学校中有能力开设国际文化贸易专业的凤毛麟角。2007年经教育部批准，中国传媒大学开设国际贸易（文化贸易方向）本科；北京第二外语学院开设国际经济与贸易（文化贸易方向）本科，2009年更名为国际文化贸易专业。后来国际文化贸易专业的学科地位没有被加强，反而于2012年在教育部本科目录调整中被归并至贸易经济专业中，虽然专业的继承性仍在，但是专业概念被扰乱，也在一定程度上影响了国际文化贸易人才的培养（王海文，2017）。为此，有专家呼吁教育管理部门应尽快明确文化贸易的学科专业定位，出台有利于国际文化贸易专业发展的利好政策，支持高校国际文化贸易专业的发展（李小牧，2014），尽快扩大国际文化贸易专业的招生与培养规模。

其次，提升文化创意类和管理类课程的比例。目前在国内高校的国际文化贸易专业课程设置中，文化产业类和管理类课程偏少。北京第二外国语学院的国际文化贸易专业核心课程为微观经济学、宏观经济学、计量经济学、国际文化贸易、文化产业经济学、国际文化贸易实训、国际服务贸易、国际贸易、计量经济学、国际金融等。① 中国传媒大学传媒经济学专业（国际文化贸易方向）的核心课程设置为中级微观经济学、中级宏观经济学、政治经济学、国际贸易理论、国际金融、国际贸易实务、国际文化贸易等。② 建议高校国际文化贸易专业的课程设置中适当增加文化产业类、管理类课程，充分体现经济、贸易、管理、文化产业等多学科交叉的专业属性，提升国际文化贸易专业毕业生的文化素养、艺术素养和经营管理能力，培养懂文化、知产业、会管理的复合型文化贸易人才。

最后，强化国际文化贸易专业的实践性教学。文化贸易专业实践性非常强，需要体现学生的动手能力，因此学生的实践课应该占较大的比例。而现阶段大多数高校国际文化贸易专业的课程都存在重理论、轻实践的倾向。因此，建议高校

---

① 北京第二外国语学院官网，http：//jmhz. bisu. edu. cn/art/2013/10/6/art_ 1842_ 32103. html，2013 – 10 – 06.

② 中国传媒大学官网，http：//sem. cuc. edu. cn/2018/1113/c390a20148/page. htm，2018 – 11 – 13.

文化贸易专业合理安排理论课与实践课的比例，减少与文化贸易相关性较小的理论课，增加与国际文化贸易实操相关的课程，如跟单实务、进出口实务、商务英文谈判、货运代理和报关软件实操等课程（郭艳等，2014），以便学生毕业后能胜任文化企业的进口业务。

6.4.2.2　加强以培养国际文化贸易管理人才为目标的研究生教育

我国对外文化贸易的健康、快速发展离不开一大批掌握国际文化贸易理论、熟悉国际文化贸易法规政策、掌握国际文化投融资、国际文化市场营销等技能的高层次政府管理人才和企业经营管理人才。目前，有能力培养国际文化贸易专业学术型、专业型硕士学历研究生的高校非常罕见，而且该专业每年硕士招生人数极为有限，导致高校国际文化贸易高层次管理人才的招生人数、培养规模远远跟不上我国文化出口企业的需求。

高校要响应国家大力发展对外文化贸易的战略要求，大力发展国际文化贸易方向的研究生学历教育。北京第二外国学院在培养国际文化贸易高层次经营管理人才方面走在了全国高校的前列，该校于2014年开始招收交叉学科国际文化贸易专业学术型硕士，设有两个研究方向：一是战略政策规划方向，该方向侧重各国政府文化贸易规制、世界贸易组织协定、全球文化贸易规制的研究，目标在于培养掌握规制经济学、法学等学科的方法与视角，能创造性地分析、解决文化贸易经营管理理论与实践问题，具备制定文化贸易政策与规制能力的政府管理人才。二是文化企业跨国经营方向，该方向侧重文化企业的跨国经营发展战略研究与实践，目标在于培养掌握经济学、管理学等学科的方法与视角，能创造性地分析和解决文化贸易企业跨国发展中面临的问题、具备文化企业对外经营管理能力的企业管理人才。[①] 目前，以培养国家文化贸易管理人才为目标的研究生教育非常匮乏，建议有相关学科基础和办学条件的高校整理内部资源，加强文化贸易专业研究生的培养，为我国文化贸易发展输送大批国际化、复合型的高层次管理人才。

6.4.3　增加与文化出口企业的产学研互动

高校要增加与文化出口企业的产学研互动，建立文化贸易人才培养的企业反

---

① 北京第二外国语学院官网，http://jmhz.bisu.edu.cn/art/2014/10/28/art_1843_49688.html，2014-10-28。

馈机制，与企业共建文化贸易管理人才培训实习基地，高校与企业形成互惠互利的关系。

6.4.3.1　高校要与文化出口企业建立人才培养的反馈机制

高校应及时追踪社会对文化贸易人才需求的变化，建立一套人才培养反馈机制，结合反馈结果不断完善学生综合能力评价方案。高校文化贸易专业的学生应该学好主修课程，拿到培养方案规定的必修课学分；高校文化贸易专业的教师们应该调查学生们未来职业理想，并对学生潜在的职业能力进行评估，帮助他们认识到自己的特长和优势，在选择辅修课程方面给学生合理化建议，比如有学生想在未来做管理工作，教师就引导他们选择管理类、金融类、法律类、营销类等辅修课程，并适当选择文化类、艺术类课程，以适应文化出口企业对未来管理人才"懂专业、会管理、善营销"的复合型需求。

6.4.3.2　高校开展高层次国际文化贸易管理人才培训班

高校应主动开展面向文化出口企业，承接企业委托培养管理人才的培训项目。据悉，中国传媒大学举办了国际文化产业与贸易管理高级研修班，目的在于培养复合型、高素质的文化产业国际化经营管理高级人才，研修班利用周末或每月集中时间面授教学，授课内容包括中国传统文化与企业管理、战略管理、商法、伦理学，共计四门通识课程，以及文化产业概论、文化企业发展战略与生态构建、文化产业政策与法规、文化创意产业全球图景与前瞻、国外文化产业发展概况及现状、中国资本市场与企业资本运营、国际资本市场与汇率、国际文化贸易、跨国媒体策略与全球传播、版权贸易，共计十门专业课程。

在人才培训方面，高校还应积极联系当地的优秀文化出口企业，并以企业为主体，共建"国际文化贸易管理人才实习基地"，既为企业提供有文化贸易专业知识和技能的小助手，又为即将毕业的文化贸易专业生提供实习单位，还能为高校教师、研究员、博士生提供企业挂职锻炼的机会（李怀亮，2008），达到高校和企业产学研互动，合作共赢的理想效果。

6.4.4　完善师资配备，提升师资素质

6.4.4.1　合理配置知识型和技能型文化贸易专业教师

知识型文化贸易专业教师以文化贸易理论知识的深度和广度见长，他们适合培养学术型文化贸易人才，比如博士、学术型硕士，或者给文化贸易的本科生讲授基础课、专业课；技能型教师以丰富的技能和实践经验见长，适合培养实践型

文化贸易人才，比如应用型硕士、本科生、企业在职人员。文化贸易专业的实践性强，高校要打破文化贸易专业教师引进的条条框框，适当引进技能型文化贸易专业教师，不拘泥于应聘教师的学历、年龄、指称等指标，而要看其调查式教学能力、企业诊断式教学能力、案例探究式教学能力等（孙德华，2016）。

6.4.4.2 聘请文化出口企业优秀人才担任兼职教师、指导教师

不少高校的文化贸易专业教师并没有从事过文化贸易实务，或者根本不是文化贸易科班出身，很多懂文化产业的教师并不懂产业运营，很多懂运营管理的教师并不懂文化产业，常常出现外行人站在讲台授课的情况。所以建议高校按一定比例聘请校外文化出口企业的经理、艺术总监、人力资源总监等担任兼职教师，以开设讲座、专题课程、校园沙龙、研讨会、经验交流会的形式，让学生零距离接触文化出口企业人士，让文化出口企业优秀人才做学生的朋友和指导老师。比如中国传媒大学文化发展研究院实施的"1＋2"教学模式，学生拥有校内学术导师和业界实践导师，打通了理论教学和实践操作的隔阂，值得推广（范周，2017）。

6.4.4.3 不断提升文化贸易专业师资的教学科研能力

高校应积极打造专业教师良好的成长空间，不断提升他们的教学能力、科研能力、实践能力，本书提出以下几点建议：第一，鼓励文化贸易专业教师到海外进修，去文化产业发达国家和地区访学，把国外先进的文化产业教学理念、教学方法和在国外新鲜的见闻带回国内高校，并结合国内高校实际情况，灵活运用，发扬创新，不断提高教师的教育教学水平。第二，提高国际文化贸易类科研项目的资助力度，鼓励文化贸易专业教师在职攻读博士学位，进博士后流动站继续研究等，不断提高教师的科研学术水平。第三，鼓励文化贸易专业教师走进文化出口企业，和文化出口企业界人士多交流多沟通，增加对文化贸易实务和流程的感性认识，了解文化贸易从业人员需要掌握的知识和技能，收集文化出口企业在经营管理过程中的真实素材作为教学案例，不断提高教师的实践能力。提升国际文化贸易专业教师队伍的素质，大大提高高校文化贸易专业的教学质量。

第7章 结论与展望

过去十多年"中华文化走出去"的实践证明，中国政府鼓励和支持在海外建立孔子学院、海外文化中心，举办政府和民间的文化交流活动，提高了文化开放水平，起到了传播中华文化的重要作用。而文化出口企业通过把蕴含中华文化的产品和服务"卖出去"，实现了经济效益和社会效益的"双赢"，是提高国家文化软实力的有效途径。中国在实施文化"走出去"战略过程中，坚持文化交流与文化贸易并行发展的道路，成果丰硕，效果显著。

审视现状，展望未来，将会有更多的文化企业走出国门。我国文化出口企业急缺既懂国际化经营管理又懂文化产业的复合型经营管理人才。高管是引领文化出口企业走向海外市场、参与国际文化竞争的领头人，高管胜任力的高低直接影响我国文化出口企业能否成为具有国际竞争力的企业，企业如果不重视高管现有胜任力的开发，企业的经营水平、管理水平就不能升级换代，就跟不上国际文化产业发展的要求，难以实现可持续性、高质量发展，从而影响我国文化产业国际竞争力的提升。我国文化出口企业高管胜任力的研究必须引起学界的高度重视。

7.1 研究结论

7.1.1 文化出口企业高管特征分析

本书认为文化出口企业是以知识产权为主导，将文化产品和文化服务出口到其他国家和地区，兼顾经济利益和文化利益，体现本国价值观和意识形态的文化企业。高管就是公司级的高级经营管理人才，他们是公司战略决策和经营管理的第一责任人，在公司担任极其重要的岗位。

我国文化出口企业高管是一种独具特色的高级经营管理人才。从工作身份上看，他们是企业的高层经营管理者，是文化出口企业的掌舵人；从工作角色上看，他们是企业战略的决策者、人力资源的管理者、文化创意的把关人、企业道德的代表者、市场竞争的应变人、企业对外联系的外交官；从工作职责来看，他们并不负责某一具体任务，而是负责文化出口企业发展的整体方向，控制企业价值链创造的全部过程；从工作动机看来看，他们具有"文化导向"和"经济导向"，一方面对文化有强烈的兴趣，具有高度的文化使命感，另一方面又关心企业文化产品和服务的出口额和利润，为文化出口企业的经济效益负责；从工作特征来看，他们比一般企业的高管更加注重创新，在创意、产品、服务、技术等方面努力推陈出新，研制自主知识产权，积极开拓国际市场，不断寻找适合目的国的新商业模式。

7.1.2　我国文化出口企业高管胜任力模型

　　本书建构了我国文化出口企业高管胜任力模型，模型回答了三个应用性理论问题：①我国文化出口企业高管胜任力包含了哪些指标？结构如何？②我国文化出口企业高管胜任力各级指标的含义是什么？特征如何？如何通过具体行为表现去评估一个高管的胜任力？③我国文化出口企业高管胜任力各级指标的重要程度如何？

　　在胜任力指标的挖掘方面，本书利用理论抽样方法，收集了 12 位绩效标杆型文化出口企业高管的面对面访谈资料，利用科学、严密的扎根理论三重编码技术对 17.1 万字的访谈资料进行归纳与提取，经过定性与定量有机结合的分析后，得出我国文化出口企业高管胜任力的六个一级指标及所辖的 32 项二级指标，从而揭示了我国文化出口企业高管胜任力总体特征。具体来说，我国文化出口企业高管，在价值观方面呈现出文化使命、文化包容、文化自信、以人为本、追求卓越的特征；在素质方面具备文化素质、艺术素质、政治素质、学习素质和创新素质；在技能方面具备全球战略决策力、跨文化创意团队管理力、创意生产把控力、跨文化营销力、全球资源整合力和跨文化交际公关力；在意识方面具备全球化意识、本土化意识、竞争意识、合作意识和未来意识；在个性方面具备好奇、冒险、敏感、灵活、坚韧的特征；在知识方面具备管理知识、经营知识、法律知识、文化产业知识、跨文化知识和国际商务知识。

　　在胜任力指标的释义、特征归纳方面，本文以 17.1 万字访谈资料中抽象归纳出的副范畴、主范畴为基础，结合国际咨询管理公司合益集团的胜任力素质词典等研究成果，对我国文化出口企业高管胜任力的六个一级指标做了释义，对32项二级指标做出内涵释义、归纳要点和行为等级划分。

在胜任力指标的权重方面，本书借助专家小组法和层次分析法，对我国文化出口企业高管一级、二级胜任力指标进行权重赋值，结果显示一级指标的重要性从高到低排列依次为价值观、素质、技能、意识、个性、知识。二级指标的重要性也各不相同，价值观所辖各二级指标，按其重要性从高到低排列依次是追求卓越、文化使命、文化自信、以人为本、文化包容；素质所辖各二级指标，按其重要性从高到低排列依次是创新素质、政治素质、学习素质、文化素质、艺术素质；技能所辖各二级指标，按其重要性从高到低排列依次是全球战略决策力、全球资源整合力、跨文化创意团队管理力、跨文化交际力、跨文化营销力、创意生产把控力；技能所辖各二级指标，按其重要性从高到低排列依次是全球化意识、未来意识、竞争意识、本土化意识、合作意识；个性所辖各二级指标，按其重要性从高到低排列依次是好奇、冒险、灵活、敏感、坚韧；知识所辖各二级指标，按其重要性从高到低排列依次是跨文化知识、法律知识、国际商务知识、经营知识、文化产业知识、管理知识。

在胜任力模型的结构方面，本书将我国文化出口企业高管胜任力模型分为核心胜任力、专业胜任力和通用胜任力三个模块。其中，核心胜任力是文化出口企业高管应该具备的价值观，体现了文化出口企业的企业愿景、价值观和社会责任；专业胜任力是指文化出口企业高管应该具备的岗位专业知识与专业技能；通用胜任力是文化出口企业高管作为管理者角色，应该具备的基础素质、思维方式和个性特质。

本书构建的我国文化出口企业高管胜任力模型具有精确化、标准化、结构化的特点，可应用于我国文化出口企业高管的招聘与甄选、培训、绩效管理和职业生涯规划的实践中，是我国文化出口企业对高管实施有效管理的辅助工具和技术保证。本书通过高管实践案例介绍了该模型在招聘与甄选、培训、绩效管理、职业发展规划中的具体应用方法，为我国文化出口企业高管胜任力模型的应用提供程序化、可操作化的范例。

7.1.3　我国文化出口企业高管胜任力开发

本书借鉴了人才开发学相关理论，提出我国文化出口企业高管胜任力开发需要个体、企业、高校、国家四种途径的合力开发，其中，个体开发是内生力，企业开发是推动力，高校开发是培养力，国家开发是引领力，并由此提炼出我国文化出口企业高管胜任力四力驱动开发模型。

个体层面的高管胜任力开发的具体措施有：树立适合企业需求的价值观，全方位提升五种素质，提升六种必备的工作技能，培养适合企业需求的思维方式，优化自身个性，努力打造复合型知识结构；企业层面的高管胜任力开发的具体措施有：优化文化出口企业高管的招聘与甄选制度，优化高管在职培训制度，优化高管绩效管理制度以及优化高管激励机制；国家层面的高管胜任力开发的具体措施有：制定文化贸易高级经营管理人才的优惠政策，编制与实施文化贸易高级经营管理人才培养计划，组织文化贸易高级经营管理人才参加对外交流活动；高校层面的高管胜任力开发的具体措施有：突出国际化特色的文化产业管理专业建设，加强国际文化贸易的专业建设，增加与文化出口企业的产学研互动，完善师资配备与提升师资素质。

7.2　不足之处

本书利用扎根理论分析方法，基于 12 位我国文化出口企业高管的 17.1 万字访谈资料，尝试构建了我国文化出口企业高管胜任力模型。由于时间、精力有限，学术水平有待进一步提升，加之在文化出口行业的人脉资源有限，本书还存在一些不足之处，主要有以下两点：

7.2.1　一手胜任力访谈资料不够丰富

由于文化出口企业大多分布在北京、上海、广州、深圳等地，其高管由于日常工作繁忙，很难有时间和机会配合我们的行为事件访谈，时常出现约好了访谈时间和地点，但高管临时有变化不能如期访谈的情况，所以笔者在研究过程中未能坚持做到完全利用一手访谈资料来构建我国文化出口企业高管胜任力模型，本书利用的访谈资料有 56.72% 是一手资料，43.28% 是来源于权威媒体的人物专访等二手资料。

7.2.2 未研究高管的系列岗位模型

由于时间、精力和篇幅的限制，本书只针对我国文化出口企业的董事长、总经理、副总经理、CEO等核心高管岗位的胜任力做了建模研究，未能对文化出口企业其他高管岗位，如创意总监、人力资源总监、销售总监等的岗位胜任力进行建模研究，因此未能建构我国文化出口企业全部高管的系列岗位胜任力模型。

7.3 未来研究展望

我国文化出口企业高管胜任力研究对于高管个体、我国文化出口企业、我国文化贸易行业和我国文化产业的国际竞争力都有极其重要的意义。探明我国文化出口企业高管胜任力的奥秘所在，可以提升高管个人绩效，有利于文化出口企业不断做大、做强，走出国门，增加我国文化产业的国际竞争力，提升我国经济"硬实力"和文化"软实力"。展望未来，在我国文化出口企业高管胜任力研究方面还有以下问题值得学界同人深入探索：

7.3.1 继续开展我国文化出口企业高管的案例研究

我国文化出口企业高管胜任力研究具有极其重要的理论价值和实践意义，但是这一问题尚未得到系统的、深入的探索，究其原因在于学界缺乏对高管的行为事件访谈和案例研究，大部分研究者凭借主观感受对高管胜任力问题泛泛而谈。扎根理论认为从案例中构建理论是科学的、有意义的、可以验证的。笔者期待对胜任力研究课题感兴趣的学者不怕辛苦，对我国文化出口企业高管开展行为事件访谈，获得丰富的、扎实的一手资料，并利用扎根理论的分析方法，从新的案例中提炼出有价值的观点，继续补充和完善我国文化出口企业高管胜任力模型。

7.3.2 加强文化出口企业高管系列岗位胜任力的研究

胜任力模型说到底是针对具体岗位的模型，不同岗位有不同的胜任力模型，文化出口企业高管是一个集体名词，代表着一类人群，包括上市公司的董事、监事，还包括总经理、副总经理、艺术总监、技术总监、财务总监等高级管理人员，这些岗位分别对应不同的岗位胜任力模型。本书研究的我国文化出口企业高管胜任力模型仅适用于董事长、总经理、总裁、负责运营管理的 CEO、副总经理、副总裁等，其他高管岗位，如艺术总监、人力资源总监等的胜任力模型与本书提出的胜任力模型会有差异，有时候体现在指标本身的不同，有时候体现在指标要求的等级不同。我国文化出口企业高管系列岗位的胜任力模型有待学者们继续探索。

7.3.3　提高胜任力模型的针对性和适应性

企业性质不同、主营业务不同、规模不同、发展阶段不同，高管胜任力指标的具体内容和要求应该也有所差别。按照企业性质分类，文化出口企业可以分为国有、民营、集体、联营、合资等企业；按照企业的业务类型分类，文化出口企业可以分为文化产品出口类企业、文化服务出口类企业、对外文化投资类企业；按照企业规模的不同，文化出口企业可以分为特大型、大型、中型和小微型企业，按照企业发展阶段的不同，文化出口企业可以分为处在发展期、成长期、成熟期、衰退期的企业，在以上不同情况下，高管胜任力指标的具体内容及指标的重要性等方面有何细微差别？这些问题也值得学界的进一步研究，以便提高我国文化出口企业高管胜任力模型的针对性和适应性。

7.3.4　加强我国文化出口企业高管胜任力测试的研究

胜任力测试的信度与效度将直接影响招聘与甄选的精准度、在职培训的针对性和绩效考核的准确性。本书初步探明了我国文化出口企业高管胜任力模型，但是本书对胜任力的测试和评估涉及内容不多，深度不够。期待今后学界加强我国文化出口企业高管胜任力测试的研究，探索如何科学地衡量我国文化出口企业高管在价值观、素质、知识、技能、意识和个性六大维度上的胜任力，并提高测试内容和测试手段之间的匹配度。同时，本书也建议我国文化出口行业协会集合相关研究成果，出台我国文化出口企业高管胜任力测试题库，以便客观、科学、高效地评估我国文化出口企业高管胜任力，减少各文化出口企业研发胜任力测试项目的成本支出。

参考文献

［1］2017 中国文化企业品牌价值 TOP50 榜单在京发布［EB/OL］.中国经济网，http：//www. ce. cn/culture/gd/201712/29/t20171229_ 27494117. shtml，2017 - 12 - 29.

［2］2018 版《对外投资合作国别（地区）指南》发布［N］.经济日报，2019 - 01 - 30.

［3］［美］艾德·科恩.跨文化领导——世界级领导者的成功战略［M］.毛学军译.北京：东方出版社，2009：117.

［4］［美］加里·S·贝克尔.人力资本［M］.梁小民译.北京：北京大学出版社，1987：72.

［5］［美］克劳迪奥·费尔南德斯 - 阿劳斯.潜力：21 世纪英才新标准［J］.哈佛商业评论（中文版），2014（6）：101 - 111.

［6］［美］理查德·加纳罗，特尔玛·阿特休勒.艺术：让人成为人（第 7 版）［M］.舒予译.北京：北京大学出版社，2007.

［7］［美］西奥多·W·舒尔茨.论人力资本投资［M］.吴珠华等译.北京：北京经济学院出版社，1990：8 - 13，200 - 237.

［8］［美］伊丽莎白·科瑞德.创意城市：百年纽约的时尚、艺术与音乐［M］.陆香，丁硕瑞译.北京：中信出版社，2010：157.

［9］安鸿章.浅析人的知识、技能与能力的概念异同［J］.首都经济贸易大学学报，2003（6）：24 - 28.

［10］安西西.沈黎晖说"直觉很重要，那也是一种赌博"［EB/OL］.音乐财经，http：//www. chinambn. com/tag - MDSK. html，2017 - 10 - 03.

［11］北京第二外国语学院国家文化发展国家战略研究院.中国文化贸易经典案例研究［M］.北京：中国商务出版社，2014：181 - 232.

［12］财智对话：陈立恒［EB/OL］. https：//v. youku. com/v_ show/id_

XMTM5NzE1 NDcONA = =. html？from = s1. 8 − 1 − 1. 2，2015 − 11 − 29.

［13］陈春花. 中国企业为什么一定要全球化［J］. 金融经济，2017（15）：22 − 23.

［14］陈少峰. 从文化产业内在特性看商机与商业模式［C］. 中国文化产业新年国际论坛，北京大学，2008 − 01 − 06.

［15］陈云川，雷轶. 胜任力研究与应用综述及发展趋向［J］. 科研管理，2004，25（6）：141 − 144.

［16］大动漫时代下异业联盟：文化强国支撑六大战略［EB/OL］. 人民网，http：//comic. people. com. cn/GB/16014565. html，2011 − 10 − 25.

［17］当"看剧"成为工作，华策赵依芳：很苦！想玩、想发财的人别来［EB/OL］. https：//v. qq. com/x/page/a0889f9 a1ku. html，2019 − 06 − 25.

［18］迪士尼 CEO 一年赚多少钱？2018 年有 6565 万美元［N］. 三文娱，2018 − 01 − 15.

［19］丁栋虹. 从人力资本到异质型人力资本与同质型人力资本［J］. 理论前沿，2001（5）：12 − 14.

［20］对话蓝海电视台首席执行官诸葛虹云（二）：谈国外推广营销差异化［EB/OL］. https：//v. youku. com/v_ show/id_ XODEzMDYwNzI4. html，2014 − 10 − 28.

［21］范周. 2017 中国文化产业年度报告［M］. 北京：知识产权出版社，2017：264，271，313.

［22］方雯，王林雪，董锐. 国际管理者胜任特征模型的研究［J］. 西安电子科技大学学报（社会科学版），2008，18（1）：27 − 34.

［23］郭丽芳. 矿建工程项目团队胜任力与绩效关系研究［D］. 北京：中国矿业大学博士学位论文，2013.

［24］郭全中. 推进国有文化企业股权激励制度改革 打造利益共同体［EB/OL］. 人民网，http：//media. people. com. cn/n/2014/0717/c386880 − 25295709. html，2014 − 07 − 17.

［25］郭艳，张群，王爱红. 对我国国际文化贸易人才培养几个问题的思考［J］. 教育探索，2014（3）：91 − 93.

［26］国际品牌，文化立国［A］//第十届学习型中国—世纪成功论坛［C］. 北京九华山庄，2009 − 12 − 30.

［27］胡惠林．国家文化安全：经济全球化背景下中国文化产业发展策论［J］．学术月刊，2000（2）：10 – 18.

［28］加琳玮．CHANEL任命首个多样性与包容性高管　这是什么神职位？［EB/OL］．新浪网，http：//fashion. sina. com. cn/s/fo/2019 – 07 – 18/0946/doc – ihytcerm4445721. shtml，2019 – 07 – 18.

［29］江奔东．文化产业经济学［M］．济南：泰山出版社，2008：226.

［30］姜付秀，伊志宏，苏飞．管理者背景特征与企业过度投资行为［J］．管理世界，2009（1）：130 – 139.

［31］柯翔，程德俊．国有企业高层经营管理者胜任特征模型研究［J］．江海学刊，2006（2）：227 – 231.

［32］孔宪香．创新型人力资本分类研究［J］．科技管理研究，2009，29（7）：335 – 337.

［33］李登印，李颖等．胜任力模型应对实务［M］．北京：人民邮电出版社，2014：88，159.

［34］李怀亮．从市场占有率到价值引导力　中国对外文化贸易的新趋势［J］．人民论坛，2018（15）：130 – 132.

［35］李怀亮．国际文化贸易格局下的中国文化出口策略［J］．现代经济探讨，2008（3）：73 – 77.

［36］李怀亮．文化"走出去"须统筹国际国内两个市场［J］．现代传播，2015（7）：115 – 119.

［37］李平，曹仰锋．案例研究方法：理论与范例——凯瑟琳·艾森哈特论文集［M］．北京：北京大学出版社，2012：545.

［38］李小牧．中国文化贸易人才培养：实践、困境与展望［J］．中国大学教学，2014（11）：56 – 60.

［39］李志刚．扎根理论方法在科学研究中的运用分析［J］．东方论坛，2007（4）：90 – 94.

［40］梁博．优酷土豆集团公司中层管理者胜任力测评研究［D］．秦皇岛：燕山大学硕士学位论文，2015.

［41］刘本旺．参政议政用语集［M］．北京：群言出版社，2014：64.

［42］刘波．员工胜任力成熟度模型及其相关模型研究［D］．南京：南京理工大学博士学位论文，2013.

［43］刘铁明，袁建昌，王秀文．人力资本构成要素解读［J］．商业时代，2007（28）：47，55．

［44］栾强．文化产业生产率与高学历人力资本——基于上海市文化企业的实证研究［J］．经济与管理研究，2016（9）：62－68．

［45］罗能生．全球化、国际贸易与文化互动［M］．北京：中国经济出版社，2006：283－284，289－297．

［46］马欣川等．人才测评——基于胜任力的探索［M］．北京：北京邮电大学出版社，2008．

［47］孟妮．从国家文化出口重点企业和重点项目目录看文化走出去特点．国际商报，2018－02－28．

［48］孟妮．中华文化"走出去"势头强劲［N］．国际商报，2018－02－28．

［49］欧阳友权．文化产业概论［M］．长沙：湖南人民出版社，2007：137，170．

［50］潘爱玲，于明涛．文化企业高管团队特征与财务绩效关系的实证研究［J］．广东社会科学，2013（5）：5－14．

［51］邵春燕．中国文化企业跨国并购：现状、原因和对策［J］．齐鲁珠坛，2016（1）：5－8．

［52］时勘，王继承，李超平．企业高层管理者胜任特征模型评价的研究［J］．心理学报，2002，34（3）：306－311．

［53］时勘．基于胜任特征模型的人力资源开发［J］．心理科学进展，2006，14（4）：586－595．

［54］时青靖．百度：让人才脱颖而出［EB/OL］．www. hbrchina. org，2018－11－02．

［55］史翔宇．独家专访沈黎晖：草莓音乐节商业史大起底［EB/OL］．凤凰财经，http：//finance. ifeng. com/a/20140505/12259842_0. shtml/，2014－05－05．

［56］首批国家文化出口基地出炉——文化外贸的桥头堡首次集体亮相［EB/OL］．央广网，https：//baijiahao. baidu. com/s？id＝1604125875582340597&wfr＝spider&for＝pc，2018－06－24．

［57］宋文君，毛云聪．国有外向型文化企业创新发展路径研究［J］．现代经济信息，2014（15）：69－70．

［58］孙德华．论高校文化产业教育人才的开发与管理［A］//赵成国，中国文化产业研究（第三辑）［C］．北京：中国社会科学出版社，2016：198 - 206.

［59］孙源远，周学伟．企业高管培训方法体系及其创新趋势［J］．中国井冈山干部学院学报，2016，9（4）：138 - 143.

［60］唐锦铨．福州市国有文化企业考核评价体系——基于平衡计分卡［J］．闽江学院学报，2018，39（4）：54 - 55.

［61］唐立波．基于中国文化情景中的领导力提升［J］．清华管理评论，2018（6）：57 - 63.

［62］万达事件警示文化企业如何正确"走出去"［N］．中经文化产业，2017 - 06 - 27.

［63］万顺科，丁培卫．中国文化产业人力资源管理现状及对策研究［J］．山东社会科学，2012（4）：83 - 86.

［64］王大超，孙莉莉．国际型职业经理人胜任特征模型研究［J］．沈阳师范大学学报（社会科学版），2008，32（6）：1 - 4.

［65］王光文．文化产业管理专业人才培养探索——基于本科课程教学［J］．中国集体经济，2014（9）：63 - 66.

［66］王海文．我国文化贸易人才需求现状分析与展望［J］．中国大学教学，2017（1）：52 - 55.

［67］王垒．思维创新［J］．人力资源，2002（12）：10 - 11.

［68］王延华．认识的二维度——论显意识和潜意识的辩证逻辑［J］．吉林师范大学学报（人文社会科学版），2012（5）：31 - 34.

［69］王懿．大学重点学科创新人才胜任力模型的研究［D］．重庆：第三军医大学博士学位论文，2008.

［70］王重鸣，陈民科．管理胜任力特征分析：结构方程模型检验［J］．心理科学，2002，25（5）：513 - 516，637.

［71］魏立群，王智慧．我国上市公司高管特征与企业绩效的实证研究［J］．南开管理评论，2002，5（4）：16 - 22.

［72］魏鹏举，戴俊骋，魏西笑．中国文化贸易的结构、问题与建议［J］．山东社会科学，2017（10）：55 - 60.

［73］文化部关于印发《文化部"一带一路"文化发展行动计划（2016—

2020）的通知［Z］．中华人民共和国国务院公报，2017 - 08 - 10．

［74］我们比任何时代都更需要优质文化企业和优秀文创人才［R］．2016年中国影视艺术创新峰会，杭州市西湖区，2016 - 12 - 19．

［75］吴承忠，牟阳．从 WTO 与"文化例外"看国际文化贸易规则［J］．国际贸易问题，2013（3）：132 - 142．

［76］向勇．创意领导力——创意经理人胜任力研究［M］．北京：北京大学出版社，2011：50 - 51，168．

［77］新浪娱乐．专访电影发行陈挚恒：这一行要具备双重视野［EB/OL］．http：//ent. sina. com. cn/m/f/2009 - 02 - 12/09042372499. shtml，2009 - 02 - 12．

［78］熊元斌．营销全球化与本土化的聚合及兼容［J］．经济管理，2003（8）：53 - 57．

［79］徐建平．教师胜任力模型与测评研究［D］．北京：北京师范大学博士学位论文，2004．

［80］徐经长，王胜海．核心高管特征与公司成长性关系研究——基于中国沪深两市上市公司数据的经验研究［J］．经济理论与经济管理，2010（6）：58 - 65．

［81］徐鸣．论人力资本的要素结构及其特性［J］．江西财经大学学报，2010，72（6）：10 - 13．

［82］徐文明．中国文化企业人力资本成长机制研究［M］．北京：经济科学出版社，2016：133．

［83］薛永武．人才开发学［M］．北京：中国社会科学出版社，2008：92．

［84］薛永武．文化产业人才资源开发［M］．北京：北京大学出版社，2016：91．

［85］杨晓华．陈立恒：以瓷载道文创人生［N］．中国文化报，2013 - 01 - 18．

［86］叶龙，张文杰，姜文生．管理人员胜任力研究［J］．中国软科学，2003（11）：96 - 99．

［87］殷振川．浅析经营管理人才在国有文化企业中的地位和作用［J］．经济研究导刊，2011（10）：122 - 123．

［88］于帆．2018 年我国对外文化贸易实现快速增长［N］．中国文化报，2019 - 03 - 17．

［89］于兆吉，张嘉桐．扎根理论发展及应用研究评述［J］．沈阳工业大学

学报（社会科学版），2017（1）：58－63.

［90］曾彦. 公司高管职务犯罪研究［M］. 北京：中国政法大学出版社，2015：2－3.

［91］张国祚. 文化产业不能偏离社会主义核心价值观［J］. 前线，2014（12）：39－40.

［92］张恒军，曹波，孙冬惠. 构建中华文化海外传播的三个基础共识［J］. 哈尔滨师范大学社会科学学报，2016，7（6）：177－181.

［93］张建云. 马克思主义"价值观"范畴的深层解读［J］. 学术论坛，2017（1）：63－67.

［94］张璐晶. 印度为什么盛产跨国公司 CEO？［J］. 中国经济周刊，2015（33）：62－64.

［95］中华人民共和国国家新闻出版广电总局. 中国电视剧（网络剧）出口联盟正式成立［EB/OL］. http：//www. gapp. gov. cn/sapprft/contents/6582/356883. shtml，2017－12－28.

［96］中华文化走出去势头强劲［EB/OL］. 中国服务贸易指南网，http：//tradeinservices. mofcom. gov. cn/article/news/ywdt/201802/55328. html，2018 － 02 － 28.

［97］仲理峰，时勘. 家族企业高层管理者胜任特征模型［J］. 心理学报，2004，36（1）：110－115.

［98］仲理峰，时勘. 胜任特征研究的新进展［J］. 南开管理评论，2003，6（2）：4－8.

［99］朱国锋. 船长胜任力职务分析问卷的编制［J］. 中国航海，2005（2）：22－27.

［100］庄军，左敏. 试论文化产业人力资源的开发管理［J］. 山东经济，2006（6）：50－53.

［101］左妍冰. 建立在"三品"基石上的瓷器王朝——专访法蓝瓷集团总裁陈立恒［EB/OL］. 国际在线新闻，http：//news. cri. cn/gb/42071/2013/11/05/6871s 4310143_ 1. htm，2013－11－05.

［102］Alpha Assoc, Waterloo. A Hierarchy of Management Training Requirements: The Competency Domain Model［J］. Journal of Public Personnel Management, 1993, 22（1）: 43－62.

［103］ Anntoinette D. Lucia, Richard Lepsinger. The Art and Science of Competency Models：Pinpointing Critical Success Factors in Organizations ［M］. San Francisco：Jossey – Bass/Pfeifer, 1999：6 – 7.

［104］ Boyatzis, R. E.. The Competent Manager：A Model for Effective Performance ［M］. Hoboken, NJ：John Wiley & Sons Ltd., 1982：80 – 82.

［105］ Bueno, C. M., Tubbs, S. L.. Identifying Global Leadership Competencies：An Exploratory Study ［J］. Journal of American Academy of Business, 2004, 5 (1/2)：80 – 87.

［106］ David Harel, Eran Gery. Executable Object Modeling with Statecharts ［J］. Computer, 1997, 30 (7)：31 – 42.

［107］ Don Hellriegel, John W. Slocum, Richard W. Woodman. Organizational Behavior (Ninth Edition) ［M］. Cincinnati, Ohio：South – Western College pub, 2001：6 – 31.

［108］ Flanagan, J. C.. The Critical Incident Technique ［J］. Psychological Bulletin, 1954, 51 (4)：327 – 358.

［109］ Fletcher, S.. NVQs. Standards and Competence：A Practice Guide for Employers, Management and Trainers ［M］. London：Kogan Page, 1992.

［110］ Geoff Ryan, Lyle M. Spencer, Urs Bernhard. Development and Validation of a Customized Competency – based Questionnaire ［J］. Cross Cultural Management, 2012 (6)：90 – 103.

［111］ J. Glaser. Das Stabilitatsproblem bei der numerischen Behandlung von Differentialgleichungen ［J］. Computing, 1978, 19 (3)：221 – 231.

［112］ Knowles, M.. Self – Directed Learning：A Guide for Learners and Teachers ［J］. Journal of Continuing Education in Nursing, 1975 (3)：60.

［113］ Maria Giudice, Christopher Ireland. 创意型领袖：从 CEO 到 DEO ［M］. 王沛译. 北京：人民邮电出版社, 2015：20 – 21.

［114］ Matthew B. Miles, A. Michael Huberman. 质性资料的分析：方法与实践 (第 2 版) ［M］. 张芬芬译. 重庆：重庆大学出版社, 2008：53.

［115］ McClelland, D. C.. Testing for Competence Rather than for Intelligence ［J］. American Psychologist, 1973 (28)：1 – 14.

［116］ Mount, K. M., Judge, T. A., Scullen, S. Trait. Rater and Level Affects in

360 – degree Performance Ratings ［J］. Personnel Psychology, 1998 (51): 557 –576.

［117］ Nordhaug, O.. Competence Specificities in Organizations: A Classificatory Framework ［J］. International Studies of Management & Organization, 1998, 28 (1): 8 –29.

［118］ Pavett, C. M., Lau, A. W.. Managerial Work: The Influence of Hierarchical Level and Functional Specialty ［J］. Academy of Management Journal, 1983, 26 (1): 170 –177.

［119］ Roger, L. M.. Management is Much More than a Science ［J］. Harvard Business Review, 2017 (9): 128.

［120］ Spencer Jr., L. M & Spencer, S. M.. Competence at Work: Models for Superior Performance ［M］. New York: John Wiley & Sons Inc, 1993: 18 –24.

［121］ Spencer, L. M., McClelland, D. C., Spencer S.. Competency Assessment Methods: History and State of the Art ［M］. Boston: Hay – Mcber Research Press, 1994: 298 –321.

［122］ Spencer, L. M., Spencer, S. M. Competence at Work: Models for Superior performance ［M］. New York: John Wiley & Sons Inc, 1993: 222 –226.

［123］ Strass, H.. Approximating Operators and Semantics for Abstract Dialectical Frameworks ［J］. Artificial Intelligence, 2013, 205 (12): 39 –70.

［124］ Strauss, A, Corbin, J. M.. Grounded Theory in Practice ［M］. London: Sage Pubns, 1997.

附　录

附录一　我国文化出口企业高管关键
行为事件访谈提纲

预热阶段：

1. 向被访谈人介绍研究的目标

● 探索我国文化出口企业高管胜任力模型。

● 提出我国文化出口企业高管胜任力提升方案。

2. 向被访谈人介绍研究访谈欲了解的主要问题

● 被访谈者的工作经历、工作职责。

● 被访谈者对文化出口企业管理工作的感受。

3. 向被访谈人介绍参与访谈的意义和收益

● 被访谈人将得到一份我国文化出口企业高管胜任力提升的建议书。

● 可应被访谈人要求免费开设高管胜任力开发课程。

正式阶段：

1. 请介绍您的个人工作经历、职业发展经历。

2. 请介绍您目前所在公司的情况。

3. 您在公司担任什么职位？其工作内容包括哪些？

4. 在任职期间，您认为自己做得最成功的三件事是什么？

5. 在任职期间，您认为最让您遗憾的三件事是什么？

收尾阶段：

1. 您认为文化出口企业高管应该具备什么样的能力与素质？

2. 您认为文化出口企业高管应该如何提升自身的胜任力？

附录二　我国文化出口企业高管胜任力
专家小组打分表

尊敬的专家：

您好！

我们正在进行我国文化出口企业高管胜任力的研究。感谢您百忙之中抽出宝贵时间填写专家小组打分表。我们保证在研究中不体现您个人的名字和观点。

经过初步研究，我们认为文化出口企业高管胜任力指标内容如下表所示：

一级指标	二级指标
个性	冒险、好奇、灵活、敏感、坚韧
素质	文化素质、艺术素质、政治素质、学习素质、创新素质
价值观	文化使命、文化包容、文化自信、以人为本、追求卓越
意识	全球化意识、本土化意识、竞争意识、合作意识、未来意识
知识	管理知识、经营知识、文化产业知识、跨文化知识、国际商务知识、法律知识
技能	全球战略决策力、跨文化创意团队管理力、创意生产把控力、跨文化营销力、全球资源整合力、跨文化交际公关力

本打分表采用萨迪的 1~9 标度法打分。请您认真阅读下面的《分级比率标度赋值表》的打分规则，然后在表 1 至表 7 的各项内容里给出您的打分。注意比

较顺序为因素 A 比因素 B。灰色部分不用填写。您认真、公正的选择将对我国文化出口企业高管胜任力的研究做出贡献。再次感谢您的配合。

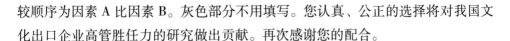

分级比率标度赋值表

因素 A 比因素 B 比较	重要程度	得分
	极端重要	9～8
	强烈重要	7～6
	明显重要	5～4
	稍为重要	3～2
	同等重要	1
	稍弱	1/2～1/3
	明显弱	1/4～1/5
	强烈弱	1/6～1/7
	极端弱	1/8～1/9

一级指标的判断矩阵和权重

因素 A ＼ 因素 B	个性	价值观	意识	素质	知识	技能
个性	1					
价值观		1				
意识			1			
素质				1		
知识					1	
技能						1

二级指标——个性的判断矩阵和权重

因素 A ＼ 因素 B	冒险	好奇	灵活	敏感	坚韧
冒险	1				
好奇		1			
灵活			1		
敏感				1	
坚韧					1

二级指标——价值观的判断矩阵和权重

因素A ＼ 因素B	文化使命	文化包容	文化自信	以人为本	追求卓越
文化使命	1				
文化包容		1			
文化自信			1		
以人为本				1	
追求卓越					1

二级指标——意识的判断矩阵和权重

因素A ＼ 因素B	全球化意识	本土化意识	竞争意识	合作意识	未来意识
全球化意识	1				
本土化意识		1			
竞争意识			1		
合作意识				1	
未来意识					1

二级指标——素质的判断矩阵和权重

因素A ＼ 因素B	文化素质	艺术素质	政治素质	学习素质	创新素质
文化素质	1				
艺术素质		1			
政治素质			1		
学习素质				1	
创新素质					1

二级指标——知识的判断矩阵和权重

因素A ＼ 因素B	管理知识	经营知识	文化行业知识	跨文化知识	国际商务知识	法律知识
管理知识	1					
经营知识		1				

因素A ＼ 因素B	管理知识	经营知识	文化行业知识	跨文化知识	国际商务知识	法律知识
文化产业知识			1			
跨文化知识				1		
国际商务知识					1	
法律知识						1

二级指标——能力的判断矩阵和权重

因素A ＼ 因素B	全球战略决策力	多元创意团队管理力	创意生产把控力	跨文化营销力	全球资源整合力	跨文化交际公关力
全球战略决策力	1					
多元创意团队管理力		1				
创意生产把控力			1			
跨文化营销力				1		
全球资源整合力					1	
跨文化交际公关力						1

附录三　我国文化出口企业高管胜任力指标专家权重赋值计算表

附表3.1

S1　一级指标

C	C1 个性	C2 价值观	C3 意识	C4 素质	C5 知识	C6 技能
个性	1	3	1/2	2	2	1/2
价值观	1/3	1	4	3	2	1
意识	2	1/4	1	2	2	1/2
素质	1/2	1/3	1/2	1	3	5
知识	1/2	1/2	1/2	1/3	1	1/3
技能	2	1	2	1/5	3	1

S2　一级指标

	个性	价值观	意识	素质	知识	技能
个性	1	1/8	1/7	1/5	1/6	1/5
价值观	8	1	8	8	8	5
意识	7	1/8	1	5	1	1
素质	5	1/8	1/5	1	3	1/5
知识	6	1/8	1	1/3	1	1/3
技能	5	1/5	1	5	3	1

S3　一级指标

	个性	价值观	意识	素质	知识	技能
个性	1	4	5	1	5	4
价值观	1/4	1	1	1/4	1	1/2
意识	1/5	1	1	1/3	1	2
素质	1	4	3	1	4	4
知识	1/5	1	1	1/4	1	1
技能	1/4	2	1/2	1/4	1	1

S4　一级指标

	个性	价值观	意识	素质	知识	技能
个性	1	1/5	1/3	1/3	1/2	1/2
价值观	5	1	2	2	2	2
意识	3	1/2	1	1	1	3
素质	3	1/2	1	1	1	1
知识	2	1/2	1	1	1	1
技能	2	1/2	1/3	1	1	1

S5　一级指标

	个性	价值观	意识	素质	知识	技能
个性	1	3	1/2	2	2	1
价值观	1/3	1	1/2	1/2	1/2	1/3
意识	2	2	1	3	2	1

	个性	价值观	意识	素质	知识	技能
素质	1/2	2	1/3	1	2	1/2
知识	1/2	2	1/2	1/2	1	1/3
技能	1	3	1	2	3	1

S6 一级指标

	个性	价值观	意识	素质	知识	技能
个性	1	2	1/2	1	3	2
价值观	1/2	1	5	2	6	3
意识	2	1/5	1	1/5	1/3	1
素质	1	1/2	5	1	2	3
知识	1/3	1/6	3	1/2	1	1
技能	1/2	1/3	1	1/3	1	1

S7 一级指标

	个性	价值观	意识	素质	知识	技能
个性	1	1/3	1/5	1/4	1/8	1/8
价值观	3	1	1/4	1/2	1/5	1/5
意识	5	4	1	2	1/2	1/2
素质	4	2	1/2	1	1/3	1/3
知识	8	5	2	3	1	1
技能	8	5	2	3	1	1

S8 一级指标

	个性	价值观	意识	素质	知识	技能
个性	1	1/3	1/2	1/2	1	1
价值观	3	1	3	2	2	3
意识	2	1/3	1	1/2	1	2
素质	2	1/2	2	1	2	2
知识	1	1/2	1	1/2	1	1/2
技能	1	1/3	1/2	1/2	2	1

汇总表

	C1	C2	C3	C4	C5	C6
C1	1	1.624	0.960	0.910	1.724	1.166
C2	2.552	1	2.969	2.281	2.713	1.879
C3	2.900	1.051	1	1.754	1.104	1.375
C4	2.125	1.245	1.567	1	2.167	2.004
C5	2.317	1.224	1.250	0.802	1	0.688
C6	2.469	1.546	1.042	1.535	1.875	1

标准化	13.363	7.690	8.787	8.283	10.582	8.111	w'	w	aw'	aw'/w'	CI	CR
C51	0.075	0.211	0.109	0.110	0.163	0.144	0.812	0.135	0.848	1.044	0.005	0.004
C52	0.191	0.130	0.338	0.275	0.256	0.232	1.422	0.237	1.379	0.970		
C53	0.217	0.137	0.114	0.212	0.104	0.170	0.953	0.159	0.952	0.999		
C54	0.159	0.162	0.178	0.121	0.205	0.247	1.072	0.179	1.057	0.986	RI	
C55	0.173	0.159	0.142	0.097	0.094	0.085	0.751	0.125	0.761	1.014	1.260	
C56	0.185	0.201	0.119	0.185	0.177	0.123	0.990	0.165	1.003	1.013		
							6.000		6.026			

附表3.2

1 二级指标—个性

	冒险	好奇	灵活	敏感	坚韧
好奇	1	2	1/2	2	3
冒险	1/2	1	2	3	4
灵活	2	1/2	1	2	3
敏感	1/2	1/3	1/2	1	2
坚韧	1/3	1/4	1/3	1/2	1

2 二级指标—个性

	冒险	好奇	灵活	敏感	坚韧
好奇	1	1/2	3	1	5
冒险	2	1	3	5	7
灵活	1/3	1/3	1	2	3
敏感	1	1/5	1/2	1	1
坚韧	1/5	1/7	1/3	1	1

3　二级指标—个性

	冒险	好奇	灵活	敏感	坚韧
好奇	1	2	1	2	1/2
冒险	1/2	1	1	2	5
灵活	1	1	1	2	1
敏感	1/2	1/2	1/2	1	3
坚韧	2	1/5	1	1/3	1

4　二级指标—个性

	冒险	好奇	灵活	敏感	坚韧
好奇	1	1	2	3	1/2
冒险	1	1	1/2	1	2
灵活	1/2	2	1	3	2
敏感	1/3	1	1/3	1	1/2
坚韧	2	1/2	1/2	2	1

5　二级指标—个性

	冒险	好奇	灵活	敏感	坚韧
好奇	1	2	1/2	2	1
冒险	1/2	1	1/2	3	2
灵活	2	2	1	3	1
敏感	1/2	1/3	1/3	1	2
坚韧	1	1/2	1	1/2	1

6　二级指标—个性

	冒险	好奇	灵活	敏感	坚韧
好奇	1	2	1	2	3
冒险	1/2	1	2	3	2
灵活	1	1/2	1	1	3
敏感	1/2	1/3	1	1	1/4
坚韧	1/3	1/2	1/3	4	1

7 二级指标—个性

	冒险	好奇	灵活	敏感	坚韧
好奇	1	2	1	2	3
冒险	1/2	1	3	2	3
灵活	1	1/3	1	2	1
敏感	1/2	1/2	1/2	1	1/2
坚韧	1/3	1/3	1	2	1

8 二级指标—个性

	冒险	好奇	灵活	敏感	坚韧
好奇	1	1/2	1/3	3	2
冒险	2	1	1	1/2	2
灵活	3	1	1	1/3	2
敏感	1/3	2	3	1	3
坚韧	1/2	1/2	1/2	1/3	1

	C11	C12	C13	C14	C15
C11	1	1.75	0.979	2.125	2.250
C12	0.938	1	1.625	2.438	3.375
C13	1.354	0.958	1	1.917	2.000
C14	0.521	0.650	0.833	1	1.531
C15	0.838	0.366	0.625	1.333	1

标准化	4.65	4.724107143	5.0625	8.8125	10.15625	w'	w	aw'		CI	CR
C11	0.215	0.370	0.193	0.241	0.222	1.242	0.248	1.282	1.032	0.001	0.001
C12	0.202	0.212	0.321	0.277	0.332	1.343	0.269	1.287	0.958		
C13	0.291	0.203	0.198	0.217	0.197	1.106	0.221	1.124	1.017		
C14	0.112	0.138	0.165	0.113	0.151	0.678	0.136	0.678	0.999	RI	
C15	0.180	0.077	0.123	0.151	0.098	0.631	0.126	0.629	0.997	1.120	
						5		5.003514279			

附表 3.3

1　二级指标—价值观

	文化使命	文化包容	文化自信	以人为本	追求卓越
文化使命	1	7	3	5	2
文化包容	1/7	1	1	1/2	1/3
文化自信	1/3	1	1	1/2	1
以人为本	1/5	2	2	1	1/3
追求卓越	1/2	3	1	3	1

2　二级指标—价值观

	文化使命	文化包容	文化自信	以人为本	追求卓越
文化使命	1	7	1	6	1
文化包容	1/7	1	1/5	1	1/5
文化自信	1	5	1	3	1/5
以人为本	1/6	1	1/3	1	1/5
追求卓越	1	5	5	5	1

3　二级指标—价值观

	文化使命	文化包容	文化自信	以人为本	追求卓越
文化使命	1	5	1	5	3
文化包容	1/5	1	1/3	1/2	1/4
文化自信	1	3	1	5	1
以人为本	1/5	2	1/5	1	1/4
追求卓越	1/3	4	1	4	1

4　二级指标—价值观

	文化使命	文化包容	文化自信	以人为本	追求卓越
文化使命	1	2	1	1	2
文化包容	1/2	1	1/2	1/3	2
文化自信	1	2	1	2	2
以人为本	1	3	1/2	1	2
追求卓越	1/2	1/2	1/2	1/2	1

5 二级指标—价值观

	文化使命	文化包容	文化自信	以人为本	追求卓越
文化使命	1	1/3	1/4	1/2	1/4
文化包容	3	1	1/3	2	1/2
文化自信	4	3	1	3	1/2
以人为本	2	1/2	1/3	1	1/3
追求卓越	4	2	2	3	1

6 二级指标—价值观

	文化使命	文化包容	文化自信	以人为本	追求卓越
文化使命	1	1/2	2	1	1/2
文化包容	2	1	3	1	4
文化自信	1/2	1/3	1	1/3	3
以人为本	1	1	3	1	4
追求卓越	2	1/4	1/3	1/4	1

7 二级指标—价值观

	文化使命	文化包容	文化自信	以人为本	追求卓越
文化使命	1	1/3	1/3	1/2	1
文化包容	3	1	1	1/2	3
文化自信	3	1	1	2	3
以人为本	2	2	1/2	1	2
追求卓越	1	1/3	1/3	1/2	1

8 二级指标—价值观

	文化使命	文化包容	文化自信	以人为本	追求卓越
文化使命	1	1/4	1/2	1/4	1/5
文化包容	4	1	2	1/3	1/2
文化自信	2	1/2	1	1/2	1/4
以人为本	4	3	2	1	1/2
追求卓越	5	2	4	2	1

	C21	C22	C23	C24	C25
C21	1	2.802	1.135	2.406	1.244
C22	1.623	1	1.046	0.771	1.348
C23	1.604	1.979	1	2.042	1.369
C24	1.321	1.813	1.108	1	1.202
C25	1.792	2.135	1.771	2.281	1

标准化	7.340	9.729	6.060	8.500	6.163	w'	w	aw'		CI	CR
C11	0.136	0.288	0.187	0.283	0.202	1.097	0.219	1.062	0.968	0.004	0.004
C12	0.221	0.103	0.173	0.091	0.219	0.806	0.161	0.844	1.047		
C13	0.219	0.203	0.165	0.240	0.222	1.049	0.210	1.047	0.998		
C14	0.180	0.186	0.183	0.118	0.195	0.862	0.172	0.872	1.012	RI	
C15	0.244	0.219	0.292	0.268	0.162	1.186	0.237	1.175	0.990	1.120	
						5.000			5.016		

附表 3.4

1 二级指标—意识

	全球化意识	本土化意识	竞争意识	合作意识	长远导向
全球化意识	1	7	3	2	2
本土化意识	1/7	1	1/2	2	3
竞争意识	1/3	2	1	3	1
合作意识	1/2	1/2	1/3	1	5
长远导向	1/2	1/3	1	1/5	1

2 二级指标—意识

	全球化意识	本土化意识	竞争意识	合作意识	长远导向
全球化意识	1	7	1	1	1
本土化意识	1/7	1	1	1/5	1/5
竞争意识	1	1	1	1	1
合作意识	1	5	1	1	1/5
长远导向	1	5	1	5	1

3 二级指标—意识

	全球化意识	本土化意识	竞争意识	合作意识	长远导向
全球化意识	1	1	1	1	1
本土化意识	1	1	1	1	1
竞争意识	1	1	1	1	1
合作意识	1	1	1	1	1
长远导向	1	1	1	1	1

4 二级指标—意识

	全球化意识	本土化意识	竞争意识	合作意识	长远导向
全球化意识	1	1	1/2	1	2
本土化意识	1	1	1/2	1	1
竞争意识	2	2	1	2	2
合作意识	1	1	1/2	1	1/2
长远导向	1/2	1	1/2	2	1

5 二级指标—意识

	全球化意识	本土化意识	竞争意识	合作意识	长远导向
全球化意识	1	1/3	1/3	1/3	1/2
本土化意识	3	1	1/3	1	1/2
竞争意识	3	3	1	2	2
合作意识	3	1	1/2	1	1/2
长远导向	2	2	1/2	2	1

6 二级指标—意识

	全球化意识	本土化意识	竞争意识	合作意识	长远导向
全球化意识	1	3	5	6	1
本土化意识	1/2	1	2	3	2
竞争意识	1/5	1/2	1	1	1/2
合作意识	1/6	1/3	1	1	1/3
长远导向	1	1/2	2	3	1

7　二级指标—意识

	全球化意识	本土化意识	竞争意识	合作意识	长远导向
全球化意识	1	1	2	5	3
本土化意识	1	1	2	4	3
竞争意识	1/2	1/2	1	3	1
合作意识	1/5	1/4	1/3	1	1/2
长远导向	1/3	1/3	1	2	1

8　二级指标—意识

	全球化意识	本土化意识	竞争意识	合作意识	长远导向
全球化意识	1	4	3	2	1/2
本土化意识	1/4	1	1/2	1/2	1/3
竞争意识	1/3	2	1	1/3	1/2
合作意识	1/2	2	3	1	1/2
长远导向	2	3	2	2	1

	C31	C32	C33	C34	C35
C31	1	3.042	1.979	2.292	1.375
C32	0.879	1	0.979	1.588	1.379
C33	1.046	1.500	1	1.667	1.125
C34	0.921	1.385	0.958	1	1.067
C35	1.042	1.646	1.125	2.150	1

标准化	4.888	8.573	6.042	8.696	5.946	w'	w	aw'		CI	CR
C11	0.205	0.355	0.328	0.264	0.231	1.382	0.276	1.343	0.972	0.004	0.004
C12	0.180	0.117	0.162	0.183	0.232	0.873	0.175	0.882	1.010		
C13	0.214	0.175	0.166	0.192	0.189	0.935	0.187	0.948	1.013		
C14	0.188	0.162	0.159	0.115	0.179	0.803	0.161	0.823	1.025	RI	
C15	0.213	0.192	0.186	0.247	0.168	1.007	0.201	1.004	0.997	1.120	
						5.000		5.018			

附表3.5

1 二级指标—素质

	文化素质	艺术素质	政治素质	学习能力	创新能力
文化素质	1	1/2	3	1/3	1/4
艺术素质	2	1	3	2	1/7
政治素质	1/3	1/3	1	1/5	1/8
学习能力	3	1/2	5	1	3
创新能力	4	7	8	1/3	1

2 二级指标—素质

	文化素质	艺术素质	政治素质	学习能力	创新能力
文化素质	1	7	1/7	3	1/7
艺术素质	1/7	1	1/7	1/7	1/5
政治素质	7	7	1	7	7
学习能力	1/3	7	1/7	1	1/7
创新能力	7	5	1/7	7	1

3 二级指标—素质

	文化素质	艺术素质	政治素质	学习能力	创新能力
文化素质	1	4	1/5	1	1/2
艺术素质	1/4	1	1/6	1/3	1/4
政治素质	1/5	6	1	6	5
学习能力	1	3	1/6	1	1
创新能力	2	4	1/5	1	1

4 二级指标—素质

	文化素质	艺术素质	政治素质	学习能力	创新能力
文化素质	1	2	1/4	1	1/3
艺术素质	1/2	1	1/3	1/3	1/4
政治素质	4	3	1	1	1
学习能力	1	3	1	1	1
创新能力	3	4	1	1	1

5 二级指标—素质

	文化素质	艺术素质	政治素质	学习能力	创新能力
文化素质	1	2	2	1/3	1/5
艺术素质	1/2	1	1/2	1/3	1/5
政治素质	1/2	2	1	1	1/5
学习能力	3	3	1	1	1/5
创新能力	5	5	5	5	1

6 二级指标—素质

	文化素质	艺术素质	政治素质	学习能力	创新能力
文化素质	1	3	5	1	1
艺术素质	1/3	1	4	1/2	1/2
政治素质	1/5	1/4	1	1/3	1/4
学习能力	1	2	3	1	1
创新能力	1	2	4	1	1

7 二级指标—素质

	文化素质	艺术素质	政治素质	学习能力	创新能力
文化素质	1	1	7	3	3
艺术素质	1	1	7	2	2
政治素质	1/7	1/7	1	1/7	1/7
学习能力	1/3	1/2	7	1	1
创新能力	1/3	1/2	7	1	1

8 二级指标—素质

	文化素质	艺术素质	政治素质	学习能力	创新能力
文化素质	1	3	2	1/4	1/5
艺术素质	1/3	1	2	1/3	1/3
政治素质	1/2	1/2	1	1/3	1/4
学习能力	4	3	3	1	1/2
创新能力	5	3	4	2	1

	C41	C42	C43	C44	C45
C41	1	2.813	2.449	1.240	0.703
C42	0.632	1	2.143	0.747	0.485
C43	1.610	2.403	1	2.001	1.746
C44	1.708	2.750	2.539	1	0.980
C45	3.417	3.813	3.668	2.292	1

标准化	8.367	12.778	11.799	7.279	4.914	w'	w	aw'		CI	CR
C11	0.120	0.220	0.208	0.170	0.143	0.861	0.172	0.834	0.969	0.007	0.007
C12	0.076	0.078	0.182	0.103	0.099	0.537	0.107	0.557	1.038		
C13	0.192	0.188	0.085	0.275	0.355	1.095	0.219	1.172	1.070		
C14	0.204	0.215	0.215	0.137	0.199	0.971	0.194	0.967	0.995	RI	
C15	0.408	0.298	0.311	0.315	0.203	1.536	0.307	1.470	0.957	1.120	
						5.000			5.029		

附表 3.6

1　二级指标—知识

	管理知识	运营知识	文化行业知识	跨文化知识	国际商务知识	法律知识
管理知识	1	1/2	1/3	1/3	1/2	1/3
运营知识	2	1	2	1/3	1/4	1/4
文化行业知识	3	1/2	1	2	1/2	1
跨文化知识	3	3	1/2	1	2	3
国际商务知识	2	4	2	1/2	1	1
法律知识	3	4	1	1/3	1	1

2　二级指标—知识

	管理知识	运营知识	文化行业知识	跨文化知识	国际商务知识	法律知识
管理知识	1	1	1/2	1/5	1/2	1/3
运营知识	1	1	2	1/3	1/2	1
文化行业知识	2	1/2	1	1/5	1/3	1/3

	管理知识	运营知识	文化行业知识	跨文化知识	国际商务知识	法律知识
跨文化知识	5	3	5	1	1	2
国际商务知识	2	2	3	1	1	1
法律知识	3	1	3	1/2	1	1

3　二级指标—知识

	管理知识	运营知识	文化行业知识	跨文化知识	国际商务知识	法律知识
管理知识	1	1	1/3	1/5	1/3	1/2
运营知识	1	1	2	1/3	1/4	1/3
文化行业知识	3	1/2	1	1	1/2	1/3
跨文化知识	5	3	1	1	2	3
国际商务知识	3	4	2	1/2	1	1
法律知识	2	3	3	1/3	1	1

4　二级指标—知识

	管理知识	运营知识	文化行业知识	跨文化知识	国际商务知识	法律知识
管理知识	1	2	1/2	1/3	1/2	1/3
运营知识	1/2	1	3	1/2	1	1
文化行业知识	2	1/3	1	1/3	1	1
跨文化知识	3	2	3	1	1/2	1/3
国际商务知识	2	1	1	2	1	1
法律知识	3	1	1	3	1	1

5　二级指标—知识

	管理知识	运营知识	文化行业知识	跨文化知识	国际商务知识	法律知识
管理知识	1	1/3	1/2	1/5	1	1/3
运营知识	3	1	2	2	2	2
文化行业知识	2	1/2	1	1/2	1	2
跨文化知识	5	1/2	2	1	1/2	1
国际商务知识	1	1/2	1	2	1	2
法律知识	3	1/2	1/2	1	1/2	1

6 二级指标—知识

	管理知识	运营知识	文化行业知识	跨文化知识	国际商务知识	法律知识
管理知识	1	1	2	1/2	1	1/3
运营知识	1	1	1/2	1	1	3
文化行业知识	1/2	2	1	1/3	1/2	1
跨文化知识	2	1	3	1	2	1
国际商务知识	1	1	2	1/2	1	2
法律知识	3	1/3	1	1	1/2	1

7 二级指标—知识

	管理知识	运营知识	文化行业知识	跨文化知识	国际商务知识	法律知识
管理知识	1	1	1/2	2	3	1/2
运营知识	1	1	1/2	1/4	1/2	1/2
文化行业知识	2	2	1	1/3	1	1/2
跨文化知识	1/2	4	3	1	2	1
国际商务知识	1/3	2	1	1/2	1	1
法律知识	2	2	2	1	1	1

8 二级指标—知识

	管理知识	运营知识	文化行业知识	跨文化知识	国际商务知识	法律知识
管理知识	1	2	2	1	2	1
运营知识	1/2	1	2	1/2	1/2	1/2
文化行业知识	1/2	1/2	1	1/2	1	1/3
跨文化知识	1	2	2	1	2	1
国际商务知识	1/2	1	1	1/2	1	1/2
法律知识	1	3	3	1	2	1

	C_{51}	C_{52}	C_{53}	C_{54}	C_{55}	C_{56}
C_{51}	1	1.104	0.833	0.596	1.104	0.458
C_{52}	1.250	1	1.750	0.656	0.750	1.073
C_{53}	1.875	0.854	1	0.650	0.729	0.813
C_{54}	3.063	2.313	2.438	1	1.500	1.542
C_{55}	1.479	1.938	1.625	0.938	1	1.188
C_{56}	2.500	1.854	1.813	1.021	1.000	1

标准化	11.167	9.063	9.458	4.860	6.083	6.073	W'	W	AW'	AW'/w'	CI	CR
C_{51}	0.090	0.122	0.088	0.123	0.182	0.075	0.679	0.113	0.695	1.023	0.004	0.003
C_{52}	0.112	0.110	0.185	0.135	0.123	0.177	0.842	0.140	0.847	1.006		
C_{53}	0.168	0.094	0.106	0.134	0.120	0.134	0.755	0.126	0.756	1.002		
C_{54}	0.274	0.255	0.258	0.206	0.247	0.254	1.493	0.249	1.461	0.979	RI	
C_{55}	0.132	0.214	0.172	0.193	0.164	0.196	1.071	0.178	1.091	1.018	1.260	
C_{56}	0.224	0.205	0.192	0.210	0.164	0.165	1.159	0.193	1.150	0.992		
							6.000			6.019		

附表 3.7

1　二级指标—技能

	全球战略决策力	多元团队管理力	创新生产把控力	跨文化营销力	全球资源整合力	跨文化交际力
全球战略决策力	1	4	5	3	2	5
多元团队管理力	1/4	1	2	2	1	3
创新生产把控力	1/5	1/2	1	1/2	1/4	1/2
跨文化营销力	1/3	1/2	2	1	1/3	1
全球资源整合力	1/2	1	4	3	1	1/3
跨文化交际力	1/5	1/3	2	1	3	1

2　二级指标—技能

	全球战略决策力	多元团队管理力	创新生产把控力	跨文化营销力	全球资源整合力	跨文化交际力
全球战略决策力	1	1	1	5	1	5
多元团队管理力	1	1	1	3	1	5
创新生产把控力	1	1	1	1	1	1/3
跨文化营销力	1/5	1/3	1	1	1	1
全球资源整合力	1	1	1	1	1	4
跨文化交际力	1/5	5	3	1	1/4	1

3 二级指标—技能

	全球战略 决策力	多元团队 管理力	创新生产 把控力	跨文化 营销力	全球资源 整合力	跨文化 交际力
全球战略决策力	1	1	5	5	1	5
多元团队管理力	1	1	4	4	1	5
创新生产把控力	1/5	1/4	1	1	1/4	1/2
跨文化营销力	1/5	1/4	1	1	1/3	2
全球资源整合力	1	1	4	3	1	4
跨文化交际力	1/5	1/5	2	1/2	1/4	1

4 二级指标—技能

	全球战略 决策力	多元团队 管理力	创新生产 把控力	跨文化 营销力	全球资源 整合力	跨文化 交际力
全球战略决策力	1	2	2	2	1	2
多元团队管理力	1/2	1	2	1	1	3
创新生产把控力	1/2	1/2	1	1	2	1
跨文化营销力	1/2	1	1	1	2	1/2
全球资源整合力	1	1	1/2	1/2	1	1
跨文化交际力	1/2	1/3	1	2	1	1

5 二级指标—技能

	全球战略 决策力	多元团队 管理力	创新生产 把控力	跨文化 营销力	全球资源 整合力	跨文化 交际力
全球战略决策力	1	1/3	2	1/3	1	3
多元团队管理力	3	1	3	1	1	3
创新生产把控力	1/2	1/3	1	1/4	1/3	1/2
跨文化营销力	3	1	4	1	2	1/2
全球资源整合力	1	1	3	1/2	1	3
跨文化交际力	1/3	1/3	2	2	1/3	1

6 二级指标—技能

	全球战略决策力	多元团队管理力	创新生产把控力	跨文化营销力	全球资源整合力	跨文化交际力
全球战略决策力	1	8	5	3	4	2
多元团队管理力	1/8	1	1/2	1	1/3	1
创新生产把控力	1/5	2	1	2	1/5	1/2
跨文化营销力	1/3	1	1/2	1	1/2	1
全球资源整合力	1/4	3	5	2	1	3
跨文化交际力	1/2	1	2	1	1/3	1

7 二级指标—技能

	全球战略决策力	多元团队管理力	创新生产把控力	跨文化营销力	全球资源整合力	跨文化交际力
全球战略决策力	1	4	6	6	2	3
多元团队管理力	1/4	1	2	2	1/2	1/2
创新生产把控力	1/6	1/2	1	1	1/6	1/2
跨文化营销力	1/6	1/2	1	1	1/6	1/2
全球资源整合力	1/2	2	6	6	1	2
跨文化交际力	1/3	2	2	2	1/2	1

8 二级指标—技能

	全球战略决策力	多元团队管理力	创新生产把控力	跨文化营销力	全球资源整合力	跨文化交际力
全球战略决策力	1	2	1	2	1	3
多元团队管理力	1/2	1	1/2	1	1/2	2
创新生产把控力	1	2	1	2	2	1
跨文化营销力	1/2	1	1/2	1	1/2	1/2
全球资源整合力	1	2	1/2	2	1	3
跨文化交际力	1/3	1/2	1	1	1/3	1

	C_{61}	C_{62}	C_{63}	C_{64}	C_{65}	C_{66}
C_{61}	1	2.792	3.375	3.292	1.625	3.500
C_{62}	0.828	1	1.875	1.875	0.792	2.813

续表

	C_{61}	C_{62}	C_{63}	C_{64}	C_{65}	C_{66}
C_{63}	0.471	0.885	1	1.094	0.775	0.604
C_{64}	0.654	0.698	1.375	1	0.854	0.875
C_{65}	0.781	1.500	3.000	2.250	1	2.542
C_{66}	0.325	1.213	1.875	1.438	0.750	1

标准化	4.059	8.088	12.500	10.948	5.796	11.333	w'	w	aw'	aw'/w'	CI	CR
C_{51}	0.246	0.345	0.270	0.301	0.280	0.309	1.751	0.292	1.718	0.981	0.013	0.010
C_{52}	0.204	0.124	0.150	0.171	0.137	0.248	1.034	0.172	1.037	1.003		
C_{53}	0.116	0.109	0.080	0.100	0.134	0.053	0.592	0.099	0.633	1.069		
C_{54}	0.161	0.086	0.110	0.091	0.147	0.077	0.673	0.112	0.734	1.090	RI	
C_{55}	0.192	0.185	0.240	0.206	0.173	0.224	1.220	0.203	1.183	0.970	1.260	
C_{56}	0.080	0.150	0.150	0.131	0.129	0.088	0.729	0.121	0.695	0.953		
							6.000			6.066		

致　谢

在本书稿完成之际，我的心里充满了感恩之情。

我要特别感谢我的导师——中国海洋大学文学与新闻传播学院的薛永武教授，他正直高尚的人品、严谨求真的治学态度、诲人不倦的教授风范一直深深激励着我。

我要感谢中国海洋大学文学与新闻传播学院的朱自强教授、曲金良教授、张胜冰教授、刘怀荣教授、张立波教授等，他们对我的书稿提出了不少有启发性和建设性的修改意见。

我还要感谢对外经济贸易大学公共管理学院的吴承忠教授，他为本书研究提供了珍贵的、尚未公开发表的一手访谈资料。

最后，也要感谢我的家人。在论文写作的几年里，我回老家探望父母的时间减少了，家务活和辅导孩子学习的任务基本由丈夫承担，深深感谢家人的包容与支持。你们永远是我心灵的港湾和坚实的臂膀。

孙德华

2019 年 9 月 5 日